新亞研究所叢刊

麥仲貴 著

明清儒學家著述生卒年表 上冊

臺灣學生書局印行

自敘

明儒之學，承宋儒遺緒，由程朱轉而直宗孟學，而開一新局面。此一新局面，自其思想之本質言之，卽由重言性理，轉而爲重言心理之學。自學術派別言之，則明初諸儒，其講學有上承程朱者，如吳康齋、薛敬軒，皆卓然大儒，風標甚高。其後陳白沙，始稍遠緒陸氏，明達條暢，自然灑落。至明中葉，陽明興起，其學雖曰遙承陸氏，而實直宗孟學，上希孔顏。其同時之儒者，若羅整菴，則仍主程朱，獨講理氣之學，而專務踐履；湛甘泉則主隨處體認天理，亦卽無異於隨處體認良知；他如曹月川、方正學之流，其學則或言經濟政事，或言文章節義，或言修身立行，皆一時儒學之俊也。

然明儒之學，當以陽明爲大宗。其門人後學，若龍谿、緒山、心齋、東廓、近谿、念菴諸儒，講學四方，樹立風氣，皆一時盟主。其於明代學術，影響至鉅，自不待言。明末遞降，王學式微，流弊漸出。至東林諸儒之講學，與夫劉蕺山證人會社之講學，則皆思有以救弊糾挽之者。然東林諸儒，如顧涇陽、涇凡兄弟，與高景逸輩，又皆欲上承程朱，而直本孟氏之學。蕺山講學，則一方仍沿習陽明之餘緒，一方又直斥王學末流之非，倡言大學誠意愼獨之敎者。故明儒學案，梨洲以之爲殿後，亦卽以其爲總結王學，而轉開另一新局面者也。

由明儒之學，寖變爲清儒之學，其關係演變之複雜，非今玆所得而詳。大約清儒之學，其主流有四。一爲沿習明儒之遺風，仍講究理學者。此中之學者，如李穆堂、方望溪、李光地、湯斌、尹健餘、陸稼書、陸桴亭、陳瑚、張伯行輩，或主陽明，或承程朱，皆可得一一考見，而徵之文獻。二爲治史學與樸學，學者旣厭於上者之倡言理學，故雖或私下仍以理學爲行己操持之功，然其表見於世者，則反爲注重史學、考證、校勘、文字、聲音、訓詁之學。其中學者輩出，蓋皆一時之秀者也。三爲自桐城古文家興起以後，姚惜抱輩主義理、考據、詞章三者，同不可偏廢。蓋意亦在於文章中，顯見義理。四爲清中葉以後公羊家學者倡言經世致用之學，以至清末以中學爲體，西學爲用之流。此四流，卽所以形成清儒之學術，其全部內涵之節目者也。

以明代理學之盛，而觀清儒之學，則清儒自若無理學可言。然若從清儒之學，初由明代理學演變而來，故理學雖非清學之主流，而仍爲其潛流，亦非虛說。由此而吾人於明儒之學，其下逮於清儒之學，相因相承，亦未嘗不可以相貫而言，以成一學術演變之編年。則此兩朝儒者，其論學與行誼，因襲影響，學脈承傳，出處仕宦，交游著述，生卒年月，亦當考之文獻，徵之史傳，爲之表出，以綜觀此兩朝儒學演變之迹。此卽本年表所以寫作之由也。

余自一九六八年編撰宋元理學家著述生卒年表一書後，卽擬將理學擱置一端，而暫移他業。其間亦嘗稍讀明清儒書，而尤重明儒學案。殆明儒學案讀畢，余之鈔輯之資料，亦愈豐富。是年，余以再入中文大學研究院，攻讀其哲學部之碩士學位，復重讀明儒學案，以從事於陽明致良知學發展之硏究，並撰寫一畢業論文。越一年，畢業論文寫竟，余始再有意于編輯一明清儒學家著述生卒年表之務。一九七〇年秋，余承　業師唐君毅先生之美意，推薦於哈佛燕京學社，得領受其獎學金，先後前赴臺灣與日本，作進一步之研究。余於是始得藉此廣讀明清儒書，而尤重諸儒之文集及年譜，搜羅摭拾，增益其所不足，以爲編輯此書之助。余於一九七三年八月杪，由日本返回香港，始專事編纂此書。回顧自屬稿迄今，已六易寒暑，乃竟其編寫之功。然以繁瑣之業，用力雖勤，其中舛謬必多。惠而敎之，則有待於博雅君子也。

乙卯年中秋節前一日

麥仲貴謹敍於新亞研究所

凡例

一、本年表所載諸儒學家，以宋元學案及宋元學案補遺、明儒學案、清儒學案所錄者爲度；其餘從略。

二、本年表所載諸項事蹟，皆分別於其下注明出處。其所徵引諸書，爲便於學者之檢尋，則另附錄其目於年表後。

三、本年表所載諸項事蹟，或生卒年齒，其中有若千處需要加以考釋者，則另爲注釋附載於年表之後。

四、本年表所載諸儒學家，如有事蹟而無生卒年齒可稽者，或有生卒年齒而無事蹟可繫者，皆兩存之，以資學者參考。

五、本年表以當代君主紀年爲主，並附有甲子及公元，以便計算。

六、本年表分上下兩篇，上篇始明洪武元年至永曆五年，下篇自清康熙元年至宣統三年止。

七、本年表所載諸儒學家之生卒年，則別爲索引附年表後，以便學者檢閱。

明清儒學家著述生卒年表

麥仲貴　編著

目錄

紀年	紀事	生卒
明太祖洪武元年戊申（一三六八）正月乙亥明太祖改元洪武。八月元亡。	劉基以太夫兼太子率更令。（劉伯溫年譜） 汪克寬被薦於朝，辭不就。（曝書亭全集卷六二） 戴良隱鄞，有東山賞梅詩序。（戴九靈先生年譜） 趙謙東遊，受業於天臺鄭四表之門。（明儒學案卷四三，曝書亭全集卷六四。） 梁寅跋白鹿先生詩於京城天界寺之西臺，又作嚴氏故居記。（石門集卷二、卷一。） 三月、劉基拜御史中丞。（劉伯溫年譜） 四月、元國子祭酒孔克堅來朝。賜第一區，月粟二十石。（國榷卷三，明通鑑卷一） 八月、御史中丞劉基致仕，許歸青田。（同上） 十月、胡翰撰趙氏大墓表。（胡仲子集卷九） 十一月、太祖手詔御史中丞劉基入朝。（國榷卷三）	張翥仲舉卒，年八十二。（元史卷一八六） 陳麟昭文卒，年五十七。（姜亮夫綜表）
二年己酉（	宋濂爲剡源集序。（宋文憲公全集卷一）	章溢三益卒，年五

（一三六九）

戴良撰書畫舫燕集詩序。（白雲稿卷八）

方孝孺年十三，善屬詩古文詞，雄邁醇深，千言立就，鄉人呼爲小韓子。（方正學先生年譜）

正月、遣前國子祭酒孔克堅祀孔子於闕里。（國榷卷三）

元翰林學士承旨危素、張以寧等入朝，賜冠服；尋拜素侍講學士，以寧侍讀學士。（同上）

二月、詔修元史，時得元十三朝實錄。命前起居注宋濂、漳州通判王禕等總裁，徵士汪克寬、胡翰等纂修，開局天界寺。（同上）

四月、劉基答明太祖論待大臣之體。（劉伯溫年譜）

六月、宋濂爲翰林學士，王禕待制。（國榷卷三）

朱右撰眞實尊者一雨大師塔銘。（白雲稿卷八）

八月、元史成，賜纂修汪克寬等金帛文綺，總裁官宋濂等倍之（史自開局至削藁纔七閱月）。（國榷卷三）

命儒臣修禮書，首以楊維楨召。（明通鑑卷二）

殷奎撰蘇州別駕戚侯行縣詩序。（殷強齋先生文集卷二）

十月、甘露降於鍾山，羣臣危素等請告廟，不許。（明通鑑卷二）

劉基答明太祖問丞相人選。（劉伯溫年譜）

十六。（宋文憲公全集卷四）

趙汸子常卒，年五十一。（疑年錄彙編卷六，歷代名人年譜。）

汪汝懋以敬卒，年六十二。（姜亮夫綜表）

周伯琦伯溫卒，年七十二。（宋文憲公全集卷三一）

三年庚戌（一三七〇）

貝瓊客金陵，預編纂元史。（清江貝先生文集卷一四）

宋濂爲京畿鄉闈紀序。（宋文憲公全集卷一）

方克勤以郡辟爲邑庠師。（同上，宋元學案補遺卷四九）

朱右以宋濂薦召修元史，史成乞還田里。（曝書亭全集卷六二）

貝瓊始識危素於京師。（清江貝先生文集卷二〇）

方孝孺初作幼儀雜銘以自警。（方正學先生年譜）

申屠衡徵至京師，草諭蜀書稱旨，授翰林修撰。（宋元學案補遺卷五二）

朱右復與危素相遇於京師，握手道舊，爲類編其文集，留四浹旬而歸上虞。是冬、危氏去居含山。（白雲稿卷一〇）

詔以明經科取士，江西省臣遣禮幣請梁寅主文衡，所取皆佳士。（石門集卷首）

春、衍聖公孔克堅以疾告歸，上遣中使慰問。疾篤，詔給驛還家，賜白金文綺。舟次邳州，卒。（明通鑑卷三）

秋、梁寅至京師覲天子，授承事郎主事，未滿歲以老疾告歸田里，扁其軒曰明農，以識歸農之志，有明農軒記。（石門集卷一）

二月、詔重開史局，仍以宋濂、王褘爲總裁，復徵四方文學士朱右、貝瓊、朱廉等十四人爲纂修官。（明通鑑卷三，國榷卷四）

黃珏珏合卒，年七十一。（宋元學案卷八六）

王友直仲和卒，年五十七。（宋文憲公全集卷四）

孔克堅璟夫卒，年五十五。（宋文憲公全集卷三一，國榷卷四。）

張以寧志道卒，年七十。（疑年錄彙編卷五）

楊維楨廉夫卒，年七十五。（疑年錄彙編卷五，列朝詩集小傳甲前集，國榷卷四。又清江貝先生文集卷二、貝瓊撰鐵崖先生傳作

三月、立盱眙揚王神道碑，翰林學士宋濂撰文，歲再祭。（國榷卷四）
四月、以危素爲翰林侍讀學士。立弘文館，劉基、危素等兼學士。（同上）
五月、劉基進瑞麥頌、禮方丘頌。（劉伯溫年譜）
七月、學士宋濂等續修元史成，上之。（明通鑑卷三）
十一月、劉基進封誠意伯。（明史卷二）
十二月、編修宋濂爲國子司業。（國榷卷四）

卒年七十六，與此相差一年，存參。）
鄭覺民以道卒，年六十九。（姜亮夫綜表）

四年辛亥（一三七一）

方克勤被徵至京師，授濟寧知府。（宋元學案補遺卷四九）
殷奎舉敎諭，試天官中高等，調西安咸陽敎諭。（殷強齋先生文集卷一〇）
戴良居慈溪之華嶼，有四景樓記。（戴九靈先生年譜）
方孝孺侍父宦遊，歷覽齊魯故墟，謁周孔廟宅，問陋巷舞雩所在。（方正學先生年譜）
正月、劉基還鄉。（劉伯溫年譜）
二月、劉基抵家，遣子璉捧表詣闕謝恩。（同上）
五月、貝瓊作清隱堂記於殳山草堂，又爲半間雲記於清江一曲。（清江貝先生文集卷一〇）
八月、司業宋濂謫安遠知縣，以考孔子祭禮不卽上。（國榷

卷四）
劉基以西蜀全平，復遣子璉進平西蜀頌並序。（劉伯溫年譜）
九月、殷奎有祭先師鐵崖楊先生文。（殷強齋先生文集卷五）
十一月、召宋濂還朝爲禮部主事。（國榷卷四，皇明名臣琬琰錄前集卷八作五年二月事。）

五年壬子（一三七二）

劉基隱居山中，不預外事。（劉伯溫年譜）
貝瓊作茶屋記（七年秋，重書於成均之東齋）。（清江貝先生文集卷一六）
戴良居鳳湖，主錢氏家，有移居詩序，和淵明飲酒、連雨獨飲諸詩。（戴九靈先生年譜）
秋、貝瓊與孔正夫相會於錢塘，復應其請爲迂隱生傳記。（清江貝先生文集卷一）
正月、遣翰林待制王禕往雲南，詔諭元梁王把匝刺瓦爾密。（國榷卷五）
三月、殷奎有祭趙主簿文。（殷強齋先生文集卷五）
八月、朱右夢危素來訪於寓，止臨水坐大槐下，出橐中文見示，語間而寤（是年五月，危氏卒於含山）。（白雲稿卷一〇）

危素太樸卒，年七十。（宋文憲公全集卷二七）
汪克寬德輔卒，年六十九。（疑年錄彙編卷五，曝書亭全集卷六二，明史卷二八二。）

九月、殷奎有題華蕚樓殘碑。（殷強齋先生文集卷六）
十一月、殷奎有冬至祀先祝文。（同上卷五）
十二月、禮部主事宋濂爲太子贊善大夫。（國榷卷五）

六年癸丑（一三七三）

朱右召修日曆，除翰林院編修。（曝書亭全集卷六二）
戴良自昌樂南還，變姓名隱四明山中。（同上卷六三，九靈山房集卷首）
方孝孺在濟寧父任所，玩索濂洛關閩之說，舉疑者以質於父兄。（方正學先生年譜）
單仲友與同郡桂彥良舉明經，官大理府教授。（宋元學案補遺卷四九）
春、貝瓊宰金華。（清江貝先生文集卷二〇）
正月、殷奎與章符夢會於京師，有夢得字序。（殷強齋先生文集卷一）
三月、殷奎撰咸陽縣學官記。（同上卷三）
四月、殷奎有祭咸陽靈𥻦泉文。（同上卷五）
六月、殷奎撰梅隱軒詩序。（同上卷一）
七月、宋濂遷侍講學士、知制誥、同修國史，仍兼贊善大夫；爲太祖聖訓錄序。（明通鑑卷五，皇明名臣琬琰錄前集卷八）

王褘子充卒，年五十二。（王忠文公集卷首，馮先恕疑年錄釋疑。國榷卷五作五年十二月卒。）
吳彤文明卒，年五十七。（宋文憲公全集卷一四）
揭汯伯防卒，年七十。（疑年錄彙編卷五）
鄭淵仲涵卒，年四十八。（宋文憲公全集卷一一）
張仁近如心卒，年

八月、貝瓊撰集效方序。（清江貝先生文集卷二〇）
宋濂奉旨纂修大明日曆一百卷，擇其言行之大者，爲寶訓五卷，並總裁其事，朝夕禁中，至明年五月乃成。（皇明名臣琬琰錄前集卷八）
九月、以編集日曆，宋濂等爲纂修總裁官，朱右等爲纂修官。（國榷卷五）
十月、貝瓊作愛日軒記於青溪讀書所，又爲尙友齋記、跋耕漁圖。（清江貝先生文集卷一四、卷一五、卷一三）
梁寅撰范庄廟記。（石門集卷一）
十二月、翰林院待制王褘遇害於滇南。（明通鑑卷五）
儒士朱右爲翰林編修。（國榷卷五）
胡翰撰懷素墨蹟跋。（胡仲子集卷八）

七十。（清江貝先生文集卷二一）
趙良本立道卒，年七十。（宋文憲公全集卷三一）

七年甲寅（一三七四）

朱右預修洪武正韻。（曝書亭全集卷六二）
劉基以甌閩間設巡檢事，爲胡惟庸所訐，入朝引咎。（劉伯溫年譜）
貝瓊撰瀠峰祠堂記。（清江貝先生文集卷一六）
戴良有題文與可盤谷圖文。（戴九靈先生年譜）
殷奎自秦歸吳省親，未幾，復入關中；又應郝士景請爲撰咸陽縣官題名記。（殷強齋先生文集卷一〇、卷三）

八年乙卯（

方孝孺在濟寧，作釋統三章、深慮論十首。（方正學先生年譜）

二月、宋濂爲進大明律表。（宋文憲公全集卷七）

劉基題趙文敏自作小象圖。（劉伯溫年譜）

三月、貝瓊撰存誠齋記。（清江貝先生文集卷一五）

四月，貝瓊撰如在堂記、九華精舍記。（同上卷一五、卷一六）

五月、大明日曆成。自太祖起兵至洪武六年事備載，百卷，藏金匱。學士宋濂等又輯聖政，分四十則，自敬天至制蠻夷，曰皇明寶訓，五卷，刋示天下。（國榷卷五）

貝瓊撰歐陽先生文衡序、留耕堂記。（清江貝先生文集卷一六、卷一九）

六月、胡翰撰朱文公書虞帝廟樂歌跋。（胡仲子集卷八）

九月、貝瓊撰醒心軒記。（清江貝先生文集卷一六）

十月、貝瓊撰全清堂記。（同上卷一五）

十一月、翰林學士宋濂等奉敕撰孝慈錄成。（國榷卷五）

十二月、貝瓊撰薝蔔堂記。（清江貝先生文集卷一七）

殷奎有故善人余景明墓文。（殷強齋先生文集卷四）

朱右擢晉相府長史。（曝書亭全集卷六二）

葉葵叔向卒，年七

一三七五）

貝瓊撰風木亭記，又爲申屠衡扣角集記。（清江貝先生文集卷二五、卷二八）

朱善召至京師，廷試第一，除翰林修撰、署院事、知制誥。（朱一齋先生文集卷末尾）

方孝孺父以詿詔下獄，孝孺上書願以身爲軍贖父罪，不報，竟謫役江浦；尋，釋歸。是歲、孝孺有學士亭記。（方正學先生年譜、宋元學案補遺卷四九並參；又遜志齋集卷一五。）

殷奎有叙星貽徐楨伯。（殷強齋先生文集卷一）

秋、朱善撰乙覽樓記。（朱一齋先生文集卷五）

冬、朱善撰曾士衡梅亭記。（同上）

正月、翰林侍講學士宋濂，取上卽位以來有關政要者，輯爲洪武聖政記，凡七類，上之。（明通鑑卷五）

濟寧知府方克勤以善政，賜宴於禮部，以寵異之。（國榷卷六）

二月、朱善爲翰林修撰。（同上）

貝瓊撰矇說，又作武昌譙樓記。（清江貝先生文集卷一二、卷一八）

三月、宋濂、朱右等刊定洪武正韻成。（國榷卷六）

劉基還鄉，病甚劇。（劉伯溫年譜）

十。（宋元學案補遺卷一八）

劉基伯溫卒，年六十五。（疑年錄彙編卷五，劉伯溫年譜。）

王公穀德良卒，年五十八。（宋文憲公全集卷一九）

孫元蒙正甫卒，年八十五。（清江貝先生文集卷三〇）

貝瓊撰清泉書樓記於成均城南挹翠軒。（清江貝先生文集卷一八）
九月、命皇太子及秦、晉、楚、靖江四王講武中都，學士宋濂從。（明通鑑卷五）

九年丙辰（一三七六）

朱善以家屬謫敎遼東，略無悒色，日賦詩文，有遼海集。（朱一齋先生文集卷末尾）
方孝孺年二十，以文爲贄謁太史宋濂於禁林，濂器之，乃館置左右。尋，以父卒於京師，與兄扶櫬歸里，濂賦詩十四章送之。是年、有茹茶齋記。（方正學先生年譜，遜志齋集卷一五）
正月、貝瓊撰唐宋六家文衡序。（清江貝先生文集卷二八）
六月、進宋濂學士承旨、知制誥兼贊善如故。未幾，又官其子璲爲中書舍人，孫愼爲儀禮序班。（明通鑑卷六，國榷卷六）
九月，朱善以公事謁李於庭，應李氏請爲撰壽椿堂記。（朱一齋先生文集卷五）
十月、朱善撰劉稽古序。（同上卷四）

曹端正夫生。（注一）
朱右伯賢卒，年六十三。（疑年錄彙編卷六，曝書亭全集卷六二。）
殷奎孝章卒，年四十六。（殷強齋先生文集卷一〇、盧熊撰行狀及袁華撰墓誌銘，又姜亮夫綜表。）
方克勤去矜卒，年五十一。（宋文憲公全集卷二四，方正

		學先生年譜並參） 王厚（孫）叔載卒，年七十七。（清江貝先生文集卷三〇）
十年丁巳（一三七七）	宋濂致仕家居蘿山，王紳以契家子來游門下。（繼志齋集卷下） 方孝孺撰宋氏爲善堂記。（遜志齋集卷一五） 春、梁寅築石門書舍成，開講授徒，來學益衆。（石門集卷首） 正月、翰林學士承旨宋濂致仕，令其孫愼護行，濂至家表謝，上手詔答之，自是歲一朝。（國榷卷六） 六月、宋濂謝事還浦陽，方孝孺卽往從學。（方正學先生年譜） 十月、觀心亭成。致仕翰林學士承旨宋濂來朝，上命其撰記。（國榷卷六）	
十一年戊午（一三七八）	胡翰撰香溪仁惠廟禱雨記。（胡仲子集卷七） 方孝孺撰天臺陳氏先祠記。（遜志齋集卷一六） 七月、朱善撰四明袁孟表文集序。（朱一齋先生文集後卷之一）	鄭駒千里卒，年五十九。（姜亮夫綜表）

	三） 胡翰適香溪，過故人陳如珪之舊居，又作原芝。（胡仲子集卷三） 九月、中都國子助敎崇德貝瓊致仕。（國榷卷六） 朱善謫居遼東，道過登州，應登州長史沈茂原請爲撰白雲祠記。（朱一齋先生文集後卷之四） 十二月、致仕翰林學士承旨宋濂來朝。（國榷卷六） 朱善撰觀趵突泉記、歷下亭記。（朱一齋先生文集後卷之四）	蘇有龍伯夔卒，年八十三。（宋文憲公全集卷二七）
十二年己未（一三七九）	方孝孺代宋濂撰思親堂記。（遜志齋集卷一六） 趙謙以徵修正韻應聘入京，授中都國子監典簿（時年二十八）。（明儒學案卷四三，曝書亭全集卷六四） 正月、朱善撰梅泉亭記、仰高樓記。（朱一齋先生文集後卷之四） 二月、朱善歸自遼東，見太守於南昌郡，應屬爲撰紀行小稿序。（同上後卷之三） 十二月、致仕翰林學士承旨宋濂來朝。（國榷卷六）	貝瓊廷琚卒，年六十六。（注二）
十三年庚申（一三八〇）	曹端五歲，見河圖洛書，卽畫地以質之父。（明史卷二八二） 朱善撰余（闕）廷心後傳（述余氏於至正十八年戰死事蹟）。	盧熊公武卒，年五十。（疑年錄彙編

	（朱一齋先生文集卷六） 冬、宋濂以孫慎罪被刑，舉家當置重辟，上念其老，特赦安置茂州。（皇明名臣琬琰錄前集卷八） 八月、宋濂撰胡仲子集序。（見胡仲子集卷首） 十二月、胡翰撰芳潤齋記。（同上卷六）	卷六） 宋璲仲珩卒，年三十七。（同上）
十四年辛酉（一三八一）	方孝孺著周禮辯正成，又作先太守文集後序。（遜志齋集卷一二，方正學先生年譜） 是歲、宋濂以孫慎事坐累，安置茂州，行至夔卒。（方正學先生年譜） 十一月、胡翰文集編次成書，門人劉剛撰後序。（胡仲子集卷末尾） 十二月、方孝孺有題大學篆書正文後。（遜志齋集卷一八）	宋濂景濂卒，年七十二。（宋文憲公全集卷首附鄭楷撰行狀，又明史卷一二八） 胡翰仲申卒，年七十五。（疑年錄彙編卷五，列朝詩集小傳甲集）
十五年壬戌（一三八二）	朱善撰吳江玩月圖詩序。（朱一齋先生文集卷四） 冬、戴良自四明山召至金陵。（戴九靈先生年譜） 三月、王逢謝病閒居最園，作運理梅頌並前後序。（梧溪集卷七） 五月、戴良還浦江，有天機流動軒卷後題文。（戴九靈先生	鄭湜仲持卒，年五十七。（姜亮夫綜表）

	年譜） 九月、方孝孺撰遊清泉山記。（遜志齋集卷一六）	
十六年癸亥 （一三八三）	戴良徵至京師，試文詞，留會同館，欲官之，以老疾固辭，忤旨。（曝書亭全集卷六三，戴九靈先生年譜。九靈山房集卷首、戴九靈傳作十五年，存參。） 王逢携里叟門生，相偕往游文翬洲，有文翬洲唱詠並序。（梧溪集卷六） 春、王逢以文學薦詔至京師，以老疾固辭，特恩放歸，有遂歸詩二首。（同上卷七） 方孝孺應詔如京師，見太祖，試靈芝甘露論，稱旨。太祖曰：「此異人也，吾不能用，留爲子孫光輔太平。」又謂皇太孫曰：「此莊士，當老其才以輔汝！」諭遣還家，孝孺有奉試靈芝甘露論詩曰：「漢家圖治策賢良，董子昌言日月光，自笑腐儒千載後，却勞君主試文章。」（方正學先生年譜）	陳堂宅之卒，年七十七。（宋文憲公全集卷二三） 戴良叔能卒，年六十七。（曝書亭全集卷六三，戴九靈先生年譜，歷代名人年譜。） 周南老正道卒，年八十三。（疑年錄彙編卷五）
十七年甲子 （一三八四）	朱善爲廣東布政司，未歸；上思用老成，驛使召還，授翰林待詔。（朱一齋先生文集卷末尾） 夏、朱善在江西撰病鶴巢賦並小序，以答友人（楚望）書來問訊；又有延陵孝子詩序。（同上卷二、卷四）	

	十二月、翰林院待詔朱善，上疏論婚姻律，從之。（明通鑑卷八）	
十八年乙丑（一三八五）	方孝孺在緱城，讀書石鏡精舍，作四憂等箴，及君學雜著。（方正學先生年譜） 朱善授奉議大夫、文淵閣大學士（是年九月，遘疾而卒）。（朱一齋先生文集卷末尾） 春、朱善校藝南宮，作山南小隱記、斐軒記，又有跋汪氏四友堂遺文續錄。（同上卷五九） 臘月、梁寅撰悅雲軒記。（石門集卷一） 五月、文淵閣大學士朱善進講心箴。（國榷卷八）	朱同大同卒，年五十。（姜亮夫綜表，覆瓿集卷八） 朱善備萬卒，年七十二。（疑年錄彙編卷六，國榷卷八，姜亮夫綜表。）
十九年丙寅（一三八六）	梁寅撰石渠閣賦。（石門集卷三） 九月、方孝孺撰壽善堂記。（遜志齋集卷一六）	
二十年丁卯（一三八七）	八月、王逢有采芝辭並後序（按序云：時年七十；此與他書所稱皆異，存參）。（梧溪集卷七）	
二十一年戊辰（一三八八）	方孝孺在緱城修家譜。（方正學先生年譜） 盧原質廷試中第三。（宋元學案補遺卷四九） 卓敬成進士，除戶科給事中。（同上卷一一一，明史卷一四〇） 多、方孝孺撰雲隱序。（石門集卷二）	王逢原夫卒，年七十。（疑年錄彙編卷六；曝書亭全集卷六三作十五年卒

		，年七十，存參。）
二十二年己巳（一三八九）	方孝孺在緱城，著周易考次成。（方正學先生年譜） 趙謙召爲瓊山教諭，黎蛋之人，皆知向化，稱爲海南夫子（明儒學案卷四三）	薛瑄德溫生。（注三） 黃潤玉孟清生。（明儒學案卷四五） 梁寅孟敬卒，年八十七。（注四）
二十三年庚午（一三九〇）	方孝孺在緱城，撰武王戒書、注宋史要言成。（方正學先生年譜）	
二十四年辛未（一三九一）	方孝孺在緱城，著大易枝辭文統成。（方正學先生年譜） 王紳以蜀王遣使幣迎至蜀，命爲成都府文學。（皇明名臣琬琰錄前集卷一〇）	吳與弼子傅生。（明史卷二八二，吳聘君年譜，明儒學案卷一，康齋先生文集卷首附婁諒撰行狀。）
二十五年壬申（一三九	方孝孺以薦辟至京師，除將仕郎、漢中府學教授。（方正學先生年譜）	

二)	王紳以父褘死節雲南，遠在萬里，乞請往求遺殖。(繼志齋集卷下) 曹端年十七，讀畢五經；從宜陽馬子才、大原彭宗古游。又搆室以陳經籍，書其戶曰：「勤勤勤勤，不勤難為人上人；苦苦苦苦，不苦如何通今古。」父命扁曰勤苦齋。(曹月川集附年譜)	
二十六年癸酉(一三九三)	曹端始入邑校。(曹月川集附諸儒評論) 方孝孺撰應天府鄉試小錄序。(遜志齋集卷一二) 黃潤玉五歲，侍母疾夜不就寢，家人已稱其孝。(皇明名臣琬琰錄後集卷一三) 四月、方孝孺抵漢中，道夔祭宋濂墓下，慟哭而去。(方正學先生年譜)	
二十七年甲戌(一三九四)	蜀獻王聞方孝孺，聘為世子師，尊以殊禮。(方正學先生年譜) 黃潤玉六歲就塾，坐立屹然，不與羣兒狎，書過目輒成誦，塾師奇之。(皇明名臣琬琰錄後集卷一〇) 七月、趙謙作造化經綸圖。(明儒學案卷四三)	
二十八年乙亥(一三九五)	曹端著性理文集成。(曹月川集附諸儒評論) 薛瑄隨祖父受小學四書，雖千百言，過目成誦。(薛文清公	趙謙撝謙卒，年四十五。(明儒學案

五）	年譜） 方孝孺自漢中至蜀，蜀王顏其讀書之廬曰正學，又從其請恤太史宋濂遺孤有加。是歲、撰帝王基命錄成。（方正學先生年譜）	卷四三，曝書亭全集卷六四）
二十九年丙子（一三九六）	吳與弼入小學。（吳聘君年譜） 王紳至滇，謁藩閫文武大臣及士友土人，告以覓父遺殖事，聞者閔之，爭相爲之諮訪。（繼志齋集卷下） 曹端年二十一，志意堅定，內不溺於章句文辭之習，外不惑於異端邪說之謬，卓然以斯道爲己任。有老僧素諳釋典，鄉人甚敬信之；端歸鄉，鄉人陰合僧詰之，相與辯論。（曹月川集附年譜） 七月、漢中敎授方孝孺主試應天。（國榷卷一〇）	
三十年丁丑（一三九七）	曹端是年有勸兄弟同居事。（曹月川集附諸儒評論） 方孝孺應蜀王命，作蜀道易序、蜀鑑及蜀漢本末仕學規範，又有山中草堂記。（方正學先生年譜，遜志齋集卷一五） 王紳在滇覓父遺殖，訪其所在不可得，哭泣悲哀不能置，乃爲位哭祭之，作滇南慟哭記，以誌其事。（繼志齋集卷下）	
三十一年戊寅（一三九	方孝孺序浦鞭詩詞自警編。（方正學先生年譜） 黃潤玉十歲，行道見遺金不拾，途人悉嗟異。（皇明名臣琬	

八）	琰錄後集卷一〇） 曹端是年有斥風水事，勸族人勿用堪輿術。（曹月川集附年譜及諸儒評論） 五月、方孝孺召爲翰林侍講、直文淵閣，日侍左右備顧問。（方正學先生年譜，國榷卷一一作六月。） 閏五月、王紳以薦入拜國子博士。（皇明名臣琬琰錄前集卷一〇，國榷卷一一作六月。）	
惠帝建文元年己卯（一三九九）	薛瑄始爲詩賦。（薛文清公年譜） 曹端有罷神賽事。（曹月川集附諸儒評論） 正月、翰林侍講方孝孺上郊祀頌。（國榷卷一一） 七月、省躬殿成，翰林侍講方孝孺爲之銘。（同上） 八月、翰林侍講方孝孺主試應天。（同上）	
二年庚辰（一四〇〇）	吳與弼隨伯父至京省父，卽留居京師。（吳聘君年譜） 薛瑄年十二，隨父任官滎陽，以所作詩賦呈監司，監司奇之。（薛文清公年譜） 黃潤玉年十二，聞郡守王璡肇舉鄉飲酒禮於郡庠，往觀之，默識其儀，歸書於册，師愈奇之。（皇明名臣琬琰錄後集卷一〇） 八月、詔求直言，時方孝孺請改午門曰端門，端門曰應門，	王紳仲縉卒，年四十一。（皇明名臣琬琰錄前集卷一〇，國榷卷一一，姜亮夫綜表，皇明名臣墓銘乾集、王汝玉撰墓表。）

	承天門曰皋門，前門曰路門，從之。（明通鑑卷一二） 九月、方孝孺爲太祖實錄及類要諸書總裁，改文學博士，命典會試。（方正學先生年譜）	
三年辛巳（一四〇一）	方孝孺獻凝命神寶頌、論燕王書。（方正學先生年譜） 黃潤玉年十三，有詔命徙江南富民實北京，其父當行，潤玉詣官請代，主事者少之，對曰：「父去日益老，兒去日益長。」有司異而從之。（明儒學案卷四五，皇明名臣琬琰錄後集卷一〇） 曹端攝澠儒學事，時部使者照刷文卷，以前官卷案不如式罣誤下獄，端處之泰然，作詩自遣，有云：「仰天心無愧，俯地意不慚。」未幾而白。（曹月川集附年譜）	俞貞木有立卒，年七十一。（國朝獻徵錄卷八七，列朝詩集小傳甲集，國榷卷一一。）
四年壬午（一四〇二） 七月朔成祖復稱洪武三十五年。	吳與弼丁母憂。（吳聘君年譜） 曹端有請毀淫祠等事。（曹月川集附年譜） 黃潤玉代父抵京受廛北城外十里所，沙漠寒沍，茫無人烟；潤玉與同役築室成比閭，墾圃鬻蔬以爲生。人不堪其劬瘁，潤玉安之，暇則肆力於學，期造乎聖賢之域。（皇明名臣琬琰錄後集卷一〇）	方孝孺希直卒，年四十六。（疑年錄彙編卷六，方正學先生年譜）
成祖永樂元年癸未（一	薛瑄侍親滎陽，年甫十五，諸生咸尊爲師。參議陳宗問行部至滎陽，聞名就見，視其言動不苟，知異日必爲大儒，將	

四〇三）	以奇童薦；瑄自以為年未壯，學未成，固辭。（薛文清公年譜）
二年甲申（一四〇四）	曹端有巫覡等事。（曹月川集附諸儒評論）
三年乙酉（一四〇五）	薛瑄以父改教鄢陵，遂隨補鄢陵學生。（薛文清公年譜）
四年丙戌（一四〇六）	吳與弼學詩賦。（吳聘君年譜） 曹端有止赴水陸會等事。撰家規輯略成。（曹月川集附年譜及諸儒評論）
五年丁亥（一四〇七）	曹端有建祠堂奉先事。撰男女訓戒詞成。（曹月川集附年譜及諸儒評論）
六年戊子（一四〇八）	吳與弼學舉子業。（吳聘君年譜） 曹端著夜行燭書成。是年，舉於鄉。（曹月川集附年譜，明儒學案卷四四）
七年己丑（一四〇九）	曹端成進士，授山西霍州學正。（曹月川集附年譜，明儒學案卷四四） 吳與弼省親於金陵，從楊溥學。見伊洛淵源錄，慨然有志於

	道。遂棄舉子業，謝絕人事，獨處小樓，玩四書五經諸儒語錄，收斂身心，沈潛義理，不下樓者二年。（明儒學案卷一，康齋先生文集卷一二。吳聘君年譜誤作八年。） 薛瑄年二十一，元儒魏希文、范汝舟諸公謫戍玉田，父延與講論經史名理，退謂人曰：「聖門有人矣！」結爲小友，不敢以師自居，遂厭科舉之業，慨然有求道之志，精思力行，動必質諸書，一有不合，終夜不寐。（薛文清公年譜）	
八年庚寅（一四一〇）	曹端以霍州饑饉，輒分俸濟諸生之貧者。（曹月川集附年譜） 吳與弼仍從楊溥游，及暮春歸，紆道訪友人李原道於秦淮客館，相與携手淮畔，共談日新之道。（康齋先生文集卷一一）	
九年辛卯（一四一一）	吳與弼以父命還鄉授室，長江遇風，舟將覆，與弼正襟危坐。（明儒學案卷一）	陳眞晟剩夫生。（明史卷二八二，明儒學案卷四六，疑年錄彙編卷六。）
十年壬辰（一四一二）	曹端以父幼孤出贅邵氏、藉資教養，爲立義祠祀之。（曹月川集附年譜）	
十一年癸巳（一四一三）		

十二年甲午（一四一四）	曹端在霍州任，參政張氏來祭，見其學行卓異，大書廉靜二字贈之；當時稱廉靜先生者本此（時年三十九）。（曹月川集附年譜）	
十三年乙未（一四一五）		
十四年丙申（一四一六）		王恕忠貫生。（注五）
十五年丁酉（一四一七）		
十六年戊戌（一四一八）	曹端丁憂廬墓。（曹月川集附年譜，明儒學案卷四四）	趙友同彥如卒，年五十五。（疑年錄彙編卷六，皇明名臣墓銘乾集、楊士奇撰墓誌銘。）
十七年己亥（一四一九）	曹端有非修五嶽廟等事（時年四十四）。（曹月川集附諸儒評論）	段堅可久生。（馮少墟集卷二二關學編卷三，明儒學案卷七）

十八年庚子（一四二〇）	薛瑄中解元。（明史卷二八二，聖學宗傳卷一二，明儒學案卷七。） 曹端有不赴齋醮等事。（曹月川集附諸儒評論）	
十九年辛丑（一四二一）	胡九韶始問學於吳與弼。（吳聘君年譜） 薛瑄成進士，大學士楊氏延訓子弟，不赴，以省親歸。（明史卷二八二，聖學宗傳卷一二，明儒學案卷七，薛文清公年譜。） 曹端著周易乾坤二卦解義成，又有答不事鬼神等事。（曹月川集附年譜及諸儒評論） 吳與弼撰勵志齋記。（康齋先生文集卷一〇）	張傑立夫生。（馮少墟集卷二二關學編卷三，明儒學案卷七）
二十年壬寅（一四二二）	曹端起補蒲州學正。（曹月川集附年譜，明儒學案卷四四，國榷卷二二。）	婁諒克貞生。（明儒學案卷二）
二十一年癸卯（一四二三）	吳與弼有上嚴親書。（吳聘君年譜） 曹端以諸生有親死欲作佛事責之。（曹月川集附年譜）	
二十二年甲辰（一四二四）	薛瑄請就教職以率所學。（薛文清公年譜）	丁鶴年卒，年九十。（疑年錄彙編卷六，姜亮夫綜表）

仁宗洪熙元年乙巳（一四二五）	婁諒始從學於吳與弼，當在此數年間。（吳聘君年譜） 吳與弼有自記。南軒柱帖云：「淡如秋水貧中味，和似春風靜後功。」（同上） 曹端考績吏部，蒲霍諸生各疏留之，於是復官霍州。（國榷卷二二，明儒學案卷四四） 正月、吳與弼撰吳節婦傳。（康齋先生文集卷八） 三月、薛瑄丁父憂。（薛文清公年譜） 七月、吳與弼記其日新之道，克去剛忿之功，於書册以為日錄。（康齋先生文集卷一一）	
宣宗宣德元年丙午（一四二六）	吳與弼撰松濤軒記。（康齋先生文集卷一〇） 曹端典試陝西，有典文衡、論天道王法及太極圖等事。（曹月川集附年譜及諸儒評論） 吳與弼丁父憂，奔喪於金陵，胡九韶從。（吳聘君年譜） 五月、薛瑄撰游龍門記。（薛文清先生全集卷四〇）	閻禹錫子與生。（明儒學案卷七，明史卷二八二）
二年丁未（一四二七）	曹端著通書述解書成，童子箴成。（曹月川集附年譜） 薛瑄有與楊秀才書。是年、服除，擢授監察御史；尋，差監湖廣銀場，至則疏罷沅州銀課。黜貪墨，正風俗，潛心性理之書。冬夜雪深，每有所得，燈下書之，遂積為讀書錄	

	。（薛文清公年譜）	陳獻章公甫生。（陳白沙先生年譜，李大崖集卷一八墓誌銘，聖學宗傳卷一二，明儒學案卷五。）
三年戊申（一四二八）	王恕年十三游邑庠。（王端毅公文集卷六） 吳與弼始居小陂（先是居石泉）。（皇明名臣琬琰錄後集卷一〇） 曹端著存疑錄書成，太極圖說述解書成，氣化形化死生輪廻詩成，太極圖說贊成及辨戾文成。（曹月川集附諸儒評論） 陳眞晟年十七八，卽自拔於流俗，專心致志，以儒爲業。（聖學宗傳卷一二，明儒學案卷四六）	
四年己酉（一四二九）	薛瑄在湖廣作辰州府退思亭記。（薛文清公年譜） 曹端著西銘述解書成，儒家宗統譜成，有典文衡及論詩文等事。（曹月川集附諸儒評論）	周瑛梁石生。（翠渠摘稿附錄林近龍撰周公事狀略，疑年錄彙編卷六）
五年庚戌（一四三〇）	吳與弼撰學規以示諸生爲學之法。（康齋先生文集卷八） 春、薛瑄爲陳廷斌撰永思堂記。（薛文清先生全集卷四〇） 冬、薛瑄撰南軒記。（同上） 六月、薛瑄撰拱北軒記。（同上）	陳選士賢生。（疑年錄彙編卷六）
六年辛亥（	曹端著性理論文字成。（曹月川集附諸儒評論）	張鼎大器生。（明

一四三一)	是歲、薛瑄返京師，有東窗記。(薛文清公年譜)	儒學案卷七) 羅倫一峯生。(醫閭先生集卷四賀欽撰一峯羅先生墓誌銘，明儒學案卷四五)
七年壬子(一四三二)	薛瑄丁繼母憂。(薛文清公年譜) 段堅年十四爲諸生，見絳山陳氏明倫堂上銘，羣居愼口，獨坐防心，慨然有學聖之志。(馮少墟集卷二二關學編卷三，明儒學案卷七) 曹端復典試陝西，有典文衡、論配饗位次等事，著孝經述解成(取唐明皇、許魯齋二解，述其精當者，分經布註解之，其未瑩者，釋以己意)。(曹月川集附年譜及諸儒評論)	
八年癸丑(一四三三)		
九年甲寅(一四三四)	曹端寢疾，諸生入問曰：「賢輩尊所聞，行所知，吾無遺患矣。」(曹月川集附年譜) 三月、薛瑄撰趙城縣徙作縣治記。(薛文清先生全集卷四〇)	胡居仁叔心生。(胡文敬公年譜，胡文敬公集卷首附傳，

		明儒學案卷二一。）曹端正夫卒，年五十九。（見注一）
十年乙卯（一四三五）	薛瑄服除，除雲南道御史。（薛文清公年譜）羅倫五歲，隨母夫人李氏入園收果，長幼競取，倫獨賜而後受。（醫閭先生集卷四）段堅年十七，祖父歿，白其父治喪不用浮屠法，動作不苟，人以伊川擬之。（馮少墟集卷二二關學編卷三）	薛敬之顯思生。（思菴行實，呂涇野先生文集卷三四，明儒學案卷七）黃仲昭未軒生。（未軒公文集附錄理學名臣行錄、林瀚撰墓誌銘。）
英宗正統元年丙辰（一四三六）	初設提學憲臣，薛瑄出僉事山東，誨育生徒，先力行而後文藝，隨其才器成就之。諸生咸慕，皆呼之曰薛夫子。（聖學宗傳卷一二，明史卷二八二）	李錦在中生。（注六）章懋德懋生。（楓山章文懿公年譜，明儒學案卷四五，皇明名臣墓銘兌集、羅欽順撰墓誌銘。）

二年丁巳（一四三七）	薛瑄官大理。（薛文清公年譜） 羅倫七歲，祖父訓於庭，不匝月而童蒙諸書咸徧。（醫閭先生集卷四） 七月、行在廣西道監察御史黃潤玉爲廣西提學僉事。（國榷卷二三）	莊昶孔暘生。（明史卷一七九，明儒學案卷四五，皇明名臣墓銘震集、湛若水撰墓誌銘） 賀欽克恭生。（明儒學案卷六） 張元禎廷祥生。（東白張先生文集卷二四張元楷撰行狀，疑年錄彙編卷六）
三年戊午（一四三八）	羅倫八歲，學於里師，時乞書里師，令徧逐諸生授讀，諸生未成句讀，而倫皆已成誦。（醫閭先生集卷四）	
四年己未（一四三九）	薛瑄撰山東按察司題名記。（薛文清先生全集卷四一） 薛敬之五歲，即喜讀書，居止不同流俗，鄉人以道學呼之。（思菴行實，明史卷二八二，明儒學案卷七。）	林光緝熙生。（見明代思想史）
五年庚申（一四四〇）	吳與弼遷居種湖祖墓，二載而復返居小陂。（皇明名臣琬琰錄後集卷一〇，吳聘君年譜） 胡居仁受學於家塾，言動類成人，塾師異之。（胡文敬公年	

	譜，聖學宗傳卷一二）	
六年辛酉（一四四一）	王恕年二十六，以易經舉鄉試。（王端毅公文集卷六） 張元禎五歲能詩，精氣秀爽，諸書過目成誦，開口成文，父命名曰文魁。（東白張先生文集卷二四，明史卷一八四，並參。） 張傑領鄉薦，授趙城訓導，以講學爲事；薛瑄過趙城，傑以所得質正之，由是學日益深。（明儒學案卷七）	謝復一陽生。（姜亮夫綜表）
七年壬戌（一四四二）	章懋七歲，始入小學。（楓山章文懿公年譜） 羅倫年十二，有舉補弟子邑庠員者，父曰：「止禮義之地而尚利，毋迺不可乎？」（羅一峯文集卷二）	
八年癸亥（一四四三）	張元禎七歲，善草書，工詩，有神童之目。寧國王獻王易其名曰元徵。（東白張先生文集卷二四） 六月、大理寺左少卿薛瑄下獄。（明通鑑卷二三，國榷卷二五） 九月、大理寺少卿薛瑄論死，瑄在獄，日誦周易不輟。（國榷卷二五）	
九年甲子（一四四四）	章懋九歲，通四書大義。（楓山章文懿公年譜） 羅倫年十四授徒於鄉，以資養親；尋，補郡庠弟子員。（醫	

	閻先生集卷四） 李錦九歲失恃，如安成依舅氏韓智，爲擇師友敎之。（馮少墟集卷二二關學編卷三） 是年、段堅、閻禹錫同擧鄉試。（明儒學案卷七）
十年乙丑（一四四五）	章懋年十歲，已能文。（楓山章文懿公年譜） 吳與弼撰世美堂記。（康齋先生文集卷一〇） 閻禹錫授昌黎訓導。（明儒學案卷七） 薛敬之年十一，已解屬文賦詩。（思菴行實） 張傑成進士，以親老就山西趙城訓導，居官六年，以講學敎人爲務。（注一） 段堅下第歸鄉里，士大夫多遣子從學，以師道自尊，嚴敎法，士多造就。（馮少墟集卷二二關學編卷三）
十一年丙寅（一四四六）	山西僉事何自學薦吳與弼於朝，請授以文學高職。後御史徐謙、撫州知府王宇復薦之，皆不出。（吳聘君年譜）
十二年丁卯（一四四七）	莊昶年十一，充邑庠生。（湛甘泉先生文集卷三一） 陳獻章年二十，充邑庠生，其師某見其文曰：「陳生非常人也。」是年、擧鄉試第九。（陳白沙先生年譜） 七月、薛瑄撰蒲州重修廟學記。（薛文清先生全集卷四一）

十三年戊辰（一四四八）	章懋年十三，究心五經。（楓山章文懿公年譜） 王恕成進士，改庶吉士。（王端毅公文集卷六，明史卷一八二，明儒學案卷九。） 四月、陳獻章中副榜進士，入國子監讀書。（陳白沙先生年譜，明儒學案卷五）
十四年己巳（一四四九）	章懋年十四，通歷代史。（楓山章文懿公年譜） 王恕授大理寺左寺左評事。（王端毅公文集卷六） 莊㫤年十三，補廩膳生。（湛甘泉先生文集卷三一） 段堅應詔上書，不報。自齊魯以至吳越，尋訪學問之友，得閻禹錫、白良輔，以泝薛瑄之旨。踰年而歸，學益有得。（明儒學案卷七） 八月、薛瑄以言官程信等薦，起爲大理寺丞。（注二）
景帝景泰元年庚午（一四五〇）	羅倫以母憂去學。（羅一峯文集卷二） 陳選學浙江鄉試。（方山先生文錄卷一四） 薛瑄乞致仕，學士江淵疏留之。（聖學宗傳卷一二） 段堅上書請悉徵還四方監軍，罷天下佛老宮，疏奏不行。（明史卷二八一） 多、薛瑄撰榮養堂記。（薛文清先生全集卷四一）

	正月、章懋補邑庠弟子員。（楓山章文懿公年譜） 閏正月、命大理寺右寺丞薛瑄往四川雲南，轉餉貴州。（國榷卷二九） 二月、命大理寺右寺丞薛瑄於貴州勸助軍餉。（同上） 九月、薛瑄與李匡、張固、羅俊同訪唐詩人杜甫故居草堂，有遊草堂記。（薛文清先生全集卷四一）	
二年辛未（一四五一）	陳獻章會試下第。（白沙子卷一） 張傑丁父憂，以奔喪歸，自是養母里居不出。（馮少墟集卷二二關學編卷三） 春、章懋受易於宗政凌氏。（楓山章文懿公年譜） 七月、薛瑄召爲大理寺卿；復乞致仕，不允。（聖學宗傳卷一二，明史卷二八二） 十二月、薛瑄爲南京大理寺卿。（國榷卷三〇）	張吉克修生。（古城文集卷首楊廉撰神道碑，明儒學案卷四六，疑年錄彙編卷六。）
三年壬申（一四五二）	王恕陞左寺副。（王端毅公文集卷六） 胡居仁從于準受春秋學。（胡文敬公年譜） 羅倫服闋，館於梁氏，自是凡五年。（羅一峯文集卷二） 春、章懋省試第一。（楓山章文懿公年譜） 秋、薛瑄以原官召入。（明儒學案卷七） 九月、湖廣按察僉事黃潤玉不諳刑名，謫含山知縣。（國榷	李承箕世卿生。（李大崖集卷末附錄李整撰府君行狀，明儒學案卷五。）

	卷三〇） 十一月、巡按直隸、監察御史劉孜薦南京大理寺卿薛瑄宜館閣，不許。（同上）	
四年癸酉（一四五三）	張鼎以易學於鄉。（馮少墟集卷二二關學編卷三） 薛瑄撰唐陸宣公廟記。（薛文清先生全集卷四一） 周瑛挾鄉書入試京師，始與時彥交游。（翠渠摘稿卷一） 婁諒舉於鄉，退而讀書十餘年。（明儒學案卷二） 八月、召南京大理寺卿薛瑄爲大理寺卿。（國榷卷三一）	蔡清介夫生。（蔡文莊公集卷七附錄行略，明儒學案卷四六，明史卷二八二。）
五年甲戌（一四五四）	王恕陞直隸揚州府知府。（王端毅公文集卷六） 吳與弼居小陂，陳獻章始來問學。（陳白沙先生年譜，聖學宗傳卷一二） 胡居仁是年讀小學有感，往臨川從吳與弼學，遂絕意科學，築室於梅溪山中，事親講學，不干人事。（胡文敬公年譜） 段堅成進士，以父名差纂山西誌，逾年而誌成；尋，以疾歸，讀書於五泉小圃，依巖作洞，以爲會友講習之所。（馮少墟集卷二二關學編卷三） 七月、旌昌黎訓導洛陽閻禹錫孝行。（國榷卷三一） 十二月、大理寺左寺副王恕爲揚州知府。（同上）	潘府孔修生。（明儒學案卷四六及明史卷二八二並參）

六年乙亥（一四五五）	陳獻章自臨川歸白沙，築春陽臺，靜坐其中，足不出閾者數年。（陳白沙先生年譜） 張吉四五歲，聞父母之命，卽不敢違，訓之故事，輒記不忘。（古城文集卷首） 吳與弼日錄云：「晚知史書眞有益，却恨歲月來無多。」（吳聘君年譜）	張詡廷實生。（明儒學案卷六）
七年丙子（一四五六）	薛敬之爲渭南學生，居止不同流俗，善爲文章，說理而華。（思菴行實，呂涇野先生文集卷三四。） 羅倫、莊㫤同舉鄉試。（羅一峯文集卷二，莊定山集卷首） 仲冬、胡居仁從吳與弼往閩，迂道上饒，訪友郡庠，登婁諒芸閣，並同造周村，與弼有天恩堂記。（胡文敬公年譜，胡文敬公集卷二，康齋先生文集卷一〇。） 十一月、御史陳述奏請禮聘吳與弼侍經筵，或用之成均，敎育胄子。詔江西巡撫韓雍備禮敦遣，不出。（吳聘君年譜，明通鑑卷二七，國榷卷三一。）	
英宗天順元年丁丑（一四五七）	正月、薛瑄拜禮部右侍郎、兼翰林院學士，以左都御史楊善薦，入直文淵閣，預機務。（明儒學案卷七，國榷卷三二，明史卷二八二。）	董澐復宗生。（明儒學案卷一四）

正月壬午英宗復辟改元天順。	二月、禮部右侍郎、兼翰林院學士薛瑄，通政司左參議、兼翰林侍講呂原主禮闈。（國榷卷三二） 三月、羅倫撰明江西僉憲徐君明德先塋記。（羅一峯文集卷四） 五月、禮部右侍郎、兼翰林學士許彬、薛瑄俱爲左侍郎。（國榷卷三二） 六月、禮部侍郎、兼學士薛瑄致仕。（明通鑑卷二七，國榷卷三二。） 九月、薛瑄撰陵川縣廟學重修記。（薛文清先生全集卷四一） 十二月、朝廷遣行人曹隆至小陂，禮聘吳與弼赴闕。（明通鑑卷二七及國榷卷三二均作十月，此據吳聘君年譜。）
二年戊寅（一四五八）	陳眞晟同伊川故事，詣闕上程朱正學纂要，乞召見而陳其說，不報。（明史卷二八二；明儒學案卷四六作己卯。） 三月、吳與弼應聘上道。（吳聘君年譜） 四月、薛瑄撰寧州重修廟學記。（薛文清先生全集卷四一） 五月、吳與弼至京師，授左春坊左諭德，上疏辭職；召對文華殿，遣使賜紗羅羊酒柴米；再疏辭，不允。以大學士李賢請入內閣講中庸，三疏懇辭，不允。（皇明名臣琬琰錄後集卷一〇）

七月、吳與弼四疏始准辭，乃進封事十策，上遣行人送歸；有跋忠國公石亨族譜。（同上，康齋先生文集卷一二。）

九月、章懋撰浦江縣遷建廟學記。（楓山章先生集卷八）

十月、國子監學正閻禹錫乞申洪武學規，立武學，上然之。（國榷卷三二）

吳與弼還里。（明通鑑卷二八）

三年己卯（一四五九）

張元禎、黃仲昭同舉鄉試。（東白張先生文集卷二四及未軒公文集卷末尾）

段堅選山東福山知縣。（馮少墟集卷二二關學編卷三）

四月、薛瑄撰大寧縣儒學重修記。（薛文清先生全集卷四一）

九月、吳與弼遣門人車泰進謝表。（皇明名臣琬琰錄後集卷一〇）

陳茂烈時周生。（注七）

四年庚辰（一四六〇）

張元禎成進士，選翰林庶吉士，未幾，許歸娶，復趨朝。（東白張先生文集卷二四）

周瑛再入京師，以友人吳繹思之介，始與丘時雍、梁廷美、胡以道、賀克恭相交，號爲知己。（翠渠摘稿卷一）

陳選舉禮部試第一，成進士，授監察御史，巡按江西。（方山先生文錄卷一四，明儒學案卷四五，理學宗傳卷二〇。）

九月、揚州知府王恕爲江西右布政使，平贛州寇。（國榷卷

	三三，明史卷一八二。）	
五年辛巳（一四六一）	吳與弼適楚，拜舊師楊溥之墓。（吳聘君年譜） 七月、薛瑄撰平陽府儒學重修記。（薛文清先生全集卷四一） 章懋撰南岑吳氏祠堂記。（楓山章先生集卷八）	
六年壬午（一四六二）	薛瑄撰一樂堂記。（薛文清先生全集卷四一） 李錦舉於鄉。（馮少墟集卷二二關學編卷三，明儒學案卷七。） 陳獻章撰輔城記。（陳白沙先生年譜） 春、吳與弼適閩，謁朱子考亭，以申平生慨慕之懷。（吳聘君年譜） 三月、吳與弼至胡居仁里，題其居曰禮吾書舍。（胡文敬公年譜） 八月、章懋舉鄉試。（楓山章文懿公年譜） 九月、張元禎授編修，憲宗卽位，上疏勸行三年喪。（東白張先生文集卷二四） 十一月、薛瑄爲李文英撰雙桂堂記。（薛文清先生全集卷四一）	
七年癸未（一四六三）	張元禎纂英宗實錄。（東白張先生文集卷二四） 婁諒始上春官，至杭復返。（明儒學案卷二）	羅僑惟升生。（姜亮夫綜表。明儒學案卷四六闕年壽，存參。）

張傑丁母憂，有司勸以復出，蹙然以憂，亦不出。（馮少墟集卷二二關學編卷三）

羅倫赴試春闈，以丁父憂奔喪歸。（醫閭先生集卷四）

八月、章懋再試不第。（楓山章文懿公年譜）

張元禎爲會試分考官；尋，上疏數言，又疏論讐臣當鳴鼓攻其罪，以謝天下，疏入不報。（東白張先生文集卷二四）

九月、章懋入太學讀書。（楓山章文懿公年譜）

八年甲申（一四六四）

吳與弼撰節菴堂記。（康齋先生文集卷一〇）

王恕陞河南左布政使。（王端毅公文集卷六）

陳獻章有初秋夜五律二首。（陳白沙先生年譜）

胡居仁撰麗澤堂學約序。（胡文敬公年譜）

婁諒再上登乙榜，分敎成都；尋告歸，閉門著書，成日錄四十卷、三禮訂訛四十卷。（明儒學案卷二一，明史卷二八三。）

張傑爲責躬詩曰：「年紀四十四，此理未眞知。晝夜不勤勉，遷延到幾時。」自此益肆力於學，遂無仕進意。（明儒學案卷七；按馮少墟集卷二二關學編卷三傳，繫此詩於癸未，與此相差一年，稍誤。）

十一月、吳與弼撰中和齋記。（康齋先生文集卷一〇）

潘潤德夫生。（夏東巖先生文集卷五墓誌銘）

薛瑄德溫卒，年七十六。（見注三）

憲宗成化元年乙酉（一四六五）	林光舉鄉試。（明儒學案卷六） 段堅超擢萊州知府。（明史卷二八一） 陳選遷河南兵備副使；尋改提學。（理學宗傳卷二〇） 冬、胡居仁有移居記。（胡文敬公集卷二及年譜） 三月、河南布政使司王恕爲右副都御史，撫治南陽荊襄流民。（國榷卷三四） 五月、張元禎疏陳三事：一勤講學、一公聽政、一廣用賢，疏入，以言多窒礙難行寢之。（明史卷一八四） 七月、撫治南陽荊襄、右副都御史王恕賑饑。是月、恕丁內艱，許奔喪，已請終制，不允。（國榷卷三四）	余祐子積生。（明儒學案卷三） 王承裕天宇生。（馮少墟集卷二二關學編卷三，明儒學案卷九，學統卷四二下。） 羅欽順允升生。（明儒學案卷四七，明史卷二八二。）
二年丙戌（一四六六）	陳獻章復游太學，祭酒邢讓試和楊龜山此日不再得詩，卽驚以楊時不如，颺言於朝，以爲眞儒復出，由是名動京師。 羅倫、章懋、莊杲、賀欽，皆與之定交；欽復稟學焉。（明儒學案卷五） 薛敬之以積廩貢入太學，與同舍陳獻章，一時並稱。時太學生驚其言貌，以爲關西橫渠復生，由是名動京師。（思菴行實，明儒學案卷七，明史卷二八二。） 羅倫舉進士第一，授翰林修撰，有宋文丞相祠堂記。（白沙子卷四，羅一峯文集卷四。）	鄒智汝愚生。（明儒學案卷六） 夏尚樸敦夫生。（夏東巖先生文集卷首附錄費寀周撰行實） 湛若水元明生。（明儒學案卷三七，湛甘泉先生文集卷

章懋以會試第一成進士，改庶吉士。是年、有中秋賞月賦。（注三）

莊㫤成進士，選庶吉士，授檢討。（注四）

賀欽成進士，授戶科給事中，因亢旱上章極諫，復以言官曠職召災自劾；尋，即告病歸。（理學宗傳卷二〇，明儒學案卷六，明史卷二八三。）

張鼎成進士，授刑部主事，遷員外郎。（馮少墟集卷二二關學編卷三）

黃仲昭成進士，選庶吉士，撰選庶吉士記。（未軒公文集卷三及卷末尾附錄）

二月、胡居仁丁父憂。（胡文敬公年譜）

五月、修撰羅倫劾大學士李賢。（明通鑑卷三〇）

三二羅洪先撰墓表及洪垣撰墓誌銘。）

三年丁亥（一四六七）

婁諒始有日錄册子，記其爲學工程，間有所得，輒書數語。（夏東巖先生文集卷五）

羅倫以學士商輅言召還，復修撰，改南京。（明儒學案卷四五，明史卷一七九。）

章懋在京，有送金教授之安慶序。（楓山章先生集卷七）

黃仲昭授編修，以諫預作鼇山煙火詩，左遷湘潭知縣，以給事毛弘言薦，改南京大理寺評事。（未軒公文集卷末尾附

錄）

春、陳獻章自京師南歸（時年四十）。（陳白沙先生年譜）

冬、章懋授編修，與同官黃仲昭、莊㫤諫上元煙火，杖闕下，謫知臨武，改南京大理左評事。（明史卷一七九）

二月、賀欽爲給事中。（國榷卷三五）

張元禎以疾乞歸。（東白張先生文集卷二四）

胡居仁葬父於梅溪下。（胡文敬公年譜）

右副都御史王恕爲左副都御史。（國榷卷三五）

六月、福建市舶副提舉羅倫復翰林修撰，調南京。（同上）

十月、章懋授翰林院編修，爲諫元宵燈火疏（與黃仲昭、莊㫤同上）。（楓山章先生集卷一及年譜）

十二月、謫翰林編修章懋臨武知縣、黃仲昭湘潭知縣、檢討莊㫤桂陽州判官（時命詞臣撰明年燈夕詩詞，章懋等上諫，各廷杖調外，時稱翰林四諫，並及羅倫）。（國榷卷三五，明通鑑卷三〇）

四年戊子（一四六八）

陳獻章復入京師。（陳白沙先生年譜）

胡居仁續白鹿洞學規六則，有白鹿洞講義。（胡文敬公年譜）

李承箕年十七，侍叔父官廣東，有鴿原聚樂記。（李大崖集

卷一四）

黃仲昭罷翰林謫官南都，偶得閩本朱文公文集，因取浙本校之。（未軒公文集卷四）

羅倫辭疾抵家，臥病養心之暇，苦禮記註說之繁，命門人錄其要，以便觀覽，曰：「庶不失所執守也！」又爲邵武縣學復地記。（醫閭先生集卷四，羅一峯文集卷六）

李錦遊成均，友天下士，其學益進，大司邢讓深器之，令諸子受業焉。（馮少墟集卷二二關學編卷三）

段堅往小泉訪周蕙不遇，乃留詩而去。詩云：「小泉小泉隔煙蘿，一濯冠纓一浩歌。細細靜涵洙泗脈，源源鼓動洛川波。風埃些子無由入，寒玉一泓淸更多。老我未除塵俗病，欲煩洗雪起沈痾。白雲封鎖萬山林，卜築幽居深更深。養道不干軒冕貴，讀書探取聖賢心。何爲有大如天地，須信無窮自古今。欲鼓遺音絃絕後，關閩濂洛待君尋。」（明儒學案卷七）

秋、黃仲昭撰興化縣科第題名記。（未軒公文集卷三）

正月、改臨武知縣章懋、湘潭知縣黃仲昭南京大理寺左右評事，桂陽判官莊昶南京行人司右司副。（國榷卷三五）

二月、巡撫河南、左副都御史王恕爲南京刑部左侍郎。（同上）

九月、陳獻章有送吳廷介歸開化七絕。（陳白沙先生年譜）

五年己丑（一四六九）

王恕丁父憂。（王端毅公文集卷六）

陳獻章復會試下第歸。（白沙子卷一）

周瑛成進士，授廣德知州。（翠渠摘稿附錄事狀略，明儒學案卷四六）

羅倫引疾歸隱金牛山。（注五）

林光以會試入京，見陳獻章於神樂觀，語大契，遂從歸江門，築室深山，往來問學者二十年。（明儒學案卷六）

春、羅倫撰山陰居蘭陳先生哀辭。（羅一峯文集卷七）

二月、羅倫有題未軒詩。（未軒公文集卷首）

三月、南京刑部左侍郎王恕憂去。（國榷卷三五）

羅倫有與陳直夫書。（羅一峯文集卷八）

四月、陳獻章東歸，章懋作詩勉之。（陳白沙先生年譜）

五月、陳獻章至南京謁羅倫，倫有送白沙先生詩序。（同上）

九月、南京翰林修撰羅倫予告。（國榷卷三五）

吳與弼子傅卒，年七十九。（吳聘君年譜，明儒學案卷一，明史卷二八二。）

六年庚寅（一四七〇）

章懋遷福建僉事。（明史卷一七九）

周瑛有僧倪廷瞻知懷慶府序。（翠渠摘稿卷二）

羅倫自廣昌歸謁鄧淮，並爲其畫像作記，有牧菴先生畫像記。（羅一峯文集卷四）

	九月、陳獻章爲李文溪集序。（白沙子卷一，陳白沙先生年譜） 十二月、陳獻章撰東曉序。（同上）	
七年辛卯（一四七一）	周瑛知廣德，有醫隱記。（翠渠摘稿卷三） 張傑聘攝城固學事，亦謝不出。（馮少墟集卷二二關學編卷三） 胡居仁有復于（世衡）先生書。（胡文敬公年譜） 黃仲昭自南都歸省，有東里黃都史出嗣阮菴記。（未軒公文集卷三） 三月、總理河道、南京刑部左侍郎王恕濬揚州河四百五十餘里，役九萬餘人。（國榷卷三六） 六月、章懋以三載考績乞歸省。（楓山章文懿公年譜） 八月、王恕有書西園草亭碑下方、書榮壽堂碑下方、增修觀音禪寺記。（王端毅公文集卷一） 九月、陳獻章撰尋樂齋記，送張方伯詩跋。（陳白沙先生年譜） 十月、南京刑部左侍郎王恕改刑部左侍郎，總理河道。（國榷卷三六，明通鑑卷三二。）	
八年壬辰（一四七二）	莊㫤有南征錄後。（莊定山集卷一〇） 羅倫疾稍愈，以族屬未化，諭之以約束，本之律令，鄉人化	王守仁伯安生。（注八）

	之。（醫閭先生集卷四） 王恕以刑部左侍郎，奉勑巡視河防，有重修江海潮神祠記。（王端毅公文集卷一） 胡居仁復訪婁諒於閩中，相與極論，累日所得匪鮮，有芸閣記（自丙子至今適十六年）。（胡文敬公集卷二） 五月、周瑛撰好生錄序。（翠渠摘稿卷一） 六月、陳獻章爲外兄何經作處素記。（白沙子卷一）	張傑立夫卒，年五十二。（馮少墟集卷二二關學編卷三，明儒學案卷七。）
九年癸巳（一四七三）	秋、周瑛自廣德至南都，有徐氏貞節挽詩序。（翠渠摘稿卷一） 四月、總督河道、刑部侍郎王恕，奏山東、畿內災及山東晝晦，上惻然。詔山東今年稅糧，悉與蠲免，瘞京師暴骸，復下寬卹之詔。（明通鑑卷三二） 總理河道、刑部左侍郎王恕改南京戶部左侍郎。（國榷卷三六） 五月、南京大理寺左評事章懋，爲福建按察僉事。（同上，楓山章文懿公年譜） 七月、督學、監察御史閻禹錫，乞免諸生追廩之例，從之。（國榷卷三六）	
十年甲午（	張鼎出知山西太原府。（馮少墟集卷二二關學編卷三）	何塘粹夫生。（何

一四七四）

章懋有送周宏毅還淳安序。（楓山章先生集卷七）
夏尚樸九歲始就外傳，嶷然有大人之志。（夏東巖先生文集卷首）
張吉爲雲南僉憲劉氏二親七十壽辰撰三壽賦。（古城文集卷四）
李承箕年二十三，有聲場屋，時人見其言行，皆以道學稱之。（李大崖集卷末尾）
羅倫與陳獻章門人容彥昭、易德元、陳秉常相偕游龍岡，訪空坑，有西園淸隱記。是年、丁父憂。（羅一峯文集卷二、卷四。）
冬、周瑛撰考功司題署記。（翠渠摘稿卷三）
七月、周瑛撰放鹿記。（同上）
十月、羅倫有壽丁氏節婦姑孺人八十序。（羅一峯文集卷二）

文定公文集卷首附傳，明儒學案卷四九）
馬理伯循生。（明儒學案卷九）
王廷相子衡生。（明儒學案卷五〇，皇明名臣墓銘坤集、許讚撰墓誌銘。）
陳眞晟剩夫卒，年六十四。（明儒學案卷四六，疑年錄彙編卷六，明史卷二八二。姜亮夫綜表作生永樂九年，卒成化九年，年六十三，與此相差一年，存參。）

十一年乙未（一四七五）

黃仲昭相繼丁內外艱。（未軒公文集卷末尾附錄）
羅倫結茅於金牛山中，東曰靜觀，西曰正密，以爲居焉。是年、講學於正密堂，有豐嶺羅氏族譜序。（醫閭先生集卷

四，羅一峯文集卷三）
多、羅倫撰西隱堂記。（羅一峯文集卷四）
十二年丙申（一四七六）

蔡清年二十四，始爲密箴。（蔡文莊公集卷末尾附錄）
陳獻章撰恩平學記。（陳白沙先生年譜）
張元禎撰南昌縣廟學興造記。（東白張先生文集卷三）
陳茂烈年十八，即有志聖賢之學，謂顏之克己、曾之日省，學之法也，作省克錄以自考。（明儒學案卷六）
章懋滿考入都，乞致仕歸；既歸，屏跡不入城府，奉親之暇，讀書講學，四方學者高其風，稱楓山先生（時年四十一）。（明史卷一七九）
王守仁五歲不言，一日與羣兒嬉，有神僧過之，曰：「好箇孩兒，可惜道破。」祖父悟更今名，即能言之。一日誦祖父所嘗讀過書，訝問之，曰：「聞祖讀時已默記矣！」（王文成公全書附年譜）
八月、南京戶部左侍郎王恕改左副都御史，巡撫雲南。（國榷卷三七，明通鑑卷三三，明史卷一八二。）
閻禹錫子與卒，年五十一。（明儒學案卷七，明史卷二八二。）
十三年丁酉（一四七七）

張吉舉鄉試第一。（古城文集卷首）
張元禎撰忠潔王廟重修記。（東白張先生文集卷五）
鄒智年十二能文，家貧，讀書焚木葉繼晷者三年。（明史卷

黃潤玉孟清卒，年八十九。（皇明名臣琬琰錄後集卷一

一七九）
黃仲昭撰泉州府改造布政分司記。（未軒公文集卷三）
蔡清年二十五，擧福建鄉試。（蔡文莊公集卷七附錄行略，明儒學案卷四六。）
周瑛撰都下蔡氏上壽序、贈王司訓書滿序。（翠渠摘稿卷二、卷一。）
林光自羅浮至成貢，與羅倫相偕游天王閣，並築菴於閣旁。（羅一峯文集卷五）
四月、巡撫雲南、右都御史王恕改南京，參贊機務，仍署院事。（明通鑑卷三三作九月，此據國榷卷三七。）
九月、周瑛撰江上唱和詩序。（翠渠摘稿卷一）
十月、章懋上疏乞歸田里，有乞休疏。（楓山章先生集卷一及年譜）

〇，明儒學案卷四五，國榷卷三七。）

十四年戊戌（一四七八）

羅倫撰浮菴記。（羅一峯文集卷五）
莊㫤撰婺源三賢祠堂記。（莊定山集卷八）
周瑛有贈周僉事入閩提學序。（翠渠摘稿卷一）
黃仲昭撰洪山嚴氏清隱圖序。（未軒公文集卷二）
三月、南京參贊機務、右都御史王恕爲南京兵部尙書，仍參贊機務。（國榷卷三八）

李中子庸生。（明儒學案卷五三）
崔銑子鍾生。（同上卷四八）
羅倫一峯卒，年四十八。（醫閭先生

五月、張元禎丁父憂，居喪三年，一遵儀禮。（東白張先生文集卷二四）

集卷四、賀欽撰一峯羅先生墓誌銘，明儒學案卷四五。）

十五年己亥（一四七九）

湛若水年十四，始入小學。（湛甘泉先生文集卷三二）

胡居仁有與晏湑書。（胡文敬公年譜）

黃仲昭乞休致，自是家居十年。（未軒公文集卷末尾附錄）

陳獻章有羅一峯輓詩七律一首。（陳白沙先生年譜）

莊㫤撰宿州儒學會講亭記。（莊定山集卷八）

王承裕年十四五，在蒲田從蕭氏學，由是尊師樂學，益深造焉。（馮少墟集卷二二關學編卷三）

多、周瑛以州政入考京師，黃孔昭、謝鳴來謁，並出其所編赤城論諫錄屬序，有赤城論諫錄序。（翠渠摘稿卷一）

正月、王恕特命爲兵部尚書、兼都察院左副都御史，授勑巡撫南直隸蘇松等十一府州地方，總理糧儲、兼管浙江杭嘉湖三府糧儲。（王端毅公文集卷六，國榷卷三八，明通鑑卷三四。）

呂柟仲木生。（馮少墟集卷二二關學編卷四，明儒學案卷八，明史卷二八二，皇明名臣墓銘兌集、馬汝驥撰行狀。）

韓邦奇汝節生。（明儒學案卷九）

穆孔暉伯潛生。（順渠先生文錄卷九王道撰墓誌銘，明儒學案卷二九。）

十六年庚子（一四八〇）

黃仲昭引疾歸，始買田結屋於下皐之陽，以爲耕讀之計。（未軒公文集卷三）

何塘七歲，入郡城見彌勒像，抗言請去，人皆驚駭。（何文

黃綰叔賢生。（注九）

定公文集卷首附傳，明儒學案卷四九。）
李承箕再鄉試，以主試陰嫉而落之；尋，讀書邑之大崖山僧舍，別號大崖居士。（李大崖集卷末尾）
胡居仁受聘主白鹿書院講事，有貫道橋記、延賓館記。是年、訪章懋於里。（胡文敬公年譜及楓山章文懿公年譜並參）
多、周瑛以廣德州遷南京禮部郎中，明年赴任。（翠渠摘稿卷三）

十七年辛丑（一四八一）

張詡始至白沙，從陳獻章游。（陳白沙先生年譜）
黃仲昭有壽樂軒居士李公七十序。（未軒公文集卷二）
湛若水年十六游府序，撫臺視學教官肅諸生以跪迎，若水執以爲不可。（湛甘泉先生文集卷三二）
張吉成進士，授工部主事，以劾左道李孜省、妖僧繼曉，謫判廣東。（注六）
秋、蔡清自京師歸，以疾淹留嚴陵。（蔡文莊公集卷五）
多、周瑛撰五馬入閩序。（翠渠摘稿卷一）
正月、周瑛有贈馬君知姚安府序。（同上卷二）
三月、胡居仁與邱崇育、徐旭、周璘相偕遊西湖，有遊西湖記。（胡文敬公集卷二）

十八年壬寅

陳選爲廣東右布政司。（陳白沙先生年譜）

徐問用中生。（注

（一四八二） 一〇

黃仲昭校本朱文公文集梓刻，有書晦菴朱先生文集後。（未軒公文集卷四）

王承裕著修筆錄，又作屋隙詩曰：「風來梁上響，月到枕邊明。」是年、十八歲製先師孔子木主，朝夕禮拜。（馮少墟集卷二二關學編卷三）

王守仁隨親入京，過金山寺，與客酒酣擬賦詩，未成，守仁從傍賦曰：「金山一點大如拳，打破維揚水底天。醉倚妙高臺上月，玉簫吹徹洞龍眠。」客大驚異。復命賦蔽月山房詩，守仁隨口應曰：「山近月遠覺月小，便道此山大於月。若人有眼大如天，還見山小月更闊。」（王文成公全書附年譜）

陳獻章以布政使彭韶、都御史朱英交薦，召至京師，大臣尼之，令就試吏部。辭疾不赴，疏乞終養，授翰林院檢討而歸。（注七）

秋、王恕撰修巡撫廳事記。（王端毅公文集卷一）

冬、胡居仁寓鄱城永福寺，董緝熙來游，並請爲撰文，有夜存子說。（胡文敬公年譜）

十月、陳獻章過永豐，有告羅一峯墓文。（陳白沙先生年譜）

十一月、陳獻章在永豐，有祭先師康齋墓文。（同上）

十二月、定僧道公罪不還俗之令，以巡撫南畿尚書王恕言之

。（國榷卷三九）

十九年癸卯（一四八三）

湛若水下第歸，謁莊昶於定山。（湛甘泉先生文集卷三一；皇明名臣琬琰錄續集卷一作癸丑。）

何塘年十歲，始入塾讀書。（何文定公文集卷首）

周瑛撰蓮溪書屋記。（翠渠摘稿卷三）

余祐問學於胡居仁，時年十九，居仁以女妻之。（胡文敬公年譜，明儒學案卷三）

王守仁始就塾師，問：「何爲第一等事？」塾師言：「讀書登第耳！」守仁不然，曰：「此未爲第一等事，其爲聖賢乎？」時守仁豪邁不羈，父常懷憂，惟乃祖知之。（王文成公全書附年譜，理學宗傳卷九）

正月、章懋講學楓林山。（楓山章文懿公年譜）

陳獻章入京，過定山，莊昶相留越月，既別，送至揚州；及還，送之龍江關。（湛甘泉先生文集卷三一，陳白沙先生年譜）

七月、王恕有祭大兄約齋先生文、汪文節公墳祠記。（王端毅公文集卷三、卷一。）

九月、授貢生陳獻章翰林院檢討，許歸養。（國榷卷三八）

十月、黃仲昭撰和美林氏祠堂記。（未軒公文集卷三）

王艮汝止生。（重鐫心齋王先生全集卷二年譜，聖學宗傳卷一六，明儒學案卷三二。）

蔣信卿實生。（明儒學案卷二八）

魏校子才生。（明史卷二八二，皇明名臣墓銘兌集、陸鰲撰行狀。）

顧應祥惟賢生。（姜亮夫綜表）

二十年甲辰（一四八四）

王守仁寓京師，丁母憂，居喪哭泣甚哀。（王文成公全書附年譜）

林光復出會試中乙榜，授平湖敎諭。（明儒學案卷六）

張元禎撰吉水張氏祠堂記。（東白張先生文集卷四）

蔡清成進士，以病告歸。（蔡文莊公集卷七附錄行略）

李錦謁選松江府同知。（馮少墟集卷二二關學編卷三）

黃仲昭撰重建三山城樓記。（未軒公文集卷三）

張詡成進士，授戶部主事。（明儒學案卷六，明史卷二八三）

周瑛自南京禮部郎中出守撫州，有賀包封君以六十受恩命序。（翠渠摘稿卷三、卷一。）

江陰李君昆以侍御史被命清理軍伍於兩廣，始過白沙，與陳獻章定交焉。（白沙子卷一）

二月、胡居仁撰歸儒峯記。（胡文敬公集卷二）

王恕有跋范文正忠烈廟手卷。（王端毅公文集卷三）

五月、王恕復改南京兵部尚書，仍參贊機務。（注八）

六月、蔡清有靜之字說。（蔡文莊公集卷四）

八月、章懋講易義於楓林山。（楓山章文懿公年譜）

舒芬國裳生。（舒文節公全集卷首、薛應旂撰舒先生傳，明儒學案卷五三，明史卷一七九。）

張邦奇常甫生。（明儒學案卷五二，明史卷二〇一）

段堅可久卒，年六十六。（馮少墟集卷二二關學編卷三，明儒學案卷七）

胡居仁叔心卒，年五十一。（胡文敬公集卷首附傳，胡文敬公年譜，明儒學案卷一，國榷卷四〇。）

二十一年乙巳（一四八五）	蔡清密箴止於是年。（蔡文莊公集卷末尾附錄） 薛敬之以太宰尹氏薦，知山西應州。（思菴行實） 夏尚樸從婁諒之子受舉子業，遂因之從諒稟學焉。（夏東巖先生文集卷首附錄行實） 張吉詔求直言上疏，勸親賢圖治、修德遠邪，以謝天變，又以諷吏部尙書尹氏，遠貶廣東通判。（古城文集卷首） 閏四月、陳獻章撰道學傳序。（白沙子卷一，陳白沙先生年譜） 六月、南京兵部尚書王恕奉詔請裁錦衣衞內官子弟二十七人，不允。（國榷卷四〇） 八月、蔡清撰泉州府重修儒學記。（蔡文莊公集卷末尾附錄） 十二月、王恕加太子少保。（國榷卷四〇，王端毅公文集卷六）	季本明德生。（明儒學案卷一三）
二十二年丙午（一四八六）	黃佐撰南山書院記。（泰泉集卷三三） 薛敬之謁選山西應州知州，課績爲天下第一。（明儒學案卷七，明史卷二八二） 王守仁仍寓京師。是年、出游居庸三關，即慨然有經略四方之志，經月而始返。一日，夢謁伏波將軍廟賦詩曰：「卷甲	薛侃尚謙生。（見歷代名人年譜總目） 何廷仁性之生。（聖學宗傳卷一六，明儒學案卷一九）

歸來馬伏波，早年兵法鬢毛皤。雲埋銅柱雷轟折，六字題文尚不磨。」（王文成公全書附年譜）

鄒智舉鄉試第一。是年、余祐、王承裕、李承箕亦同舉鄉試。（明史卷一七九、卷二八三，小山類稿卷三五，馮少墟集卷二二關學編卷三，李大崖集卷末尾附錄行狀，明儒學案卷五。）

六月、林光來訪章懋於山中，請益而去。（楓山章文懿公年譜）

九月、罷南京兵部尚書王恕，改馬文升爲南京兵部尚書。（明通鑑卷三五。按王端毅公文集卷六石渠老人履歷略則云：「王恕以尚書致仕。」未明載屬於何月也。）

李錦在中卒，年五十一。（見注六）

二十三年丁未（一四八七）

李承箕會試下第。（李大崖集卷末尾附錄行狀）

潘府成進士，授長樂知縣。（明史卷二八二）

黃仲昭撰一樂堂記。（未軒公文集卷三）

王恕致事歸，適提學憲副廣信婁諒來訪於西園精舍，欲謀復學古書院，不果。（王端毅公文集卷一）

王鴻儒成進士，授南京戶部主事。（明儒學案卷七，明史卷一八五）

周瑛自撫州改守鎮遠，始修鎮遠府志，越年而成，有序；又

王道純甫生。（順渠先生文錄卷末尾附錄嚴嵩撰王公神道碑銘）

徐愛曰仁生。（明儒學案卷一一）

霍韜渭先生。（明儒學案卷五三，明

孝宗弘治元

撰怡壽堂序、石崖書室記。是歲、亦作政議陳六事於朝。（翠渠摘稿卷一、卷三，及附錄事狀略。）

鄒智成進士，改庶吉士。時王恕爲吏部尚書，智與麻城李文祥、壽州湯鼐以風期相許。是冬、値星變，智上言皆以大臣不職，奄官弄權所致，請上修德用賢，以消天變，不報。是歲、始謁梁儲，又有送提學潘先生副憲陝西序。（明儒學案卷六，立齋遺文卷二）

秋、黃仲昭撰天海別意詩序。（未軒公文集卷二）

三月、蔡清撰輞川橋記。（蔡文莊公集卷四）

張吉著貞觀小斷成，凡三十二則，有序。（古城文集卷三）

十一月、復起王恕爲吏部尚書。（王端毅公文集卷六，國榷卷四一，明史卷一八五，明儒學案卷七。）

十二月、進吏部尚書王恕太子太保。（同上）

黃仲昭以御史姜洪薦於朝詔起用。（未軒公文集卷末尾附

史卷一九七）

聶豹文蔚生。（華陽館文集卷一一行狀，明儒學案卷一七，明史卷二〇二。）

南大吉元善生。（明儒學案卷二九）

陳選士賢卒，年五十八。（明通鑑卷三五作成化二十二年九月卒，又陳白沙先生年譜成化二十二年丙午條下云：九月、逮廣東布政陳選卒於道。此據疑年錄彙編卷六。）

劉魁煥吾生。（見

年戊申（一四八八）

錄）

王恕撰復古學書院記。（王端毅公文集卷一）

蔡清授禮部主客司，主事王恕奏改吏部稽勳司主事，淸因上時事管見三劄。（蔡文莊公集卷七）

張元禎以劉健、王恕等，力請旨起用纂修憲宗實錄；及至，陞左春坊贊善、侍經筵，作講章進，勸行王道疏幾萬言。（東白張先生文集卷二四）

賀欽以閣臣薦，起爲陝西參議，檄未至而母死，乃上疏懇陳四事。（明史卷二八三）

張吉以覃恩轉肇慶同知，考績入京，贄見當路，除以所刻先儒學範、晦菴詩略等書，爲投刺外，則別無其他。是年、以外官得進階中憲大夫，有東臺賦。（古城文集卷首、卷四。）

李承箕撰玉臺登高倡和詩序、石翁慶壽詩序（時石翁年六十一）。（李大厓集卷一六）

張鼎擢右僉都御史，巡撫保定等府。（馮少墟集卷二二關學編卷三，明儒學案卷七）

鄒智以湯鼐等劾閣臣萬安、劉吉、尹直下獄，議者欲處以死。刑部侍郎彭韶不判案，獲免，謫廣東石城吏目。至官，即從陳獻章問學；順德令吳廷擧於古樓村建亭居之，扁曰謫

姜亮夫綜表。按姜氏引明史卷二〇九作生於是年，卒嘉靖壬子，年六十五。今考明史劉魁本傳並未載有生卒年壽，則姜氏所稱，當另有所本，姑暫從之，俟考。）

仙。是年、撰勤政堂記。（明儒學案卷六，立齋遺文卷二〇。）
秋、薛敬之在應州，以南山有虎患，爲文祭之，旬日間，虎乃死於壑。（思菴行實，理學宗傳卷二二。）
三月、太子太保、吏部尚書王恕，請幸學釋奠，用幣太牢，分獻官陪拜，從之；改獻曰分獻。（國榷卷四一）
周瑛撰洗心亭記。（翠渠摘稿卷三）
四月、李承箕入南海，稟學於陳獻章之門，築楚雲臺居之；獻章與之登臨弔古，賦詩染翰，投壺飲酒。久之，歸築釣臺於黃公山，讀書靜坐其中，不復仕進。（明儒學案卷五，李大厓集卷末尾附錄行狀。按白沙子卷一謂，李氏在白沙凡七越月而歸，是也。）
六月、歸養、戶科給事中賀欽遷陝西布政司右參議，辭不赴，因上四事：資眞儒以講聖學、薦賢才以輔治道、遵祖訓以處內官、興禮樂以化天下，上是之。（國榷卷四一）
七月、王守仁親迎夫人諸氏於洪都。（王文成公全書附年譜）
太子太保、吏部尚書王恕，以近賜內臣蟒服莊田宜裁革，上以舊勞置之。（同上）
八月、章懋有鄭紀賀欽書。（楓山章文懿公年譜）
十月、周瑛有賀林素菴處士應詔冠帶序。（翠渠摘稿卷二）

	十一月、李承箕歸，陳獻章爲序送之，有送李世卿還嘉魚序。（李大崖集卷末尾附錄）	
二年己酉（一四八九）	舒芬六歲誦詩習禮，輒了大義。（舒文節公全集卷首） 周瑛撰敖使君和梅花百咏序。（翠渠摘稿卷二） 張元禎爲南畿鄉試考官。（東白張先生文集卷二四） 王艮七歲受書鄉塾，信口談說，若或啓之，塾師無能難者。（重鐫心齋王先生全集卷二年譜，明儒學案卷三二。） 張吉以覃恩量移肇慶，鄒智適操石城軍幕，謫檄至廣，邂逅一見，遂成莫逆。（古城文集卷四） 鄒智作讀石翁詩，有云：「乾坤誰執仲尼權，硬敢刪從己酉年。」是年、再謁南海梁儲。（明儒學案卷六及立齋遺文卷二並參） 王守仁始慕聖學，以諸氏歸舟至廣信，謁婁諒，語宋儒格物之學，謂聖人必可學而至，遂深契之。（王文成公全書附年譜；按理學宗傳卷九作戊申。） 春、薛敬之在應州，以蕭家寨有暴水湧出爲患，又爲文祭告，水乃下洩而去。（思菴行實，理學宗傳卷二二） 三月、謝鐸來訪章懋乞文而別。（楓山章文懿公年譜） 張吉赴任肇慶，順道過家，營改葬先妣事。（古城文集卷首）	薛蕙君采生。（薛考功集卷末尾附錄王廷撰薛先生行狀、唐順之撰墓誌銘及文徵明撰墓碑銘；又明儒學案卷五三，疑年錄彙編卷七。國榷卷五七作卒年五十九歲，誤。）

	四月、吏部尚書王恕乞致仕，不許；詔免其午朝及風雨朝參。（明通鑑卷三六；按王端毅公文集卷一，謂王恕在成化二十三年致事歸，則與此異之，存參。）	
三年庚戌（一四九〇）	王守仁以父華丁外艱歸餘姚，命從弟及妹婿講析經義，讀書每至夜分。（王文成公全書附年譜） 張元禎撰彬州治所重建記。（東白張先生文集卷五） 黃仲昭陞江西提學僉事。（未軒公文集卷末尾附錄） 秋、陳獻章撰程鄉縣社學記。（白沙子卷一） 張吉爲吳獻臣撰重刻先儒學範序。（古城文集卷四） 五月、張元禎爲謝省撰逸老堂集序。（東白張先生文集卷五） 八月、莊昶撰籌河臺記。（莊定山集卷九） 十一月、張吉撰端州石鳳記。（古城文集卷六） 十二月、莊昶自白沙還，乃游衡山，有游衡山記。（注九）	黃佐才伯生。（泰泉集卷首附錄黎民表撰黃公行狀，疑年錄彙編卷七。） 黃省曾勉之生。（姜亮夫綜表） 劉文敏宜充生。（明儒學案卷一九，明史卷二八三。）
四年辛亥（一四九一）	蔡清丁母憂。（蔡文莊公集卷七） 陳獻章有弔鄒汝愚四首七律。（陳白沙先生年譜） 張鼎晉戶部右侍郎；尋，以病請歸田。（馮少墟集卷二二關學編卷三） 周瑛以鎭遠知府任滿歸，應李承箕屬爲題嘉魚李氏義學。（	鄒守益謙之生。（注一一） 婁諒克貞卒，年七十。（明儒學案卷二）

翠渠摘稿卷四）

張元禎預修實錄成，陞諭德，以不得近養辭，陞南京翰林院侍講學士。（東白張先生文集卷二四）

十二月、陳獻章作望雲圖詩序。（白沙子卷一）

鄒智汝愚卒，年二十六。（明儒學案卷六，明通鑑卷三七。）

五年壬子（一四九二）

王守仁舉浙江鄉試。是年、爲宋儒格物之學。始侍父於京師，編求考亭遺書讀之。一日，思先儒謂衆物必有表裏精麤，一草一木，皆涵至理。官署中多竹，即取竹格之。沈思其理不得，遂遇疾。（王文成公全書附年譜，聖學宗傳卷一三。）

黃佐三歲畫地作天字。（泰泉集卷首行狀）

張吉進表至闕下，時吏部尚書爲王恕，與張吉相知，乃加意相待。（古城文集卷首）

蔡清撰具慶堂記。（蔡文莊公集卷四）

何塘年十九，爲郡庠生，期以聖賢之學爲學，讀許衡、薛瑄遺書，輒欣然忘寢食。（何文定公文集卷首傳，明史卷二八二。）

羅欽順、湛若水是年同學鄉試。（明儒學案卷四七，湛甘泉先生文集卷三二）

李承箕築室於黃公山成，陳獻章題之曰黃公山釣臺，王鏊爲

呂懷汝德生。（按呂巾石之生卒年，諸書俱無可考。今據周訥谿全集文錄卷三，周怡於嘉靖四十年五月所撰壽巾石呂先生七十敘，知呂氏是年七十歲，推得之。）

張岳維喬生。（世經堂集卷一、徐階撰墓誌銘，明史卷二〇〇。）

黃宏綱正之生。（明儒學案卷一九）

	撰記。是歲、再謁陳獻章於白沙，有順德縣學題名記，又有送羅冕服周序。（李大崖集卷末尾附錄、卷一六、卷一七。）	魏良弼師說生。（同上）
六年癸丑（一四九三）	王守仁會試下第，歸餘姚結詩社龍泉山。時同舍有以下第爲恥者，守仁曰：「子以不第爲恥，吾以不第動心爲恥！」（王文成公全書附年譜，理學宗傳卷九。） 黃佐四歲受孝經。（泰泉集卷首行狀） 張吉轉梧州知府。（古城文集卷首） 王艮年十一，貧不能學，辭塾師就理家政。（重鐫心齋王先生全集卷二年譜） 章懋修蘭谿縣志。（楓山章文懿公年譜） 黃仲昭撰南昌縣學記。（未軒公文集卷三） 王承裕舉進士，授兵科給事中。是年、父王恕年七十八，乞休得請，承裕侍歸；定省之暇，與從游之士，建弘道書院及改經堂，講學治易其間。（王端毅公文集卷一，馮少墟集卷二二關學編卷三，明儒學案卷九，明史卷一八二並參。） 李承箕撰東亭驛記。（李大崖集卷一五） 是歲、羅欽順、汪俊同舉進士，皆授翰林院編修。（明儒學	楊爵伯修生。（明儒學案卷九）

案卷四七，高子遺書卷一〇上，明史卷二八二、卷一九一
並參。）
春、周瑛撰錦江贈別詩序。（翠渠摘稿卷二）
秋、賀欽撰遼右書院記。（醫閭先生集卷四）
二月、太子太保、吏部尙書王恕求去，不允；恕復執，疏三
上，遂堅退。（國榷卷四二）
三月、陳獻章作羅倫傳。（白沙子卷四）
閏五月、太子太保、吏部尙書王恕致仕。（國榷卷四二，明
通鑑卷三七。）
七月、陳獻章撰程鄉儒學記。（白沙子卷一）
九月、張元禎又乞歸養。（東白張先生文集卷二四）
薛敬之編次野錄成，又爲思菴野錄引。（思菴野錄卷首）
陳獻章撰增城劉氏祠堂記。（陳白沙先生年譜）

七年甲寅（一四九四）

周瑛撰皇華使節詩序。（翠渠摘稿卷一）
黃佐五歲隨父執養親禮，日探家笥藏書，問知經史難字，觀
周程六君子像，卽自誓必如此而後爲人。（泰泉集卷首行狀）
韓邦奇撰木軒墨跡記。（苑洛集卷三）
是歲、前翰林院檢討莊昶，復爲行人司副。（明史卷一七九
，明通鑑卷三七。）

陳九川惟濬生。（明儒學案卷一九）

正月、章懋與門人黃子傳書。（楓山章文懿公年譜）

二月、湛若水來學陳獻章，悟「隨處體認天理」六字符訣，乃定居楚雲臺。（湛甘泉先生文集卷三二，陳白沙先生年譜。）

四月、撫治鄖陽、右副都御史王道疾去。（國榷卷四二）

六月、陳獻章撰肇慶府城隍廟記，又有詩次韻顧別駕留宿碧玉樓。（陳白沙先生年譜，白沙子卷六。）

八月、周瑛撰貴藩重修後堂記。（翠渠摘稿卷一）

九月、莊昶以薦入京朝見，復官行人司副。（湛甘泉先生文集卷三一，莊定山集卷首附金陵通志傳。）

八年乙卯（一四九五）

黃省曾六歲始就塾，好古文，通解爾雅。（五嶽山人集卷三八）

湛若水游陳獻章之門，授以程子之書。（湛甘泉先生文集卷六）

舒芬年十二，郡守祝瀚命賦馴雁立成，薦補郡博弟子。（舒文節公全集卷首，明史卷一七九。）

三月、莊昶陞南京吏部驗封司郎中；尋，以病遷延不癒，乞身歸里。（湛甘泉先生文集卷三一，明儒學案卷四五，明史卷一七九。）

張鼎大器卒，年六十五。（馮少墟集卷二二關學編卷三）

	四月、莊杲有小學圖跋。（莊定山集卷一） 五月、四川布政司右參議周瑛爲右布政使。（國榷卷四三）	
九年丙辰（一四九六）	黃仲昭乞致仕歸。（未軒公文集卷末尾附錄） 王艮丁母憂，居喪哭泣甚哀。（重鐫心齋王先生全集卷二年譜） 聶豹年十歲，即穎敏不羣。（華陽館文集卷一一） 周瑛抱憂家居，撰重修蔡忠惠祠記。（翠渠摘稿卷三） 穆孔暉年十八丁母憂，哀毀嘔血，以善喪聞。（順渠先生文錄卷九） 莊杲赴通政司告行本部，即告歸定山。（湛甘泉先生文集卷三一，明儒學案卷四五，明史卷一七九。） 陳茂烈成進士，奉使廣東，受業陳獻章門下，獻章語以爲學主靜，退而與張詡論難，作靜思錄。（明儒學案卷六） 蔣信年十四，居喪毀瘠，與同郡冀元亨友善。（明史卷二八三） 張元禎召修大明會典，進翰林學士。（明儒學案卷四五） 呂柟年十七八，夢程明道、呂東萊氏，就正所學，由是學益進，督學楊（邃菴）、王（虎谷）拔入正學書院。（馮少墟集卷二二關學編卷四）	歐陽德崇一生。（世經堂集卷一九、徐階撰神道碑，明儒學案卷一七，明史卷二八三。） 錢德洪洪甫生。（王龍谿先生全集卷二〇、王畿撰緒山錢君行狀，聖學宗傳卷一四，理學宗傳卷二一，明儒學案卷一一。）

薛敬之遷金華同知，東南學者如陳聰輩數十人，皆摳衣門牆，居二年致仕。是歲、撰金華鄉賢祠誌若干卷。（注一〇）

春、湛若水遊羅浮。（湛甘泉先生文集卷一八）

正月、章懋有復鵝湖費（宏）閣老（書）。（楓山章先生集卷三）

二月、李承箕有書李先公遺書後。（李大崖集卷一三）

十年丁巳（一四九七）

王守仁始學兵法，以當時邊報甚急。（王文成公全書附年譜）

黃仲昭撰延平府志序。（未軒公文集卷二）

莊㫤以老疾去官。（皇明名臣琬琰錄續集卷一）

春、陳獻章撰丁知縣廟記。（白沙子卷一）

季夏、張元禎撰新創東湖察院記。（東白張先生文集卷四）

多、陳獻章撰韶州風采樓記。（白沙子卷一）

仲多、賀欽臥病家居，爲贈金德容之任石州序。（醫閭先生集卷四）

二月、章懋修鄉賢祠志成。（楓山章文懿公年譜）

四月、南京考察、吏部郎中莊㫤等罷謫有差。（國榷卷四三）

五月、翰林院庶吉士汪俊爲編修。（同上）

陳獻章有書忍字贊。（陳白沙先生年譜）

唐樞惟中生。（姜亮夫綜表）

程文德舜敷生。（明儒學案卷一四）

十一年戊午
（一四九八）

薛敬之致仕。（思菴行實，明史卷二八二）

馬理以春秋中鄉試。（皇明名臣琬琰錄續集卷八）

張邦奇年十五，著易解及釋國語。（明史卷二〇一）

張元禎特旨爲纂修會典副總裁，撰忠臣廟記。（東白張先生文集卷二四、卷三。）

崔銑舉鄉試，入太學，與四方諸名士爲友，約明經修行，毋慕高虛，毅然以洙泗爲師。（皇明名臣琬琰錄續集卷六；理學宗傳卷二二作年二十舉鄉試，恐誤。）

是歲、王守仁談養生。自念辭章藝能不足以通至道，求師友於天下又不數遇，心持惶惑。一日，讀晦翁上宋光宗疏有曰：「居敬持志爲讀書之本，循序致精爲讀書之法。」乃悔前日探討雖博，而未嘗循序以致精，宜無所得。又循其序思，得積漬洽浹，然物理吾心，終判爲二也。沈鬱既久，舊疾復作，益委聖賢有分。偶聞道士談養生，遂有遺世入山之意。（王文成公全書附年譜）

三月、陳獻章撰重修梧州府學記，又有遺言湛民澤。（陳白沙先生年譜，白沙子卷一、卷二。）

四月、張元禎陞翰林院學士、侍經筵，爲日講官，并侍春宮講讀。（東白張先生文集卷二四）

王畿汝中生。（明儒學案卷一二）

林春子仁生。（同上卷三二）

萬表民望生。（王龍溪先生全集卷二〇行狀，澹園集卷二八，明儒學案卷一五。）

	七月、章懋撰鄉試錄序。（楓山章先生集卷七） 十月、復徵翰林檢討陳獻章。（國榷卷四三） 張元禎丁母憂，賜寶鈔以榮歸；及抵家，晝夜號哭，身不離柩，廬於墓側。（東白張先生文集卷二四）	
十二年己未（一四九九）	章懋授學於家。（楓山章文懿公年譜） 李承箕有送許生還上虞序。（李大崖集卷一六） 羅僑成進士，授新會知縣。（明儒學案卷四六，明史卷一八九） 鄒守益九歲，從父南大理官邸，羅欽順見而奇之，棘寺寮宷，相慶署中有顏子。（聖學宗傳卷一五，理學宗傳卷二一，明儒學案卷一六。） 余祐成進士，授南京刑部貴州司主事，轉廣西司員外。（小山類稿卷三五） 湛若水有贈陳獻章釣臺詩云：「皇王帝伯都歸盡，雪月風花未了吟，莫道金針不傳與，江門風月釣臺深。」（湛甘泉先生文集卷三二） 王守仁在京師舉進士，上疏陳邊務八事。是歲、奉使治王越喪還。（王文成公全書附年譜，聖學宗傳卷一三，明通鑑卷三九。） 夏、陳獻章撰慈元廟記。（白沙子卷一）	莊昶孔暘卒，年六十三。（湛甘泉先生文集卷三一，明史卷一七九，國榷卷四四，皇明名臣墓銘震集、湛若水撰墓誌銘。）

	季秋、王恕致仕歸里，始於先塋二門前造一石渠，以通灌漑；蓋欲圖堅久而導慶澤於無窮，因自號石渠，有石渠說。 是歲、家居，編集歷代名臣諫議錄一百二十四卷；又取經書傳註，有所凝滯，再三體驗，行不去者，以己意推之，名曰石渠意見（時年八十四）。（王端毅公文集卷二及明儒學案卷九並參） 正月、莊昶有送許生還上虞序。（莊定山集卷七） 八月、湛若水與張博之、鄧順之、趙景鳳、李子長、李天秩相偕遊西樵，有遊西樵記。（湛甘泉先生文集卷一八） 十月、章懋撰淸遠閣記。（楓山章先生集卷八）	
十三年庚申（一五〇〇）	王守仁授刑部雲南淸吏司主事。（王文成公全書附年譜） 張吉轉廣西按察副使。（古城文集卷首） 黃仲昭以事至三山，並應李氏屬爲撰福建等處承宣布政使司題名記。（未軒公文集卷三） 仲春、黃仲昭撰重建南溪書院記。（同上） 孟冬、李承箕有兩先生贈麥秀夫詩跋。（李大崖集卷一三） 三月、湛若水有奠先師白沙先生文。（湛甘泉先生文集卷三〇） 四月、翰林院侍讀學士張元禎爲學士。（國榷卷四四）	陳獻章公甫卒，年七十三。（李大崖集卷一八墓誌銘，陳白沙先生年譜，聖學宗傳卷一二，明儒學案卷五，國榷卷四四。）

七月、陳獻章卒，葬圭峯之麓，遠近會葬者幾千人。（陳白沙先生年譜）

八月、李承箕有程節婦鍾氏詩序。（李大崖集卷一七）

章懋有與門人董子遵書。（楓山章文懿公年譜）

十一月、蔡淸自序艾庵密箴（時年四十八）。（蔡文莊公集卷末尾附錄）

十二月、李承箕自白沙還，復游衡山，有遊衡山記。（李大崖集卷一四）

十四年辛酉（一五〇一）

呂柟舉鄉試。（馮少墟集卷二二關學編卷四，理學宗傳卷二二。）

王恕復爲石渠意見拾遺（時年八十六）。（王端毅公文集卷二，明儒學案卷九。）

薛侃年十六，聞講中庸，遂志聖賢之學。（薛中離先生全書卷首，理學宗傳卷二一。）

何塘舉河南鄉試第一。（何文定公文集卷首）

南大吉年十五，嘗賦詩言懷，有「誰謂予嬰小，忽焉十五齡，獨念前賢訓，堯舜皆可並。」之語。（理學宗傳卷二一）

黃佐年十二，學舉子業成，更學爲古文詞及皇極象數之學，著座右銘正騷粵會賦。（泰泉集卷首）

何遷益之生。（明儒學案卷三八）

楊應詔天游生。（注一二）

王艮年十九，奉父命商遊四方，以山東闕里所在，徑趨山東。（重鐫心齋王先生全集卷二年譜）

王守仁以刑部主事審錄江北，游九華山，宿化城寺。（王文成公全書附年譜，聖學宗傳卷一三）

仲冬、章懋有與謝（遷）木齋閣老（書）。（楓山章先生集卷三）

冬、羅欽順撰清塘陸氏始祖祠堂記。（整庵先生存稿卷二）

五月、李承箕有送柯容甫還莆田序。（李大崖集卷一六）

八月、章懋陞南京國子監祭酒。（楓山章文懿公年譜；國榷卷四四作六月。）

十五年壬戌（一五〇二）

蔡清撰逸樂會記。（蔡文莊公集卷四）

何塘成進士，改翰林院庶吉士。（何文定公文集卷首）

周瑛有贈明府吳侯書滿序。（翠渠摘稿卷二）

徐問成進士，除廣平推官。（明儒學案卷五二）

呂柟會試不第，入太學，與馬理、崔銑等諸同志，講學於寶邛寺，相與切磋，務事力行，不尚口耳之學。（馮少墟集卷二二關學編卷四，方山先生文錄卷一四。）

聶豹年十六，督學無錫二泉邵寶取爲弟子員，一見奇之。（華陽館文集卷一〇）

張元冲叔謙生。（劉子全書卷二二、劉宗周撰墓誌銘）

王廷相成進士，改庶吉士，擢兵科給事中，以憂去。（明儒學案卷五〇，明史卷一九四。）

是歲、王守仁漸悟仙釋之非。以疾告歸越，築室陽明洞中，行導引術，久之，遂先知。（王文成公全書附年譜，聖學宗傳卷一三。）

春、王恕撰麟遊縣改建廟學記。（王端毅公文集卷一）

仲夏、王恕撰石渠橋記。（同上續集卷一）

正月、山西按察僉事王鴻儒為副使，仍提督學校。（國榷卷四四）

王恕撰玩易軒記。（王端毅公文集卷一）

四月、前福建按察僉事章懋為南京國子祭酒，翰林編修羅欽順為南京國子司業，懋待服除赴任。（國榷卷四四）

八月、右布政使周瑛致仕。（同上）

九月、王恕自著石渠老人履歷略，又為增修龍首通濟二渠記。（王端毅公文集卷六、卷一。）

十二月、張邦奇始取柳柳州非國語者讀之，以其多畔於道，為之辨說十五條（時年十九）。（張文定公文選卷三八）

十六年癸亥（一五〇三）

張元禎進南京太常寺卿。（東白張先生文集卷二四）

賀欽撰義州修重建緣邊營堡記。（醫閭先生集卷四）

王恕為石渠意見補缺並序（時年八十八）。（明儒學案卷九

王棟隆吉生。（王一菴先生遺集卷首附錄年譜紀略）

，王端毅公文集卷二。）
羅欽順撰婺源縣重修察院記。（整庵先生存稿卷一）
章懋在南雍作送牧給事中考績序。（楓山章先生集卷七）
王守仁移疾錢塘西湖，往來南屏虎跑諸剎。（王文成公全書附年譜，聖學宗傳卷一三。）
正月、翰林學士張元禎爲南京太常寺卿。（國榷卷四五）
羅欽順有送南京光祿卿楊公致仕還進賢序。（整庵先生存稿卷四）
三月、黃仲昭撰興化府志後序。（未軒公文集補遺）
四月、南京國子祭酒章懋服闋，復固辭，不允，乃之任，六館之士，人人自以爲得師。（明通鑑卷四〇）
七月、張吉撰平樂府重修儒學記。（古城文集卷首）
八月、張元禎抵任，隨取纂修歷代通鑑纂要爲副總裁；至則改太常寺卿、兼翰林院學士，仍侍經筵日講，並侍春宮讀官。（東白張先生文集卷二四）
九月、黃仲昭撰宗湖堂記。（未軒公文集卷三）
十月、南京太常寺卿張元禎改太常寺卿、兼翰林學士、直講；元禎短小，上特設低几就之。（國榷卷四五）

徐階子升生。（疑年錄彙編卷七，國榷卷七二。明史卷二一三作卒萬曆二年，年八十一，恐誤。）
張節介夫生。（明儒學案卷八）
尤時熙季美生。（孟雲浦先生集卷五行狀，明儒學案卷二九。）
張後覺志仁生。（明儒學案卷二九）

十七年甲子

何塘授編修。（何文定公文集卷首）

羅洪先達夫生。（

（一五〇四）

夏尚樸領鄉薦。（夏東巖先生文集卷首）
歐陽德九歲，以奇童稱，邑尹延見，進退如成人。（雙江聶先生文集卷六）
穆孔暉舉山東鄉試第一，主試爲王守仁。（順渠先生文錄卷九及理學宗傳卷二一並參）
秋、王守仁在京師，聘主山東鄉試，識拔多士。（王文成公全書附年譜，聖學宗傳卷一三。）
三月、章懋有奏修學學政疏。（楓山章先生集卷一）
羅欽順撰胡氏重建祀先堂記。（整庵先生存稿卷二）
四月、黃佐撰志學銘。（泰泉集卷一八）
七月、張元禎掌詹事府事。（東白張先生文集卷二四）
八月、余祐撰胡敬齋先生集序，又爲居業錄序。（胡文敬公集及居業錄卷首）
九月、王守仁改兵部武選淸吏司主事。（王文成公全書附年譜）
章懋奏乞放歸田里，不允；有上洛陽劉（健）閣老（書）。
（楓山章文懿公年譜，楓山章先生集卷一。）
十月、翰林院庶吉士何塘爲編修、王廷相爲給事中。（國榷卷四五）

羅念菴先生年譜，世經堂集卷一八、徐階撰墓誌銘，理學宗傳卷一〇，明儒學案卷一八。）

章懋有上弊政疏。（楓山章文懿公年譜）

十二月、羅欽順有自贊並小序。（整庵先生存稿卷一一）

周怡順之生。（注一三）

十八年乙丑（一五〇五）

章懋以年七十疏乞去位，不允。（楓山章文懿公年譜）

魏校成進士，授南京刑部主事。（明儒學案卷三）

張元禎撰會試錄序。（東白張先生文集卷一〇）

崔銑成進士，選庶吉士，授編修。（理學宗傳卷二三，明儒學案卷四八，明史卷二八二。）

何塘爲仁壽延恩詩引。（何文定公集卷六）

顧應祥成進士，授饒州府推官。（明儒學案卷一四）

羅僑刻白沙全集詩文各十卷。（白沙子書末跋）

湛若水成進士，選庶吉士，擢編修。（注一一）

馬理自京師歸，過渭南問禮於薛敬之。（思菴行實）

穆孔暉成進士，選庶吉士，讀書中秘。（順渠先生文錄卷九，理學宗傳卷二一，明儒學案卷二九。）

王艮有疾，從醫家受倒倉法；既癒，乃究心醫道。（重鐫心齋王先生全集卷二年譜）

張吉條陳便宜上之，復爲疏進正心之說，與地方用事大臣不合，引疾求去，不允。（古城文集卷首）

夏尚樸會試南宮，適友劉絅病危篤，遂不及試，爲調藥飲食

謝復一陽卒，年六十五。（明儒學案卷二）

李承箕世卿卒，年五十四。（李大崖集卷末尾附錄李整撰府君行狀，明儒學案卷五。國榷卷五五作嘉靖十一年四月卒，年五十四，存參。）

不懈；劉沒，又親扶柩南歸。（夏東巖先生文集卷首）
張邦奇成進士，改庶吉士，授檢討，出爲湖廣提學副使。（明史卷二〇一）
黃佐讀離騷，有感於屈子之不聞，因次其韻以成篇，曰正騷。又取大人正己而物正之義，更名曰正己賦。（泰泉集卷一）
是歲、王守仁門人始進，與湛若水一見定交，共倡聖學。（王文成公全書附年譜）
二月、太常寺卿、兼翰林學士張元禎，左春坊大學士、兼侍讀學士楊廷和主禮闈。（國榷卷四五，東白張先生文集卷二四。）
三月、湛若水、穆孔暉、張邦奇爲翰林庶吉士，張元禎敎習。（國榷卷四五）
黃仲昭始修邵武府志，凡十閱月而脫藁，復爲之序。（未軒公文集卷二）
四月、張元禎命掌內閣制誥，勸講太極西銘性理，及春宮兼講孝經小學等書。（東白張先生文集卷二四）
七月、張元禎陞吏部左侍郎，加俸一級，仍兼學士，掌詹事府事，管制誥，侍經筵，七疏乞休不允。（同上）
八月、南京吏部郎中蔡清爲江西提學副使。（國榷卷四五）

九月、章懋有送萬太守福之金華序、送吳參政之四川序。（楓山章先生集卷七）
十一月、命行人存問前太子太保、吏部尙書王恕，時年九十。（國榷卷四五）
十二月、敕修孝宗實錄。詹事府、吏部左侍郎、兼學士張元禎爲副總裁。（同上）

武宗正德元年丙寅（一五〇六）

蔡清授江西提學副使。（蔡文莊公集卷七）
王鴻儒謝歸。（明史卷一八五）
薛敬之進階朝列大夫。（思菴行實）
張吉轉本司按察使。（古城文集卷首）
南大吉年二十，以古文鳴世。（理學宗傳卷二一）
何塘以新政抗疏乞復史職，不報。（何文定公文集卷首）
黃佐召補弟子員，試孔氏遺書論置第一。（泰泉集卷首）
正月、章懋疏乞休致，不允。（楓山章文懿公年譜；明通鑑卷四一作四月。）
四月、章懋上治道要務疏。（楓山章文懿公年譜）
六月、章懋奏乞修理廟學疏。（同上）
七月、章懋報三載政乞休致。（同上）
八月、章懋疏乞休致，不允；有乞恩致仕疏。（楓山章先生

張元禎廷祥卒，年七十。（東白張先生文集卷二四、張元楷撰行狀，疑年錄彙編卷六。）

集卷一，年譜。）

蔡清以江西按察司副使，巡視學校，始詣白鹿洞書院，謁先聖孔子；有白鹿洞書院告夫子文。（蔡文莊公集卷五）

前太子太保、吏部尚書王恕疏謝存問，並及時事，如嚴軍法以肅邊境、裁冗員以節財用、重爵以惜名器、禁僭侈以化民風、存羨餘以備不虞、給民業以均貧富，皆今日制治保邦之急務也。（國榷卷四六）

九月、王恕撰增修慶善寺記。（王端毅公文集續集卷一）

十一月、周瑛為莆城闢郡學記。（翠渠摘稿卷三）

十二月、王守仁上封事，下詔獄，謫貴州龍場驛驛丞。（注一二）

張元禎進吏部侍郎，未及上而卒。（明儒學案卷四五）

二年丁卯
（一五〇七）

穆孔暉授翰林院檢討。（順渠先生文錄卷九）

霍韜著家訓二十篇。（渭厓文集卷一〇）

張吉轉山東布政使。（古城文集卷首）

章懋奏乞養病，得旨；有乞恩養病疏。（楓山章先生集卷一）

鄒守益年十七，以春秋舉江西鄉試；舒芬以詩經同舉江西鄉試。（華陽館文集卷一一，聖學宗傳卷一五，理學宗傳卷

唐順之應德生。（明儒學案卷二六，明史卷二〇五，又馮先恕疑年錄釋疑，有詳盡之考釋，可參。）

二一，舒文節公全集卷首，並參。）
張邦奇年二十四，取平日過失詳書之，命曰觀頤錄，以爲自勵，有序。（張文定公文選卷一六）
羅欽順有壽叔父西阜七十序、泰和楊氏重修族譜序。（整庵先生存稿卷七、卷九。）
王艮客山東，過闕里，謁孔子廟，瞻注久之，慨然奮曰：「是聖人者可學而至耶？」同侶咸愕，眙所言。歸取孝經、論語、大學日誦之，置其書袖中，逢人質義，務見之行。（重鐫心齋王先生全集卷二年譜，聖學宗傳卷一六。）
徐愛奮然有志於學，謁王守仁，北面納贄稱弟子。是年、愛與蔡宗兗、朱節同舉鄉貢，王守仁作別三子序以贈之。（注一三）
夏、王守仁赴謫龍場至錢塘，托跡投江附估船，遯至閩境。（王文成公全書附年譜，理學宗傳卷九。）
閏正月、湛若水贈王守仁詩九章，有九章贈別並序。（湛甘泉先生文集卷二六）
三月、南京國子祭酒章懋五疏乞休，皆不許。至是復引疾懇辭，許之。仍令「病痊之日，有司以聞。」（明通鑑卷四二）
九月、江西提學副使蔡清乞致仕，許之。（同上）

十月、翰林院庶吉士崔銑、湛若水為編修，穆孔暉、張邦奇為檢討。（國榷卷四六）

三年戊辰（一五〇八）

何塘同會試考官。（何文定公集卷首）

歐陽德年十三為弟子員，督學北郡李氏大奇之，名動三楚。（雙江聶先生文集卷六）

舒芬卒業南雍，勵志為聖賢之學。（舒文節公全集卷首）

徐愛舉進士，授祈州知州。（愛始聞知行合一之訓，汩沒舊說，驚愕不定，無入頭處。後聞之既久，漸知反身實踐。）（聖學宗傳卷一三，明儒學案卷一一。）

呂柟舉進士第一，授翰林修撰。（明史卷二八二，明儒學案卷八。）

夏尚樸以逆瑾方熾，不與試，時有詩譽之，曰：「遠赴春闈獨感時，姓名不使主司知」之句。（夏東巖先生文集卷首）

韓邦奇成進士，除吏部主事，進員外郎。（明儒學案卷九，明史二〇一。）

余祐以忤劉瑾落職；瑾誅，薦起知福州府。（小山類稿卷三〇）

羅洪先五歲，夢通衢市人擾擾，大呼曰：「汝往來者，皆在吾夢中耳！」覺而告其母，識者知非埃壒人也。（理學宗

趙貞吉孟靜生。（明儒學案卷三三）

王恕忠貫卒，年九十三。（見注五）

蔡清介夫卒，年五十六。（蔡文莊公集卷七附錄行狀，明儒學案卷四六，明史卷二八二。）

黃仲昭未軒卒，年七十四。（未軒公文集附錄理學名臣行錄、林瀚撰墓誌銘。）

薛敬之顯思卒，年七十四。（思菴行實，呂涇野先生文

傳卷一〇，明儒學案卷一八。）
蔡清起國子監祭酒，未至而卒。（蔡文莊公集卷七）
春、王守仁至龍場。是年、始悟格物致知之旨。（守仁在龍場，一夕，大悟格物致知之旨，證之六經四子，無不脗合，因著五經臆說。）（王文成公全書附年譜，理學宗傳卷九。）
二月、南京國子祭酒章懋，已疾去需召；至是予致仕。（楓山章文懿公年譜，國榷卷四七。）
兵科給事中王廷相，宅憂不赴部領符，謫亳州判官。（國榷卷四七）
三月、王恕撰齒一道人傳。（王端毅公文集續集卷一）
四月、南京國子司業羅欽順，以送親踰限削籍，停司業不補。（國榷卷四七）
六月、章懋有懇乞休致疏。（楓山章先生集卷一）
十一月、王艮以父早起赴官，取冷水盥面，深以不得服勞爲痛，遂請以身代役。自是於凊溫定省之儀，行之益謹。（重鐫心齋王先生全集卷二年譜）

集卷三四，馮少墟集卷二二關學編卷三，理學宗傳卷二二，明儒學案卷七。）

四年己巳（一五〇九）

王廷相撰悼時賦。（王肅敏公集）
張吉轉廣西左布政使。（古城文集卷首）

楊應詔九歲，丁母憂於廣，始歸葬旋里。（天游山人集卷一五）
何塘以預修孝廟實錄成，晉修撰；尋，以事致仕歸。（何文定公集卷首）
穆孔暉預修孝廟實錄成，忤逆瑾意，調南京禮部主事；瑾誅，還舊職。（順渠先生文錄卷九）
王艮默坐體道，有所未悟，則閉關靜思，夜以繼日，寒暑無間，務期於有得，自是有必爲聖賢之志。（重鐫心齋王先生全集卷二年譜）
王守仁在貴州，提學副使席書聘主貴陽書院。是年、始論知行合一。（王文成公全書附年譜）
夏、王鴻儒起爲國子祭酒，以父喪去。（明儒學案卷七，明史卷一八五。）
二月、張吉發濟南舟中，讀陸象山語錄，作陸學訂疑；會召馳驛還京，將處以重任，竟爲劉瑾所阻。（古城文集卷首）
四月、山西按察副使王鴻儒爲國子祭酒，劉瑾採時望拔之。（國榷卷四七）
五月、編修汪俊爲南京工部員外郎，編修崔銑爲南京吏部主事，檢討穆孔暉爲南京禮部主事。（同上）
張吉撰陸學訂疑序。（古城文集卷二）

十一月、羅欽順撰慈節堂記。（整菴先生存稿卷二）

賀欽克恭卒，年七十四。（醫閭先生集卷首附鎮海縣志本傳，明儒學案卷六。）

五年庚午（一五一〇）

南大吉舉鄉試。（理學宗傳卷二一）

崔銑召還史館，上書疏勸及時悟主救民薦賢。（皇明名臣琬琰錄續集卷六）

周怡六歲就學黨，塾師教以早至晚歸拜揖，怡卽悟曰：「是揖者，揖吾師也。然則先師孔子，吾豈可不揖？」自後每早晚來學放學，必揖於文廟之前，風雨不違，人多異之。（周恭節公年譜）

黃佐舉鄉試第一，束裝北上，作九淵問以見志。是年、得嚴氏詩緝讀之，復采入其舊著詩傳旁通，自是又日加刪潤。（泰泉集卷首、卷三五。）

王守仁陞廬陵縣知縣，過常德辰州，見門人冀元亨、蔣信、劉觀時，俱能卓立，因與諸生靜坐，使自悟性體。（王文成公全書附年譜，理學宗傳卷九。）

三月、翰林修撰何塘予告。（國榷卷四八）

四月、大理寺右評事羅僑，以京師旱霾，上疏請「愼逸游，屏玩好，放棄小人，召還舊德。」又請「敕法司愼守成律，毋妄有輕重。」疏入，劉瑾欲死之，得李東陽救止，改吉安府教授。（明通鑑卷四三及國榷卷四八並參。）

六月、章懋修蘭谿縣志成。（楓山章文懿公年譜）

八月、南京工部員外郎汪俊、南京吏部主事崔銑，俱復編修；南京禮部主事穆孔暉復檢討。（國榷卷四八）

十月、復羅欽順仍南京國子司業。（同上）

十一月、王守仁入覲，館於大興隆寺。時黃綰為後軍都督府都事，因儲柴墟巏請見，並與語所學，遂引見湛若水，訂與終日共學焉。（嘉靖壬午春，黃綰復執贄稱門人。）（王文成公全書附年譜）

章懋起南京太常寺卿，辭不就。（楓山章文懿公年譜，國榷卷四八，明史卷一七九。）

十二月、王守仁陞南京刑部四川清吏司主事。（王文成公全書附年譜）

六年辛未（一五一一）

穆孔暉同考禮部會試。（順渠先生文錄卷九）

何塘復原官，獻時政論三篇。又為兵論五篇，並疏請籍沒賦吏以杜禍原，皆議格不報。（何文定公集卷首）

南大吉成進士，授戶部主事。（理學宗傳卷二一，明儒學案卷二九。）

羅欽順撰當塗縣儒學重修記、題宋元祐幸學詩卷後。（整庵先生存稿卷一、卷一一。）

王襞宗順生。（明儒學案卷三二，王東厓先生遺集卷首附錄年譜紀略；澹園集卷三一作正德辛巳生，誤。）

夏尚樸成進士，授南京主客司主事，迎母及瞽姊就養京邸。
（夏東巖先生文集卷首，明儒學案卷四，明史卷二八三。
）
王道成進士，選入中秘，以東寇亂，欲奉祖母避地江南，因
上疏乞補學職，得應天學教授。（順渠先生文錄卷末尾，
明儒學案卷四二。）
秋、羅欽順爲南京國子司業，上獻納愚忠疏。（整庵先生存
稿卷一〇）
冬、韓邦奇以京師地震上疏陳時政闕失，忤旨，不報；尋，
黜爲平陽通判。（明史卷二〇一）
正月、王守仁調吏部驗封清吏司主事。是年、論晦庵象山之
學，門人王輿菴徐成之與焉。同僚方獻夫聞論學，執贄稱
弟子。（王文成公全書附年譜，理學宗傳卷九。）
二月、王守仁以吏部主事同考官會試，得鄒守益卷，乃以冠
南宮；守益舉進士第三人，授翰林院編修。是年、守益試
南省，始受知於野亭劉氏。（注一四）
章懋具奏辭免，不允。（楓山章文懿公年譜）
四月、王艮一夕夢天墮壓身，萬人奔號求救，艮擧臂起之，
視其日月星辰失次，復手整之，覺而汗溢如雨，心體洞徹
。自此行住語默，皆在覺中。題記壁間，是爲悟入之始。

（重鐫心齋王先生全集卷二年譜，明儒學案卷三二。）
南京太常寺卿章懋爲南京禮部右侍郎。（注一五）
七月、張邦奇上疏乞歸省親，有別友序。（張文定公文選卷一六）
八月、章懋具疏謝恩，有謝恩疏。（注一六）
九月、張邦奇著南行記。（張文定公文選卷一八）
十月、王守仁陞文選淸吏司員外郎。（王文成公全書附年譜）
章懋有復編修董公玘書。（楓山章文懿公年譜）

七年壬申（一五一二）

羅洪先九歲始就塾。（羅念菴先生年譜）
穆孔暉遷南京國子監司業。（順渠先生文錄卷九）
周怡八歲發憤力學，始治詩經。（周恭節公年譜）
羅欽順撰安慶府重修儒學記。（整菴先生存稿卷一）
陳九川年十九，始爲李夢陽所知。（明儒學案卷一九）
張吉轉湖廣按察使。（古城文集卷首）
呂柟起官舊職，上疏勸學；疏入，嘉納之。未幾，復以乾淸宮災應詔上疏，言六事，不報，復引疾去。（馮少墟集卷二二關學編卷四）
劉文敏年二十三，與劉邦采共學，思所以自立於天地間者，

每至夜分不能就寢，謂邦采曰：「學苟小成，猶不學也。」（明儒學案卷一九）

徐愛以知州考滿入京師，即同穆孔暉、顧應祥、黃綰、朱節及蔡宗兗等，朝夕受業於王守仁。（王文成公全書附年譜，聖學宗傳卷一三，理學宗傳卷二一。）

楊爵年二十始讀書，家貧，燃薪代燭，耕隴上，輒挾册以誦。（楊忠介公文集附錄卷第一，明史卷二〇九。）

鄒守益引疾歸。一日，讀大學中庸，訝曰：「子思受學曾子者，大學先格致；中庸首揭愼獨，何也。」積疑不釋。（聖學宗傳卷一五，理學宗傳卷二一。）

王艮築斗室於居後，暇則閉戶，坐息其間，讀書考古，鳴琴雅歌。（重鐫心齋王先生全集卷二年譜）

夏、徐問自西部謁告歸鄉，撰江南保障詩序。（山堂萃藁卷一〇）

冬、徐愛陞南京工部員外郞。（與王守仁同舟歸越，舟中請問大學宗旨，聞之踴躍痛快，胸中混沌復開，如狂如醒者數日，仰思堯舜三王孔孟千聖立言，人各不同，其旨則一。始信守仁之學，爲孔門嫡傳，舍是皆傍蹊小徑，斷港絕河矣。）（王文成公全書附年譜）

三月、王守仁陞考功淸吏司郞中。（同上，理學宗傳卷九。

）

翰林院庶吉士王道改應天教授，便養。（國榷卷四八）

張邦奇撰東軒記。（張文定公文選卷一九）

四月、章懋與編修湛若水遊北山。（楓山章文懿公年譜）

七月、南京國子司業羅欽順爲南京太常寺少卿。（國榷卷四八）

翰林檢討穆孔暉爲南京國子司業。（同上）

十一月、給終養御史陳茂烈月粟三石；茂烈辭晉江教諭，貧不能支，有司復請廩之。（同上）

十二月、王守仁陞南京太僕寺少卿，便道歸省。（王文成公全書附年譜，國榷卷四八，明實錄武宗實錄卷九五。）

國子祭酒王鴻儒爲戶部右侍郎。（國榷卷四八）

八年癸酉（一五一三）

薛侃撰知非記。（薛中離先生全書卷一一）

穆孔暉以外艱歸。（順渠先生文錄卷九）

趙貞吉六歲誦書，日盡一卷。（明史卷一九三）

張吉轉貴州左布政使，未赴，輿疾歸第丐休。（古城文集卷首）

黃佐隨父行，途次儀眞病卒，乃扶柩而還。（泰泉集卷首）

何塘以經筵觸忤忌諱，謫同知開州，再乞歸；既歸，居城南

九年甲戌

別業八年，杜門却掃，不接外事。（何文定公集卷首）
薛蕙領鄉薦，偕計入京；時信陽何景明為中書舍人，蕙即乘夜謁見，雅相欽挹，遂成莫逆之交。（薛考功集卷末尾）
王棟年十一，是年疫氣大熾，父命備藥材效童生植杏故事，遍施藥村鎮；一日，遇馬嚙傷，歸告其父，乃棄醫仍命業儒。（王一菴先生遺集卷首附錄年譜紀略）
是歲、徐愛、蔡宗兗及朱節三人，從王守仁遊四明山；宗兗自永樂寺返，朱節自妲溪返，徐愛則同入雪竇。春沂之樂，直一時之盛事。（明儒學案卷一一）
四月、翰林修撰何塘謫開州同知，塘進講蹇澁中止，上怒，欲撻之，閣臣救免。（國榷卷四九）
十月、王守仁至滁州，舊學之士，皆日來臻，從遊之衆自滁始。又與孟源論靜坐。孟源問靜坐中思慮紛雜，不能強禁絕。守仁曰：「紛雜思慮，亦強禁絕不得，只就思慮萌動處省察克治，到天理精明後，有箇物各付物的意思，自然精專無紛雜之念。大學所謂知止而後有定也。」（王文成公全書附年譜）
十二月、黃佐撰南海李氏孝思亭記。（泰泉集卷三〇）

李中成進士，授刑部主事。（明儒學案卷五三）

張詡廷實卒，年六

韓邦奇遷浙江按察僉事。（同上卷九）

陳九川成進士，請告三年，授太常博士。（同上卷一九）

萬表年十七襲父職，讀書學古，不失儒者本分。（澹園集卷二八，王龍溪先生全集卷二〇，明儒學案卷一五。）

薛蕙成進士，授刑部貴州司主事；尋，以疾在告。（薛考功集卷末尾）

黃宗明成進士，除南京兵部主事，進員外郎。（明史卷一九七，明儒學案卷一四。）

呂柟編次自戊辰至甲戌所作詩，萃爲一編，曰涇野九詠，有序。是冬、涇陽縣修城，有涇陽縣修城記。（呂涇野先生文集續刻卷一、卷一八。）

霍韜擧進士第一，告歸，讀書西樵山中，無仕進意。（明儒學案卷五三，明史卷一九七。）

楊應詔年十四，從大父古庵公宦於廣；一日，自無量寺隸學而歸，古庵公立於庭，以學詢之，曰：「吾學欲博極羣書，行好事做好人，不徒求聞達於時。」古庵駭其言。（天游山人集卷一九）

馬理成進士，授稽勳主事，改文選，與郎中不合，引疾告歸者三年。（皇明名臣琬琰錄續集卷八，明儒學案卷九，明史卷二八二。）

十。（明儒學案卷六）

張詡拜南京通政司左參議，辭之；一謁孝陵而歸。（明儒學案卷六）

正月、翰林修撰呂柟言六事：聽朝政、還宮寢、親郊社、朝兩宮、遣義子番僧邊軍、罷各鎮守官貪婪，不報。（國榷卷四九）

二月、張邦奇省覲還京師，道杭城，聞三竺之勝，携友游焉，有贈天竺無際師序。（張文定公文選卷一七）

四月、王守仁陞南京鴻臚寺卿。（王文成公全書附年譜，明實錄武宗實錄卷一〇九。）

舒芬著易箋問成，梅鶚爲之引。（梓溪內集卷首）

五月、王守仁至南京。自滁游學之士，多放言高論，亦有漸背師教者。故南畿論學，只教學者存天理，去人欲，爲省察克治實功。是月、薛侃、陸澄、郭慶問學於守仁，與徐愛、黃綰等輩同聚師門，日夕漬礪不懈。（聖學宗傳卷一三，理學宗傳卷九及卷二一。）

六月、翰林編修汪俊爲侍讀。（國榷卷四九）

七月、張邦奇始爲易說。（張文定公文選卷三五）

十月、刑部主事李中疏諫護國佛寺駐番僧，不報；尋，謫廣東通衢驛丞。（國榷卷四九，明通鑑卷四五。）

十年乙亥（一五一五）

黃省曾爲弔陸機文。（五嶽山人集卷三五）
黃宗明授南京武庫主事。（渭厓文集卷六）
羅欽順撰北極玄天眞武廟重修記。（整庵先生存稿卷一）
湛若水以憂病歸西樵，築大科書院教諸生。（湛甘泉先生文集卷六）
鄒守益有壽姚君鵬程序。（東廓鄒先生文集卷一）
錢德洪年二十，博綜朱氏之學，久之，讀傳習錄，與所學未契，疑之。（理學宗傳卷二一）
蔣信一病幾殆，乃謝却醫藥，借寓道林寺一室，祇以一力自隨，閉目趺足，默坐澄心，常達晝夜，不就枕席，久之，冷然有省，而疾亦去。（同上）
春、黃佐撰重建廉州府儒學記。（泰泉集卷三二）
季春、張岳爲淸介叟家集叙。（小山類稿卷二）
正月、王守仁上疏自陳，不允。（王文成公全書附年譜）
二月、湛若水丁母憂，廬於荷塘基側。（湛甘泉先生文集卷三二）
三月、章懋有復僉憲韓公邦奇書。（楓山章文懿公年譜）
閏四月、張邦奇著易說畢。（張文定公文選卷三五）
五月、南京太常寺少卿羅欽順爲南京吏部左侍郎。（國榷卷

顏鯨應雷生。（姜亮夫綜表）
羅汝芳惟德生。（鄒子願學集卷六墓碑，聖學宗傳卷一八，明儒學案卷三四。）

四九）

翰林檢討張邦奇爲湖廣提學副使。（同上）

八月、王守仁有擬諫迎佛疏。（王文成公全書附年譜）

南京戶部右侍郎王鴻儒改吏部右侍郎。（國榷卷四九）

十一年丙子（一五一六）

徐愛歸里省親。（明儒學案卷一一）

黃省曾撰拜五經。（五嶽山人集卷三五）

崔銑充經筵講說。（皇明名臣琬琰錄續集卷六）

黃仲昭撰思親堂記。（未軒公文集卷三）

冀元亨舉湖廣鄉試。（明儒學案卷二八，明史卷一九五。）

湛若水撰新會縣重修子城記。（湛甘泉先生文集卷一八）

聶豹年三十，以易經中江西鄉試。（華陽館文集卷一一）

黃宏綱舉於鄉，從王守仁學於虔臺。（明儒學案卷一九）

羅欽順爲南京吏部右侍郎，上災異自陳乞休疏。（整庵先生存稿卷一〇）

薛蕙起於家，復除刑部福建司主事。（薛考功集卷末尾）

羅洪先年十三，始慕爲古文，慨然慕羅倫之爲人。（羅念菴先生年譜）

何塘撰懷慶府志序、重修魯齋許文正公祠堂記、韓文公廟碑記。（何文定公集卷五、卷七。）

查鐸子警生。（毅齋查先生闡道集卷末尾附錄焦竑撰墓誌銘及查琪撰行實，澹園續集卷一三。）

蔡汝楠子木生。（國榷卷六四）

陳茂烈時周卒，年五十八。（見注七）

	春、羅欽順撰南京戶部題名記。（整庵先生存稿卷一） 三月、薛敬之野錄刻行，陰子淑爲後序。（思菴野錄卷首） 六月、章懋與門人陸震書。（楓山章文懿公年譜） 七月、羅欽順撰劉文懿公享堂鐘銘，有序。（整庵先生存稿卷一一） 九月、王守仁陞都察院左僉都御史，巡撫南贛汀漳等處。（注一七） 王廷相撰攝生要義序。（王肅敏公集、吳中稿） 十月、王守仁歸省至越。（王思輿語季本曰：「陽明此行必立事功。」本曰：「何以知之？」曰：「吾觸之不動矣。」）（王文成公全書附年譜，理學宗傳卷九。） 穆孔暉服闋，改國子祭酒。（國榷卷五〇） 浙江按察僉事張邦奇削籍。（同上） 十二月、翰林編修崔銑爲侍讀。（同上）	
十二年丁丑（一五一七）	王艮撤神佛像祀祖先，作孝弟箴。（重鐫心齋王先生全集卷二年譜） 季本成進士，授建寧府推官。（明儒學案卷一三） 湛若水服闋，得疏養病，築室講學於西樵山大科峯下。是年、始編次二禮經傳測。（湛甘泉先生文集卷二二及卷一	呂潛時見生。（明儒學案卷八） 胡直正甫生。（耿天臺先生文集卷一二墓誌銘，明儒學

七)

薛侃成進士，疏乞歸養。(明儒學案卷三〇，理學宗傳卷二一。)

羅洪先年十四，慨然有志聖賢之業。(理學宗傳卷一〇)

馬理撰明渭南思菴薛先生入陝西會城鄉覽祠記。(見思菴行實)

張元沖年十六，自塾歸，逢虎患，傷其臂，神色不渝，識者知其根器。(劉子全書卷二二)

聶豹成進士。是冬、以例給假歸省；既歸，卽杜門却掃，慨然以古人自期。(華陽館文集卷一一)

何塘撰修武縣志序、復許文正公祀田記、孟縣改建韓文公祠記。(何文定公集卷五、卷七。)

羅汝芳甫三歲，偶念母而啼，父抱之卽止，隨思曰：「心一耳，何苦樂倏變也?」展轉追尋，未明其故。(聖學宗傳卷一八)

張岳成進士，授行人；邸寓僧舍，與陳琛林希元閉戶讀書，出則徒步走市中，時稱泉州三狂。(世經堂集卷一七，明儒學案卷五二。)

黃佐再上，值疾作不克終試，同鄉大學士梁儲慰留之，佐竟焚其路引，有終焉之志。是年、復修改其舊著詩傳旁通，

案卷二二。)

徐愛曰仁卒，年三十一。(明儒學案卷一一。聖學宗傳卷一三及理學宗傳卷二一，皆作十三年卒，存參。)

並及禮樂，更名曰詩經通解，有序。（泰泉集卷首、卷三五。）
徐愛告病歸，與陸澄等同謀買田霅上，爲諸友久聚之計，王守仁聞而貽詩慰之。（聖學宗傳卷一三，理學宗傳卷二一。）
夏、霍韜有叙采樵卷後。（渭厓文集卷五）
正月、王守仁至贛，行十家牌法，選民兵。（明通鑑卷四七）
二月、王守仁平漳寇。（同上，王文成公全書附年譜。）
三月、舒芬舉進士第一，授翰林修撰。（國榷卷五〇，明史卷一七九，明儒學案卷五三。）
四月、王守仁班師。（時三月不雨，至於四月。守仁方駐軍上杭，禱於行臺，得雨以爲未足。及班師，一雨三日，民大悅。有司請名行臺之堂，曰時雨堂。取王師若時雨之義也。守仁爲之記。）（王文成公全書附年譜）
何塘撰重修沁河堤記。（何文定公集卷七）
崔銑罷經筵引疾求去，少傅梁儲素重之，固留再三，爲會試同考官，試畢乃歸。（皇明名臣琬琰錄續集卷六）
五月、王守仁立兵符。奏設和平縣，移枋頭巡檢司。（王文成公全書附年譜）

蔡宗兗、許相卿、季本、薛侃、陸澄同擧進士。（同上）
巡撫南贛王守仁討大帽山賊，平之。（明通鑑卷四七）
六月、王守仁疏請疏通鹽法。（王文成公全書附年譜）
吏部右侍郎王鴻儒爲左侍郎。（國榷卷五〇）
八月、薛敬之思菴野錄刻行，劉春撰序。（思菴野錄卷首）
章懋與門人張大輪書。（楓山章文懿公年譜）
何塘爲朱二尹致仕序。（何文定公集卷三）
九月、王守仁改授提督南贛汀漳等處軍務，給旗牌，得便宜行事。（明通鑑卷四七及明實錄武宗實錄卷一五一俱作七月，此據王文成公全書附年譜。）
十月、王守仁平湖廣橫水涌岡諸寇。（王文成公全書附年譜，聖學宗傳卷一三，理學宗傳卷九。）
十一月、羅欽順爲南京吏部右侍郎，上乞歸省疏。（整庵先生存稿卷一〇）
湛若水有祭郎中曰仁文。（湛甘泉先生文集卷三〇）
十二月、王守仁班師。（師至南康，百姓沿途頂香迎拜。所經州縣隘所，各立生祠。遠鄉之民，各肖像於祖堂，歲時尸祝。）（王文成公全書附年譜）
閏十二月、王守仁奏設崇義縣治，及茶寮隘上堡鉛廠長龍三巡檢司。（同上；明通鑑卷四七作十月。）

十三年戊寅（一五一八）

何塘撰魯齋全書序。（何文定公集卷五）

尤時熙年十六遊郡庠，卽有聲。（孟雲浦先生集卷五）

羅洪先年十五，聞王守仁講學虔臺，心卽嚮往。比傳習錄出，奔假手鈔，玩讀忘倦。（羅念菴先生年譜）

馬理復任，値武廟南巡，與黃鞏諸同志，伏闕極諫，乃受廷杖；未幾，送繼母還鄉，設教於武安王祠，藩臬諸君爲建嵯峨精舍，以居生徒。（皇明名臣琬琰錄續集卷八）

仲秋、張邦奇撰讀書錄要語序。（張文定公文選卷一六）

正月、提督南贛軍務王守仁討浰頭賊，平之。以書示薛侃曰：「破山中賊易，破心中賊難。」（明通鑑卷四七及理學宗傳卷九並參。）

二月、王守仁奏移小溪驛。（王文成公全書附年譜，明通鑑卷四七。）

三月、王守仁疏乞致仕，不允。襲平大帽浰頭諸寇。（同上）

舒芬上隆聖孝疏，疏凡五上，不允。（舒文節公全集卷首，梓溪外集卷二。）

七月、提督南贛、汀、漳軍務王守仁，奏江西諸賊盡平，賜敕獎勵。尋，進右副都御史，廕一子爲錦衣衛，世襲百戶

郭郛惟藩生。（馮少墟集卷二二關學編卷四，明儒學案卷八。）

史桂芳景實生。（姜亮夫綜表）

周瑛梁石卒，年八十九。（翠渠摘稿卷末尾附錄門人林近龍撰翠渠周公事略狀，疑年錄彙編卷六。）

張吉克修卒，年六十八。（古城文集卷首楊廉撰神道碑，明儒學案卷四六，疑年錄彙編卷六。）

，疏辭不允。是月、刻古本大學、刻朱子晚年定論。（注一八）

八月、薛侃刻傳習錄。（王文成公全書附年譜。理學宗傳卷九作己卯。）

九月、王守仁修濂溪書院。四方來學者日衆。（王文成公全書附年譜，理學宗傳卷九。）

十月、王守仁舉鄉約。（王文成公全書附年譜）

十一月、王守仁再請疏通鹽法。（同上）

十四年己卯（一五一九）

王畿舉於鄉。（王龍溪先生略歷）

何塘撰溫縣知縣王侯德政記。（何文定公集卷八）

王鴻儒遷南京戶部尚書。（明史卷一八五。國榷卷五一作三月。）

黃省曾始執贄王守仁，作會稽問道錄十卷。（五嶽山人集卷三八）

薛蕙值武宗南幸，抗疏力諫；尋，調吏部驗封司主事。（薛考功集卷末尾）

崔銑作后渠書屋，躬耕授徒，刪定二程遺書，又作郡志。（皇明名臣琬琰錄續集卷六）

舒芬謫福建市舶副提舉。（明儒學案卷五三。國榷卷五一作

李材孟誠生。（注一四）

林光緝熙卒，年八十一。（見容肇祖明代思想史）

王鴻儒懋學卒。（明史卷一八五，國榷卷五一。）

三月。）

王襞九歲，隨父至會稽，每遇講會，以童子歌詩，聲中金石。是年、始奉王守仁命，從王畿、錢德洪學。（明儒學案卷三二，澹園集卷三一，理學宗傳卷二一。）

楊應詔北上，舟道彭蠡，爲海盜所偵，幾不得免，以颶風脫舟獲救。（天游山人集卷一九）

萬表中浙江武擧。（王龍溪先生全集卷二〇）

呂柟爲陝西考試官，旣畢，錄其試並敍諸首，有陝西鄉試錄序，又爲山西鄉試錄後序。（呂涇野先生文集卷二）

張邦奇歸隱於四明，始於其廬東偏，植竹數莖，以爲賞玩。是歲、有贈古濤師畫竹序。（張文定公文選卷一七）

黃宗明陞武選員外郎；宸濠反，上江防三策、上諫南巡疏；尋，以疏奏不果，遂告病歸寶巖山中。（渭厓文集卷六）

羅汝芳從母氏授孝經、小學諸書。家人故亂其誦，怒不止，告母曰：「何怒之難轉也？人言五臟能橫，其信然！」（聖學宗傳卷一八）

鄒守益謁王守仁於虔臺，相與論格物之學，又以中庸積疑質正。守仁曰：「獨卽所謂良知也。愼獨也者，所以致其良知也。戒愼恐懼，所以愼其獨也。大學、中庸之旨一也。」守益豁然悟，遂肅贄稱弟子。（聖學宗傳卷一五，華陽館文集卷一一。）

春、舒芬以疏議車駕，廷杖，謫福建市舶副提舉。是年、有三山紀會錄序、武夷志序、練川書院記。（舒文節公全集卷首、梓溪外集卷四、卷五。）

秋、羅欽順上再陳情悃乞休疏。（整庵先生存稿卷一〇）

正月、王守仁疏謝陞廕，疏乞致仕，不允。（王文成公全書附年譜）

霍韜有送于盤出山序。（渭厓文集卷五）

二月、命王守仁勘處福建叛卒，其南贛事，兵備副使楊璋暫攝之。（國榷卷五一）

章懋復門人陸震書。（楓山章文懿公年譜）

三月、湛若水敘遵道錄於大科書院。（湛甘泉先生文集卷一七）

四月、南京吏部右侍郎羅欽順改吏部右侍郎。（國榷卷五一）

六月、王守仁奉勅勘處福建叛軍，十五日丙子至豐城，聞宸濠反，遂返吉安起義兵。（王文成公全書附年譜，明通鑑卷四八。）

七月、提督南贛等處軍務、巡撫都御史王守仁起兵於南贛。復南昌。（明通鑑卷四八，明實錄武宗實錄卷一七六。）

八月、王守仁疏諫親征；再乞便道省葬，不允。（王文成公全書附年譜）

九月、王守仁獻俘錢塘，以病留。奉勅兼巡撫江西。（注一九）

十一月、王守仁返江西。（王文成公全書附年譜，明通鑑卷四八。）

十二月、王廷相撰深衣圖論序。（浚川集、王肅敏公集）

十五年庚辰（一五二〇）

鄒守益再見王守仁於虔臺，有贈孔橋。（東廓鄒先生文集卷一）

黃佐成進士，改庶吉士，授編修。（明儒學案卷五一；泰泉集卷首作嘉靖元年，恐誤。）

楊爵年二十八，聞朝邑韓邦奇講性理之學，躬輦米，往拜其門，叩其學，嘆以爲畏友。（楊忠介公文集附錄卷第一）

舒芬撰龔坊龔氏譜序。（梓溪外集卷四）

何塘撰賈賢權驛序、河內縣重修廟學記。（何文定公集卷四、卷七。）

楊應詔年二十游黌宮，燁有聲，里之王公大人縉紳學士時過

之，郡公及督學，尤優重焉。（天游山人集卷一九）

萬表舉武會試第十八名，薦為第一。是年秋、視衞篆；及多，授以都指揮浙江把總。（明儒學案卷一五，澹園集卷二八。）

春、聶豹就吏部選，授直隸華亭知縣。立法行政，自其身始，日與諸生論學不倦。（注二〇）

孟春、霍韜為兵備王蘖谷作民謠序，又有賀秦先生序。（渭厓文集卷五）

多、張岳撰新昌蔡氏族譜序。（小山類稿卷三）

正月、王守仁赴召次蕪湖；尋，得旨返江西。（王文成公全書附年譜，明通鑑卷四九。）

二月、王守仁如九江，是月還南昌。（王文成公全書附年譜）

霍韜撰樵儲錄序。（渭厓文集卷五）

三月、王守仁請寬租，三疏省葬，不允。（王文成公全書附年譜）

五月、國子司業穆孔暉為翰林侍講。（國榷卷五一）

王守仁以江西諸郡大水疏自劾。（王文成公全書附年譜，明實錄武宗實錄卷一八六。）

六月、王守仁如贛，至泰和，少宰羅欽順以書問學。（王文

成公全書附年譜）
湛若水書大科訓規於大科訓堂勉諸生。（湛甘泉先生文集卷六）
七月、王守仁重上江西捷音。（王文成公全書附年譜）
八月、王守仁咨都院雪冀元亨寃狀。（同上）
閏八月、受江西俘，令王守仁重奏捷，叙及親征所遣張忠朱暉等功。是月、四疏省葬，不允。（國榷卷五一，王文成公全書附年譜並參。）
舒芬以丁父憂，奔喪歸里。（舒文節公全集卷首）
九月、王守仁還南昌，泰州王銀來學，與之反覆論難，大服，遂稱弟子。守仁易其名爲艮，字以汝止，始歸。（是時陳九川、夏良勝、萬潮、歐陽德、魏良弼、李遂、舒芬及裘衍，日侍講席。）（王文成公全書附年譜，理學宗傳卷九。）
十一月、松潘副總兵張傑爲都督僉事，仍副總兵鎮守。（國榷卷五一）

十六年辛巳（一五二一）

王守仁始揭致良知之教。（王文成公全書附年譜，理學宗傳卷九。）
薛侃授行人司行人。（明儒學案卷三〇）
黃佐在詞林，以乾清宮告成，應命爲乾清宮賦。（泰泉集卷

陳嘉謨世顯生。（明儒學案卷二一）
章懋德懋卒，年八十六。（楓山章文

二)

鄒守益撰安福重修儒學記。(東廓鄒先生文集卷四)

萬表署都指揮僉事督運，以母老乞迎養，載之舟中，以便朝夕。(王龍溪先生全集卷二〇)

黃宗明陞工部屯田司郎中，不起。(渭厓文集卷六)

正月、王守仁居南昌，錄陸象山子孫。(王文成公全書附年譜)

五月、王守仁集門人於白鹿洞。霍韜過論大學。是月、詔召入朝。(同上，理學宗傳卷九，國榷卷五二並參。)

南京禮部右侍郎章懋爲尚書，仍致仕，令有司時存問。(國榷卷五二)

翰林院侍讀學士汪俊爲禮部右侍郎。(同上)

江西按察僉事韓邦奇爲山東布政司參議。(同上)

舒芬撰順昌縣志序。(梓溪外集卷四)

六月、王守仁赴內召，尋止之。陞南京兵部尚書、參贊機務，遂疏乞便道省葬。是月、與陸澄論養生。(注二一)

九月、王守仁歸餘姚省祖塋。錢德洪與同邑范引年，管州鄭寅、柴鳳、徐珊、吳仁、孫應奎等數十人，會於中天閣，同稟學於王守仁。(王文成公全書附年譜，理學宗傳卷九，明儒學案卷一一。)

懿公年譜，明儒學案卷四五，皇明名臣墓銘兌集、羅欽順撰墓誌銘。又國榷卷五二作嘉靖元年六月卒；明通鑑卷五〇作嘉靖元年五月卒，俱誤。)

冀元亨惟乾卒。(明史卷一九五)

年代	事蹟	生卒
	章懋具奏辭免陞職，不允。（楓山章文懿公年譜） 十二月、錄平宸濠功，王守仁封新建伯。（王文成公全書附年譜。明實錄世宗實錄卷五，明通鑑卷四九，國榷卷五二，俱作十一月。） 遣行人勅存問致仕、南京禮部尙書章懋。是月、懋卒。（國榷卷五二，楓山章文懿公年譜並參。）	
世宗嘉靖元年壬午（一五二二）	錢德洪、何廷仁同舉鄉試。（聖學宗傳卷一四、卷一六，理學宗傳卷二一，明儒學案卷一一、卷一九。） 羅欽順以父年踰八十乞歸。是年、有吏部題名記。（注二二） 尤時熙舉河南鄉試，授元氏教諭。是年、時熙從王守仁門人劉魁學，始尊信師門良知之說。（孟雲浦先生集卷五，明史卷二八三，理學宗傳卷二二，明儒學案卷一九並參。） 周怡年十八遊邑庠，李橋至太平赴任司訓，始與相識。（周恭節公年譜） 夏尙樸起山東提學副使。（明史卷二八三） 陳九川進禮部員外郎郎中。（明儒學案卷一九） 湛若水以薦復補編修，同修武宗實錄，陞翰林院侍讀。是年、上再論聖學疏。（湛甘泉先生文集卷三一、卷一九。）	王時槐子植生。（明儒學案卷二〇）

羅洪先始就試，補邑庠弟子員。（羅念菴先生年譜）
崔銑起修武廟實錄，仍充經筵講官。（理學宗傳卷二二）
舒芬撰何椒丘文集序、刻吉水縣志序、武寧縣遷學記。（梓溪外集卷四、卷五。）
余祐起河南按察使，調廣西。（明儒學案卷三）
王縉爲南京都察院經歷。（明史卷一九七）
呂柟預修武宗實錄。（理學宗傳卷二二）
霍韜起爲兵部職方主事，仍謝病歸山。（明儒學案卷五三，明史卷一九七。）
徐問撰臨江府名宦祠記、高峯書院記、愛日堂銘（有序）。（山堂萃藁卷一二、卷一三。）
韓邦奇起山東參謀，乞休。（明儒學案卷九，明史卷二〇一。）
何塘起爲山西按察司提學副使，以父憂不就。是年、有仇文烈孝行序。（何文定公集卷首、卷四。）
薛蕙自文選司主事，陞驗封司員外。（薛考功集卷末尾）
王艮冠服車輪悉古制，人情大異。王守仁以其意氣太高、行事太奇，欲稍抑之，及門三日不得見，及謝過始接見。（

薛侃挈第一義，投匭上封事，爲貴幸傾構；詔下廷訊，備極慘毒，侃從容應對之，死不回。上察無他，釋編氓以歸。（聖學宗傳卷一五，理學宗傳卷二一。）

秋、舒芬爲仰范堂記。（梓溪外集卷五）

正月、兵部職方主事霍韜上三事，疏入，報聞。（國榷卷五二）

王守仁疏辭封爵。（王文成公全書附年譜。明通鑑卷五〇及明實錄世宗實錄卷一三俱作四月。）

四月、吏部左侍郎羅欽順爲南京吏部尙書。（國榷卷五二）

禮部右侍郎汪俊爲吏部左侍郎。（同上）

五月、覈武選淸黃，兵部主事霍韜言其弊。（同上）

六月、羅欽順撰承德堂記。（整庵先生存稿卷二）

七月、王守仁再疏辭封爵。（王文成公全書附年譜）

八月、侍讀穆孔暉主試順天。（順渠先生文錄卷九，國榷卷五二。）

九月、南京吏部尙書羅欽順歸養。（國榷卷五二）

十月、王守仁辭爵，且言同事諸臣斥謫之極，不允辭。（注二三）

王廷相編次自弘治壬戌至正德己巳所得賦詩文，共得一百八

首，題為溝斷集，並自序之。（溝斷集卷首、王肅敏公集）

十二月、王廷相編次自正德庚午至甲戌所得詩文三百七十餘首，題曰臺史集，並自序之。（臺史集卷首、王肅敏公集）

二年癸未（一五二三）

薛蕙為會試同考官。（薛考功集卷末尾）

歐陽德成進士，知六安州。（聖學宗傳卷一五，明儒學案卷一七，明史卷二八三。）

黃宗明起補南京刑部四川司郎中。（涓厓文集卷六，明儒學案卷一四，明史卷一九七。）

徐階舉進士第三人，授翰林編修。（明儒學案卷二七，明史卷二一三。）

尤時熙見王守仁傳習錄，讀之豁然有契，於是厭棄詞章，一意聖人之學。（孟雲浦先生集卷五）

蔡汝楠八歲侍父聽講於湛若水座下，輒有解悟。（明儒學案卷四〇）

鄒守益始出如越，復謁王守仁，參訂月餘乃別去。入京復職，與經筵。會議大禮起，守益偕同官上疏，不報。（聖學宗傳卷一五）

崔銑講論語，開陳治本，啓沃懇切；尋擢國子祭酒。（皇明

王宗沐新甫生。（鄧定宇先生文集卷四、鄧以讚撰敬所王先生行狀。）

名臣琬琰錄續集卷六）

魏良弼成進士，知松陽縣。（明儒學案卷一九）

南大吉如紹興，時王守仁倡道東南，大吉遂從之游。（馮少墟集卷二二關學編卷四，理學宗傳卷二一。）

何塘再起提學浙江，未幾，晉南京太常寺少卿，時湛若水爲國子祭酒，郭杏東爲司業，相與力倡修明古大學之法。（何文定公集卷首）

黃佐以出次潞河，與文徵明並舟而歸；至杭渡江訪王守仁，相與論良知之學；及歸，有司請修廣州志，書成，却幣辭宴。（泰泉集卷首）

舒芬服闋，應詔復官翰林。道經濟南，入謁孔子先師，並錄所撰謁闕里記，所圖闕里圖，所貌夫子宮牆圖，所行釋菜禮儀及士相見禮儀，並問答五章，聯句三十五韻，總題曰東觀錄。（舒文節公全集卷首）

是歲、王畿試禮部不第，歎曰：「學貴自得，吾向僅解悟耳！」立取京兆所給路劵焚之，歸而卒業王守仁門。守仁爲治靜室居之。踰年大悟，盡契師旨。（聖學宗傳卷一四，明儒學案卷一二。）

正月、王廷相編次正德甲戌至丙子所得賦詩文，題曰近海集，有序。（近海集卷首、王肅敏公集）

三月、召南京禮部尚書羅欽順爲禮部尚書，辭不赴。（明通鑑卷三〇）

王廷相撰吳中稿序。（吳中稿卷首、王肅敏公集）

黃佐撰道州譙樓記。（泰泉集卷三〇）

四月、南京太常寺卿王承裕爲戶部右侍郎，總督倉場。（國榷卷五二，馮少墟集卷二二關學編卷三。）

翰林侍讀崔銑爲南京國子祭酒。（國榷卷五二）

霍韜南歸過濟寧，謁闕里，循洙泗，入孔林，仰喬木焉。（渭厓文集卷七）

王艮以淮揚大饑，貸粟賑濟。（重鐫心齋王先生全集卷二年譜）

五月、翰林院編修湛若水上言，請復時之省覽講章；修撰呂柟上言，宜親賢遠奸，窮理講學，俱報聞。（注二四）

七月、以吏部侍郎汪俊爲禮部尚書，以羅欽順不至也。（明通鑑卷五〇，國榷卷五二。）

何塘撰葉正郎出守廣南序。（何文定公集卷三）

十一月、王守仁至蕭山，在舟中與張元沖論二氏與聖人之學。（王文成公全書附年譜）

三年甲申

羅汝芳從新城張洵水學。洵水每謂人須力追古先，於是一意

耿定向在倫生。

（一五二四）

（澹園集卷三三）

以道學自任。（聖學宗傳卷一八）

韓邦奇起山西左參謀，分守大同。有同州重修州廨記。（明儒學案卷九，苑洛集卷三。）

羅欽順撰韶州府重修廟學記。（整庵先生存稿卷一）

歐陽德遷南京國子司業、南京尙寶卿，遷太僕少卿，奏改南鴻臚。（世經堂集卷一九）

初夏、黃佐撰遊南岳記。（泰泉集卷三一）

夏、舒芬以議大禮，凡三上疏，獲罪杖於廷。（舒文節公全集卷首）

秋、湛若水陞南國子監祭酒，築觀光館，集居四方學者，又申明監規，陳爲六事。（湛甘泉先生文集卷三二。國榷卷五三作八月。）

孟冬、黃佐撰泰泉書院興作記。（泰泉集卷三〇）

正月、王守仁在越，門人日進。郡守南大吉以座主稱門生，爲闢稽山書院。海寧董澐年六十八來游，自號從吾道人，守仁爲之記。（王文成公全書附年譜，理學宗傳卷九。）

二月、禮部尙書汪俊等集議大禮。（國榷卷五三）

侍讀湛若水言：「臣以經術事陛下，嘗讀易至屯、否二卦，屯者陰陽始交而難生，君臣欲有爲而難遂，此陛下登極下詔時也；否則陰陽隔而不通，內外離而不孚，陛下自視今日於此卦何如哉？夫屯而不濟，必至於否；否而不濟，則將來有不可勝言者。一二年間，天變地震，山川崩涌，人饑相食，報無虛月。夫屯、否之時，元氣之消復繫焉。今元氣之急，莫如親賢，願與一二賢大臣講明先王之道，以轉屯、否之幾。」疏入，下所司知之。（明通鑑卷五一，國榷卷五三。）

三月、禮部尚書汪俊復上疏論大禮；尋罷。（同上）

余祐爲楓山章先生文集序。（見楓山章先生集卷首）

四月、鄒守益復上疏，上怒下詔，謫廣德州判官，取道於越，省王守仁而後履任。（注二五）

南京刑部主事黃宗明、都察院經歷黃綰，同張璁、桂萼上言大禮，大率如前指，報聞。（國榷卷五三）

五月、呂柟以修省自劾，語涉大禮，下詔獄，降解州判官。（注二六）

六月、吏部員外郎、亳州薛蕙上爲人後解二篇，爲人後辨一篇；疏入，上以蕙出位妄言，下鎮撫司拷訊。（注二七）

八月、王守仁宴門人於天泉橋。（王文成公全書附年譜）

南京國子祭酒崔銑，以災異自劾，並及大禮，上不懌，罷歸。（注二八）

霍韜復馳疏論大禮兩考之失。（明通鑑卷五一）
九月、霍韜有答彭仁卿書。（渭厓文集卷六）
十月、王守仁門人立陽明書院於越城。南大吉續刻傳習錄於越，周怡見之，慨然以爲聖學，遂有嚮道之志。（王文成公全書附年譜，理學宗傳卷九，周恭節公年譜。）
十一月、四川提學副使張邦奇，念母老致仕。（國榷卷五三）

四年乙酉（一五二五）

郭郛八歲，卽知誦讀，諧聲律。（馮少墟集卷二二關學編卷四）
程文德撰麗澤書院記。（松谿文集卷七）
周怡在家肄業，五經子史，無不究心。（周恭節公年譜）
舒芬丁母憂，扶柩歸里。是年、著五官序辨五卷、六官圖釋一卷、剔僞一卷，總十三卷，題曰周禮定本。（舒文節公全集卷首）
萬表推浙江掌印都指揮。（王龍溪先生全集卷二〇）
黃綰遷南京刑部員外郎，謝病歸。（明史卷一九七）
羅洪先初就洪都鄉試，得舉。父遵善偶感疾，遂輟會試歸侍父疾。偕王魯直周欽之師事同邑李中。（羅念庵先生年譜）

孟秋子成生。（國榷卷七五）
來知德矣鮮生。
（見姜亮夫綜表）

聶豹始召入爲福建道監察御史，數月疏凡三上，以直聲振於時。（注二九）

湛若水以翰林侍讀爲南祭酒，乃編纂聖學格物通百卷，越四年而始進。是年、若水又編次二禮傳測成，序之（自丁丑迄今，歷時凡九年）。（呂涇野先生文集續刻卷二，湛甘泉先生文集卷一七。）

穆孔暉預修武宗實錄成，陞左春坊左庶子、兼翰林院侍講學士，修武官續黃。（順渠先生文錄卷九）

黃宗明出爲吉安知府，遷福建鹽運使。至吉安，下車首建白鷺洲書院，以道德勗諸生。（明史卷一九七，渭厓文集卷六。）

秋、霍韜撰東山序。（渭厓文集卷五）

王畿偕錢德洪赴沖元會，道出睦州，應少府周氏屬爲撰鄒東廓先生續摘稿序。（王龍溪先生全集卷一三）

正月、鄒守益大會同志於廣德復初書院，聘王艮主講，艮作復初說。（重鐫心齋王先生全集卷二年譜）

四月、何塘取自弘治甲寅以來所作舊詩稿若干首錄之，以備遺忘，有序。（何文定公集卷一一）

六月、南京刑部郎中黃宗明奏都察院經歷何淵祔廟之謬，報聞。（國榷卷五三）

五年丙戌（一五二六）

鄒守益撰芸田說示諸生。（東廓鄒先生文集卷三）

七月、山西按察副使韓邦奇致仕。（國榷卷五三）

王艮應郭氏聘，開講孝豐，刻詩學宮，以示諸生。（重鐫心齋王先生全集卷二年譜）

八月、張岳與王禎甫游員常，有游員常詩序。（小山類稿卷三）

九月、王守仁歸餘姚省墓。（王文成公全書附年譜）

錢德洪與王畿同舉南宮，不就廷試而歸。（聖學宗傳卷一四，明儒學案卷一一、卷一二。）

王守仁與董澐守歲於書舍。（明儒學案卷一四）

湛若水北上考績，何塘爲序送之。（何文定公集卷三）

羅欽順撰萬安縣重修儒學記。（整庵先生存稿卷一）

羅洪先奉父命續家譜，自是收輯散亡，歲有所書。是年、始致力於學，謂聖域舉足可入。（羅念庵先生年譜）

唐樞成進士，除刑部主事，以疏論李福達罷歸。是年、樞與同年董氏等，凡十七人，會於同官講學，有禮曹會約。（明儒學案卷四〇，木鐘臺集初集貞卷。）

王棟習易經，補郡庠生。是年、師事州守瑺湖王氏。（王一庵先生遺集卷首年譜紀略）

鄒德涵汝海生。（注一五）

潘府孔修卒，年七十三。（姜亮夫綜表引明史卷二八二作卒嘉靖四年。按明史僅有年壽而無卒年，此所據者未知其孰實否？今從明儒學案卷四六卒年，及明史卷二八二年壽，並參得

南大吉入覲，以考察罷官。（理學宗傳卷二一）

鄒守益在廣德，撰廣德州志序。（東廓鄒先生文集卷二）

霍韜陞少詹事、兼侍講學士。（明儒學案卷五三，明史卷一九七。）

周怡始食餼邑庠，督學章袞見其文，即列第一。（周恭節公年譜）

徐問撰武進縣儒學貢士題名記。（山堂萃藁卷一二）

崔銑丁父憂，著松窗寤言、中庸凡演、大學全文，又著士翼政議、中說考、文苑春秋。（皇明名臣琬琰錄續集卷六）

穆孔暉主考武舉，入直便殿日講；未幾，進掌院事、兼撰文官，誥勑崇雅革浮，爲一代詞命之體。（順渠先生文錄卷九）

春、何塘撰王侍御出守汝寧序。（何文定公集卷三）

羅欽順有祭三江先生毛文簡公文、祭楓山先生章公文。（整庵先生存稿卷一五）

聶豹巡按應天，上疏條陳馬政積弊。是歲、往越謁王守仁，相與講良知之學，銳然以爲聖人爲必可至者。（華陽館文集卷一一）

冬、薛侃有壽海陽先生司教序。（薛中離先生全書卷八）

張岳使過廣信，訪郡守張景周，並謀刊司馬溫公太玄集注，

之。）

潘潤德夫卒，年六十三。（夏東巖先生文集卷五、夏尚樸撰墓誌銘）

六年丁亥

有太玄集注序。（小山類稿卷二）
正月、吉安知府黃宗明，爲福建都轉運使；南京都察院經歷黃綰，爲南京工部員外郎。（國榷卷五三）
三月、禮部主客郎中陳九川下獄。（同上，明通鑑卷五二。）
王守仁與鄒守益書。（王文成公全書附年譜）
呂柟撰重修薛文清公祠堂記。（呂涇野先生文集卷一七）
四月、王守仁復南大吉書、答歐陽德書。（王文成公全書附年譜）
程文德撰偶遊南旺湖小記。（松谿文集卷七）
五月、少詹事霍韜上言，下廷議。（國榷卷五三）
八月、王守仁答聶豹書。（王文成公全書附年譜）
王艮會講安定書院，作安定集講說。（重鐫心齋王先生全集卷二年譜）
九月、何塘著陰陽管見。（明儒學案卷四九）
十月、王艮撰明哲保身論，又作樂學歌。是歲、泰州王棟、林春、張淳、李珠、陳芑等數十人來學，艮揭大傳論語首章於壁間，發易簡之旨。（重鐫心齋王先生全集卷二年譜）
十二月、王守仁作惜陰說。（王文成公全書附年譜）

錢德洪與王畿證道天泉橋。（聖學宗傳卷一四）

章潢本淸生。（理

（一五二七）

薛蕙丁母憂。（薛考功集卷末尾）

薛侃有題獎異節婦余氏卷敍。（薛中離先生全書卷九）

呂柟轉南吏部考功郎中。（馮少墟集卷二二關學編卷四）

歐陽德擢刑部員外郎，以薦特改翰林編修。（注三〇）

王艮至金陵，會湛若水、呂柟、鄒守益、歐陽德聚講新泉書院，作天理良知說（時湛若水揭隨處體認天理六字，以教學者，意與王守仁不同，艮作是說申之）。（重鐫心齋王先生全集卷二年譜）

萬表以病在告，屏絕交往，閱月乃瘉。（王龍溪先生全集卷二〇）

黃佐撰廣州志成，凡五十餘萬言，合其目三十有五，定爲七十卷，命其門客繕寫校正付梓，有廣州志敍錄。（泰泉集卷一六）

馬理陞南通政赴任。（皇明名臣琬琰錄續集卷八，明儒學案卷九，明史卷二八二。）

黃宗明召修明倫大典，以丁母憂歸，弗克行。（渭厓文集卷六，明史卷一九七。）

鄒守益自廣德陞官南主客郎中；在南都有南京禮部主客司題名記。（聖學宗傳卷一五，理學宗傳卷二一，東廓鄒先生文集卷四。）

學宗傳卷二三，明儒學案卷二四，明史卷二八三。）

舒芬國裳卒，年四十四。（舒文節公全集卷首舒琛撰先大父太史公行實、薛應旂撰修撰舒先生傳；又方山先生文錄卷一四；明儒學案卷五三；明史卷一七九。）

何塘晉本寺正卿，再晉南京工部右侍郎；未幾，改戶部，再改禮部，再謝病歸，以御史毛鳳韶等，累疏乞留，乃許留京調理；又晉南京都察院右都御史，掌院事，竟不復就。（注三一）

聶豹復命，未幾，差巡按福建。（華陽館文集卷一一）

周怡在章袞察院讀書，朝夕與章氏二子弗少怠。嘗作詩一絕自勵，曰：「交友須先辨蹠堯，幾爲蛇蝎幾爲梟，而今已得堯堂坐，此後無招蹠客邀。」（周恭節公年譜）

多、呂柟撰甘泉行窩記。（呂涇野先生文集續刻卷五）

正月、敕纂修大禮全書。霍韜、黃宗明、黃綰等纂修。（國榷卷五三）

二月、以席書卒，起服闋禮部尚書羅欽順復任。（明通鑑卷五三，國榷卷五三。）

三月、羅欽順上辭免禮部尚書疏。（整庵先生存稿卷一〇）

徐問有鳳山詩引。（山堂萃藁卷一三）

四月、刑部主事唐樞以論李福達大逆忤旨，削籍。（國榷卷五三）

戶部右侍郎王承裕爲南京戶部尚書。（馮少墟集卷二二關學編卷三）

鄒守益刻陽明文錄於廣德州。（王文成公全書附年譜）

五月、起禮部尚書羅欽順爲吏部尚書，遣官即家促就道。
（國榷卷五三）

起新建伯王守仁兵部尚書、兼左都御史，總判兩廣江西湖廣
軍務，討盧蘇五受。（同上）

前山東右布政使王廷相爲右副都御史，巡撫四川。是月、廷
相編次督學山東所著雜體詩文六十篇成，題曰泉上稿，有
序。（泉上稿卷首、王肅敏公集）

方獻夫、霍韜以纂修大禮赴召。（明通鑑卷五三）

六月、黃綰召擢光祿寺少卿，預修明倫大典。（明史卷一九
七，國榷卷五三。）

羅欽順上辭免吏部尚書疏。（整庵先生存稿卷一〇）

王守仁疏辭新職，不允。（王文成公全書附年譜）

七月、羅欽順致仕。（國榷卷五三）

王廷相撰家居集序。（家居集卷首、王肅敏公集）

八月、光祿寺少卿黃綰，訟王守仁等平宸濠功；命給鐵券，
故布政戴德孺，蔭子入太學。（注三二）

九月、陞少詹事霍韜爲詹事，仍兼翰林學士；韜疏辭不允。
（明通鑑卷五三，國榷卷五三，明史卷一九七及明儒學案
卷五三並參。）

光祿寺少卿黃綰爲大理寺左少卿，仍纂修。（國榷卷五三）

命王守仁專事田州，召太監鄭潤還。是歲、以守仁有兩廣之命，門人王艮集同門講於會稽書院。是月、守仁與門弟子錢德洪及王畿，論四句敎；自是海內相傳四有四無之說，始有定論。（國榷卷五三，聖學宗傳卷一六，王文成公全書附年譜。）

十月、起魏校韓邦奇河南四川提學副使。（國榷卷五三）

黃綰爲少詹事、兼侍講學士。（明史卷一九七）

十一月、太僕寺卿余祐爲吏部右侍郎。（國榷卷五三）

十二月、命王守仁暫兼理巡撫兩廣，疏辭不允。（明儒學案卷九，明史卷二八二。）

詹事霍韜條舊章十二章，上大是之，下所司。（國榷卷五三）

王廷相自序愼言。（愼言卷首、陵川全集）

七年戊子（一五二八）

趙貞吉舉鄉試。（聖學宗傳卷一七）

馬理引疾告歸。（皇明名臣琬琰錄續集卷八，明儒學案卷九。）

周怡聞鄒守益倡道南都，遂徒步往從之。（周恭節公年譜）

林春舉鄉試。（荆川先生文集卷一四）

魏校陞太常寺少卿，轉大理。（明儒學案卷三）

王之士欲立生。（馮少墟集卷二二，關學編卷四，明儒學案卷九。）

徐用檢克賢生。（明儒學案卷一四）

黃綰以預修明倫大典成，進詹事、錦衣僉事。（明史卷一九七）

羅洪先計偕至京師，赴會試。途遇雩都何廷仁、黃宏綱，遂定交。（羅念庵先生年譜）

黃佐出爲江西按察司僉事，聞命行至境，上疏乞休，以便養親；疏下奏覆，令赴任，隨補廣西督學官。至省垣，稽查書院，日與諸生發明理一分殊之旨，輯理學本源，頒行郡邑；尋，以母疾去官。（泰泉集卷首）

春、唐樞自京師宦學南還湖中，日擧王守仁致良知學爲敎，復立討眞心爲宗，著眞談以示其義。（木鐘臺集初集亨卷）

聶豹復與王守仁論學，洋洋數千言；又建養正書院、射圃亭於會城，敍八閩秀士敎之，重刻傳習錄、道一編、二業合一論、大學古本，以示諸生。（華陽館文集卷一一）

何塘有贈石峕處士仇時開序。是年、又有烈婦李氏詩傳序。（何文定公集卷四、卷五。）

秋、楊爵應試長安，就食館中，客有遺金者，至而還之。是年、以書經擧鄉試第三名。（楊忠介公文集附錄卷第一）

黃省曾游太華山，賦詩四十一首，有華山遊詩序。（五嶽山人集卷二六）

鄧元錫汝極生。（明儒學案卷二四，明史卷二八三，馮先恕疑年錄釋疑。）

余祐子積卒，年六十四。（明儒學案卷三）

王守仁伯安卒，年五十七。（見注八）

多、錢德洪方治裝北發，途聞師變，往迎喪至廣信。（聖學宗傳卷一四，理學宗傳卷二一，明儒學案卷一一。）
正月、王廷相爲兵部右侍郎。（國榷卷五四）
二月、王守仁平思田。（王文成公全書附年譜）
三月、兵部右侍郎王廷相兼右僉都御史，提督延綏寧夏邊防築垣。（國榷卷五四）
提督兩廣軍務、新建伯、南京兵部尚書、兼都察院左都御史王守仁疏辭兼理巡撫兩廣，因薦致仕副都御史伍文定、刑部左侍郎梁材、南贛副都御史汪鋐，皆堪選任；上優詔慰答，不允辭，許以便宜行事。（明實錄世宗實錄卷八六）
四月、詹事霍韜爲禮部尚書，南京國子祭酒湛若水爲南京吏部右侍郎。（注三三）
左春坊左庶子、兼翰林侍講張邦奇爲南京國子祭酒。（國榷卷五四）
徐問游善卷洞，有善卷洞銘並序。（山堂萃藁卷一三）
五月、提督兩廣軍務、新建伯王守仁，招降田州盜盧蘇王受，投南寧受杖，乞立功自贖，宜量授土官；上嘉其功，敕遣行人獎賜金幣。（國榷卷五四）
六月、王守仁奏田州改田寧府，設流官，別立田州；有岑猛

幼子邦相，授吏目，署州事，盧蘇王受爲土巡檢。思恩流官仍舊，從之。（同上）
詹事霍韜力辭禮部尙書，上不允。（同上）
薛侃作王子望雲遙祝圖。（薛中離先生全書卷八）
八月、召南京工部右侍郎何塘於工部。（國榷卷五四）
右春坊右諭德、兼翰林修撰韓邦奇方鵬主試順天。（同上）
王守仁疏請經略思田及八寨斷藤峽。（注三四）
九月、右春坊右庶子韓邦奇謫南京太僕寺丞。（國榷卷五四）
十月、黃綰爲南京禮部右侍郎，徧攝諸部印。（明史卷一九七，國榷卷五四。）
王守仁以疾劇上疏請告，謁伏波廟。（按：守仁十五歲時，嘗夢謁伏波廟。至是拜祠下，宛然如夢中。謂茲行殆非偶然，因識二詩。其一曰：「四十年前夢裏詩，此行天定豈人爲。徂征敢倚風雲陣，所過如同時雨師。尙喜遠人知向望，卻慚無術救瘡痍。從來勝算歸廊廟，恥說兵戈定四夷。」其二曰：「樓船金鼓宿烏蠻，魚麗羣舟夜上灘。月遶旌旗千嶂靜，風傳鈴木九溪寒。荒蠻未必先聲服，神武由來不殺難。想見虞廷新氣象，兩階干羽五雲端。」）
（王文成公全書附年譜）

閏十月、八寨等寇平。王守仁報捷，上疑其誇作，第勞不可泯，仍敕獎。（國榷卷五四）

十一月、王守仁卒於南安。臨逝，門人周積問遺言，守仁微哂，曰：「此心光明，亦復何言！」頃之，瞑目而逝。（按：守仁卒於師，鄒守益服心喪，在部日與湛若水、呂柟聚講。又王艮以守仁卒於師，迎哭於桐廬，經紀其事，而還家開門授徒，遠近皆至。）（王文成公全書附年譜，聖學宗傳卷一五及卷一六，理學宗傳卷二一。）

江西貴溪徐樾、張士賢來從王艮游。（重鐫心齋王先生全集卷二年譜）

十二月、兵部右侍郎王廷相爲左侍郎，採工。（國榷卷五四）

工部右侍郎何塘改戶部右侍郎。（同上）

八年己丑（一五二九）

羅汝芳定志於張洵水。（明儒學案卷三四）

何塘再致仕家居，撰仇生北歸序。（何文定公集卷四）

王宗沐七歲，從祖父讀書，一誦輒不忘。（敬所王先生文集卷三，鄧定宇先生文集卷四。）

羅洪先舉進士第一，授修撰。謁見魏校。（羅念庵先生年譜，明儒學案卷一八，明史卷二八三。）

周怡在南都，受業於鄒守益之門，造道心急，刻不欲離。（周恭節公年譜）
程文德舉進士第二，授翰林院編修。（明儒學案卷一四）
鄒守益撰揚州府新置學田記、炯然亭記。（東廓鄒先生文集卷四）
查鐸年十四，丁母憂，事繼母張氏以孝聞。（澹園續集卷一三，毅齋查先生闡道集卷末尾。）
唐順之舉會試第一，改庶吉士，調兵部主事，引疾歸。（明史卷二〇五）
黃宗明服闋，徵拜光祿寺卿，輯光祿須知，爲疏以進。（渭厓文集卷六，明儒學案卷一四，明史卷一九七。）
楊爵成進士，授行人司行人。（楊忠介公文集附錄卷第一，明儒學案卷九，明史卷二〇九。）
薛蕙服闋，其誣勘事亦明，吏部促起之，力辭，遂絕意仕進，不復就。（薛考功集卷末尾）
聶豹以期滿候代建寧，遂上疏養病，所著有巡閩稿；尋，得報，陞寧波府知府，復兩疏乞休，會改知蘇州府。（華陽館文集卷一一）
秋、湛若水轉禮部右侍郎，預議南北郊分祭禮議。（湛甘泉先生文集卷三二）

仲冬、霍韜删修家訓十四篇、附錄三篇成，有家訓前編序。
是年、又撰會試錄後序。（渭厓文集卷一〇、卷五。）
三月、立各鄉社義倉，從兵部左侍郎王廷相議。（國榷卷五四）
大理寺少卿魏校改國子監祭酒。（注三五）
戶部右侍郎何塘改禮部右侍郎。（國榷卷五四）
湛若水有奠王陽明先生文。（湛甘泉先生文集卷三〇）
四月、禮部右侍郎何塘予告。（國榷卷五四）
五月、禮部右侍郎何塘爲南京右都御史；尋罷。（同上）
六月、南京吏部右侍郎湛若水改禮部。（同上）
呂柟撰潮州府海陽重修儒學記。是年、又有白石書院記。
（呂涇野先生文集續刻卷五）
七月、福建都轉運使黃宗明爲光祿卿寺。（國榷卷五四）
南京戶部尚書王承裕，北上至天津，有疾還里，被劾罷。
（同上）
八月、國子祭酒魏校改太常寺少卿，經筵進講不稱旨，改用。（同上）
九月、霍韜疏乞給假省母，不許。（明通鑑卷五四）
十月、魏校爲太常寺卿，提督四夷館。（國榷卷五四）
十一月、王守仁葬於洪溪，門人會葬千餘人，四方來觀者莫

不交涕。是月、門人王艮如會稽會葬，大會同志聚講於書院，訂盟以歸。（王文成公全書附年譜及重鐫心齋王先生全集卷二年譜）

十二月、撫臺劉節疏薦王艮，艮有答太守任公書。（重鐫心齋王先生全集卷二年譜）

九年庚寅（一五三〇）

薛蕙著老子集解成。（薛考功集卷一〇）

李材年十二丁母憂，哀毀骨立。（李見羅先生行略）

萬表推南京大教場，坐營董營事。（王龍溪先生全集卷二〇）

呂柟移居鷲峰東所，程惟信來聚，論學別去，柟作序送之。是春、白鹿洞修成，有新修白鹿洞記。（呂涇野先生文集卷一六、卷一八。）

王艮在金陵，會鄒守益、歐陽德、萬表、石簡，聚講於金雞寺；表出病懷詩相質。（重鐫心齋王先生全集卷二年譜，明儒學案卷一五並參。）

夏、蔡清易經蒙引板行，薛宗鎧爲跋。（蔡文莊公集卷八）

秋、徐問有灘江別意詩引。（山堂萃藁卷一三）

正月、鄒守益謫廣德州判官，建復初書院，與學者講授其間。（明會要卷二六）

程文德有贈虛谷姚君守金華序。（松谿文集卷六）
歐陽德知六安州，建龍津書院，聚生徒講學。（明會要卷二六）
兵部左侍郎王廷相爲南京兵部尙書。（國榷卷五四）
東昌知府羅汝芳、提學副使鄒善，皆宗守仁學。善爲建願學書院，俾六郡士師事焉。汝芳亦建見泰書院，時相討論。（明會要卷二六）
羅洪先請告南歸。至儀眞，病幾殆。館於同年項甌東家，留數月瘉。始識王艮。見聶豹於蘇州。乃謁李中於浙邸，訂其舊學。（羅念庵先生年譜）
三月、詹事霍韜下都察院獄，韜貶夏言書，切責之，言恚，上其書，因劾韜五罪，上怒甚，張璁力爲解，不聽。（國榷卷五四）
四月、原霍韜罪，罰金還任。（同上）
五月、薛侃建精舍於天眞山祀王守仁。（王文成公全書附年譜）
六月、薛侃撰瑞芝記。（薛中離先生全書卷一一）
七月、提督四夷館、太常寺卿魏校致仕。（國榷卷五四）
詹事霍韜憂去。（同上）
詹事顧鼎臣署府，翰林侍講學士穆孔暉署院。（同上）

十月、章懋文集始刻於毘陵，毛憲爲引。（楓山章先生集卷首）

十一月、翰林院編修徐階請文廟像爵，削籍。（國榷卷五四）

十年辛卯（一五三一）

楊應詔舉於鄉，北游燕趙齊魯，久之而歸。（天游山人集卷一九）

萬表復告病歸杭。是年、養疴金陵，暇中手錄諸書，題曰灼艾集。（王龍溪先生全集卷二〇及灼艾集卷首並參）

馬理起光祿卿，涖事未幾，又歸林下者十年。（明儒學案卷九，皇明名臣琬琰錄續集卷八，明史卷二八二。）

鄒守益請告趨會稽哭王守仁，存撫其孤，聚同志講學於天眞書院。（聖學宗傳卷一五，理學宗傳卷二一。）

周怡隨鄒守益赴會天眞，既別歸家，自後與守益相違二十年。是秋、丁父憂。（周恭節公年譜）

董燧自南宮來從鄒守益游於山房，守益爲撰樂安董氏新譜序。（東廓鄒先生文集卷二）

魏良弼以疏救馬駁等論罪，下獄拷訊；尋復職。（明儒學案卷一九）

湛若水撰表章忠義錄序。（湛甘泉先生文集卷一七）

黃省曾以春秋魁鄉榜，因母老，遂罷南宮。（明儒學案卷二五）
冬、鄒守益進階奉政大夫。（華陽館文集卷一一）
湛若水轉本部左侍郎。（湛甘泉先生文集卷三二）
程文德有陽明文錄後跋。（松谿文集卷七）
正月、章懋文集刻成，凡九卷。（楓山章先生集卷首）
二月、羅欽順有自題半影二首。（整庵先生存稿卷二〇）
三月、左春坊左庶子、兼翰林院侍讀學士穆孔暉等，各失日講，宥之；孔暉調南京尚寶司卿。（國榷卷五五）
四月、鄒守益給由至眞州，痔作，遂上疏乞養病，由吳中就醫，與魏校諸人，力論知行合一之旨。（華陽館文集卷一一）
羅欽順撰雲亭鄉約序。（整庵先生存稿卷七）
閏六月、行人薛侃上論孟古義，命頒天下；禮部言，士習猝未能變，遂已之。（國榷卷五五）
七月、薛侃削籍。（同上）
南京尚寶司卿穆孔暉爲南京太僕寺少卿。（同上）
八月、湛若水進天德王道第一疏並頌賦。（湛甘泉先生文集卷一九）
何塘撰孟縣重修廟學記。（何文定公集卷七）

九月、光祿寺卿黃宗明上光祿須知撮要五卷。（國榷卷五五）
湛若水進天德王道第二疏，又進君臣同遊雅詩疏。（湛甘泉先生文集卷九）
十月、禮部右侍郎湛若水爲左侍郎。（國榷卷五五）
聶豹丁父憂。（華陽館文集卷一一）
十一月、湛若水進聖學疏。（湛甘泉先生文集卷一九）
徐樾復來從王艮學。是歲、四方從游日衆，艮相與發揮百姓日用之學甚悉。（重鐫心齋王先生全集卷二年譜）
十二月、湛若水進勸收斂精神疏。（湛甘泉先生文集卷一九）

十一年壬辰（一五三二）

胡直年十六，補邑庠弟子員。（耿天臺先生文集卷一二）
楊爵以御史謝病歸。（楊忠介公文集卷二）
徐樾成進士，歷官部曹臬藩。（聖學宗傳卷一六，明儒學案卷三二。）
魏良弼受廷杖，死而復蘇。（明儒學案卷一九）
錢德洪與王畿同北行終試事，觀政吏曹。畿授南職方主事；尋，以病歸。（聖學宗傳卷一四，理學宗傳卷二一，明儒學案卷一二並參。）

霍韜撰叙雁來軒集。（渭厓文集卷五）
蔣信成進士，授戶部主事。（明儒學案卷二八）
唐樞主講於嘉禾，應答學者所問，有嘉禾問錄。（木鐘臺集再集亨卷）
羅洪先假滿入謁，補原職。與歐陽德、徐階共事館中，每過從論學，歸輒記之，久遂成帙。（羅念庵先生年譜）
歐陽德擢南京國子司業，遷尚寶卿。（雙江聶先生文集卷六）
耿定向七歲，父手書大學授之，爲命今名。（澹園集卷三三）
蔡汝楠成進士，授行人；從王愼中、唐順之，及高叔嗣輩學爲詩。（明儒學案卷四〇）
萬表推江西掌印都指揮，辭病不赴。時母氏病劇，表侍湯藥，晝夜不解帶，禱於北斗，願以身代。（是歲、撰皇明經濟文錄序，時年三十五）。（王龍溪先生全集卷二〇，玩鹿亭稿卷三並參。）
林春舉會試第一，成進士，選戶部廣西司主事，調禮部主客司主事，又自禮部調吏部文選司主事，請告歸，起補郎中。（荊川先生文集卷一四，明儒學案卷三二。）
何塘撰賀薛生入學序、行山別意引。（何文定公集卷四、卷六。）

黃綰以進表入都，與方獻夫合同門會於京師，發明師旨。（理學宗傳卷二一）

周怡居父憂讀禮，蔬食飲水，廬於墓左，其所居後爲周氏老莊。（周恭節公年譜）

韓邦奇撰北畿鄉試同年叙齒錄序。（苑洛集卷一）

尤時熙除署元氏學事，所諭士大夫，都趨向重躬行，在闡姚江宗旨，不徒以文藝爲課。（孟雲浦先生集卷五）

楊應詔携所業長安邸中，崑崙張子詩一見之，驚異曰：「嗟呼！此司馬子長謫仙才也。」因與商所學而去。（天游山人集卷一九）

羅汝芳閉關臨田寺，几上置盂水及鏡，對之坐，令心與水鏡無二，久之遂成重疾。父憂之，授以傳習錄一編，手而讀之，其病頓瘉。（聖學宗傳卷一八）

暮春、黃佐招邀友朋數輩，宴集粵洲草堂，賦詩唱酬，有春日草堂雅集詩序。（泰泉集卷三七）

秋、錢德洪赴蘇州任敎，湛若水序別之。（湛甘泉先生文集卷一七）

四月、光祿寺卿黃宗明爲兵部右侍郎。（注三六）

河南按察副使韓邦奇爲大理寺左少卿。（國榷卷五五）

五月、黃省曾自北歸，停艤淮陰，登謁漂母祠，有謁漂母祠

記。（五嶽山人集卷三二）

十一月、前南京通政司右通政馬理爲光祿寺卿。（國榷卷五五）

十二年癸巳（一五三三）

薛蕙丁父憂，哀毀骨立。（薛考功集卷末尾）

馬理疏病獲歸林下者十年。（皇明名臣琬琰錄續集卷八）

歐陽德合同志會於南畿。（王文成公全書附年譜）

胡直年十七，游學邑城，讀書學舍，駘蕩喜放，酷嗜詞章。（明儒學案卷二二）

蔡汝楠撰德清令陶公碑。（自知堂集卷一一）

羅洪先充經筵官。以父卒，奔喪歸。（羅念庵先生年譜）

萬表居母喪，哀慟數暈絕，家人勸以節哀，則愈痛哭不勝。是年冬、陞漕運參將。（王龍溪先生全集卷二〇）

夏、何遷著覺處玄同篇，又作一鑑子記。（吉陽先生文錄卷一及卷二）

秋、唐順之改編修。（明史卷二〇五）

湛若水陞南京禮部尚書。（湛甘泉先生文集卷三二）

何遷客京師，再遇鍾應宸，爲作未菴解。（吉陽先生文錄卷三）

正月、何塘撰鄭王加冠序。（何文定公集卷二

董澐復宗卒，年七十七。（明儒學案卷一四）

二月、禮部左侍郎湛若水進古文小學疏。（湛甘泉先生文集卷一九，國榷卷五五。）
南京太僕寺少卿穆孔暉爲南京太常寺卿。（順渠先生文錄卷九，國榷卷五五。）
三月、王廷相門人焦維章校刋其愼言，有書愼言後。（浚川全集、愼言卷首）
四月、南京兵部尚書王廷相改左都御史。（國榷卷五五，明通鑑卷五六。）
遣禮部左侍郎湛若水祭東嶽。（國榷卷五五）
五月、詹事霍韜服闋，召復任。（同上）
前左春坊左諭德王道爲南京國子祭酒。（同上）
黃省曾著客問四十章。（五嶽山人集卷二〇）
七月、禮部左侍郎湛若水爲南京禮部尚書；詹事霍韜爲吏部右侍郎。（國榷卷五五，明通鑑卷五六。）
南京禮部右侍郎黃綰爲禮部左侍郎。（國榷卷五五，明史卷一九七。）
鄒守益與同志集講於青原，有青原嘉會語。（東廓鄒先生文集卷三）
八月、吏部右侍郎霍韜爲左侍郎。（國榷卷五五）
九月、南京吏部右侍郎韓邦奇服闋，補吏部。（同上）

召福建左參政黃宗明爲禮部右侍郎。（同上，渭厓文集卷六，明儒學案卷一四，明史卷一九七，明通鑑卷五六。）

左都御史王廷相奉詔申飭憲綱十五章，命擧行。（國榷卷五五）

十月、光祿寺卿馬理予告。（同上）

程文德撰登泰和快閣記。（松谿文集卷七）

徐階撰重建了齋先生祠記。（世經堂集卷一四）

十三年甲午（一五三四）

萬表灼艾續集、餘集成。（灼艾集卷首）

張岳起知廉州，始敎民田，嚴盜珠之禁。（世經堂集卷一七）

霍韜撰宋余襄公祠記。（渭厓文集卷六）

尤時熙丁外艱。（孟雲浦先生集卷五）

薛應旂擧於鄉。（方山先生文錄卷八）

鄒守益大會士友於青原，羅洪先與焉。（羅念庵先生年譜）

來知德年十歲，卽通擧業。（明儒學案卷五三）

周怡擧鄉試中式，與宣城梅守德同讀書於古沖李默公署。自此至終身，成莫逆交。（周恭節公年譜）

徐階撰君子尊德性而道問學，以示諸生（浙江鄉試），又有杭州北關志後序。（世經堂集卷二〇、卷一一。）

仲春、聶豹與鄒守益曁九邑諸友，會講於郡之青原。（雙江

耿定理子庸生。（姜亮夫綜表）

羅僑惟升卒，年七十二。（同上）

聶先生文集卷五）
正月、鄒守益建復古書院於安福祀王守仁。（王文成公全書附年譜）
何遷撰說政（人日）。（吉陽先生文錄卷三）
二月、王廷相爲兵部尚書、兼左都御史，提督團營。（國榷卷五六）
南京禮部主客郎中鄒守益奪官；前署禮部右侍郎黃綰調雲南參政。（同上）
三月、南京尙寶司呂柟爲南京太常寺少卿。（同上）
禮部左侍郎黃綰撫賑大同，並按功罪。（同上，明通鑑卷五六。）
黃州同知徐階爲浙江提學僉事。（國榷卷五六）
五月、黃綰撫定大同。（同上）
六月、聶豹丁母憂。自是杜門不出，前後凡十餘年。（華陽館文集卷一一）
七月、巡撫宣府、右僉都御史韓邦奇還臺。（國榷卷五六）
南京太常寺卿穆孔暉，以自陳致仕。（順渠先生文錄卷九，國榷卷五六。）
十月、黃省曾撰重修東嶽行宮記。（五嶽山人集卷三二）
十一月、命輔臣禮部尙書夏言、侍郎黃綰、黃宗明觀文華殿

東室圖畫。（國榷卷五六）
何塘著陰陽管見後語成，序之。（明儒學案卷四九）

許孚遠孟仲生。（見劉宗周年譜。明儒學案卷四一作卒萬曆二十二年，恐誤。）

十四年乙未（一五三五）

錢德洪丁內艱歸，修復中天閣之會。（聖學宗傳卷一四，理學宗傳卷二一。）
趙貞吉成進士，入翰林。（聖學宗傳卷一七，明史卷一九三）。
薛侃研幾錄刊行。（薛中離先生全書卷首）
黃宗明轉左侍郎。（渭厓文集卷六）
蔡汝楠年二十，始作東遊，並爲短長咏吟之始。（自知堂集卷一〇）
薛應旂成進士。是年、有蓮塘書屋記。（方山先生文錄卷八）
楊應詔上春官歸，乃卒業於南雍（鄒守益）。旋復往從關中呂柟游（時柟在白下）。（天游山人集卷一九）
胡直與歐陽昌共學，苦不知方，遂墮舊習。（明儒學案卷二二）
周怡禮闈下第，歸途中墜馬傷腰，創甚，月餘方瘉。（周恭節公年譜）
呂柟遷國子祭酒，先後講學於柳灣精舍、鷲峰東所、太常南所，風動江南，學子來聽者幾千餘人。是歲、門人王子難來謁。（注三七）
何遷有學說四章。（吉陽先生文錄卷三）

二月、翰林編修唐順之引疾忤上，勒原官員外郎致仕。（國榷卷五六）
錢德洪刻陽明文錄於姑蘇。（王文成公全書附年譜）
霍韜撰釣臺集叙。（渭厓文集卷五）
三月、前南京吏部右侍郎王廷相爲兵部右侍郎。（國榷卷五六）
徐問門人林華訂正其所著讀書劄記，並爲後序。（山堂萃藁、讀書劄記卷末尾）
四月、左僉都御史韓邦奇爲右副都御史，巡撫遼東。（國榷卷五六）
五月、程文德撰却雨臺記。（松谿文集卷七）
六月、黃省曾有送田子提學湖廣序。（五嶽山人集卷二六）
七月、南京太常寺少卿呂柟爲國子祭酒。（國榷卷五六）
八月、湛若水過江浦祭莊昶，有祭莊定山先生文。（湛甘泉先生文集卷三〇）
十月、程文德有祭白沙先生辭。（松谿文集卷八）
南京禮部尚書湛若水祭告祖陵，上頌十二章。（國榷卷五六）
十一月、霍韜有贈白山大司成序。（渭厓文集卷五）

十五年丙申（一五三六）

羅汝芳入郡學。（聖學宗傳卷一八）
夏尚樸作息菴記。（夏東巖先生文集卷三）

呂坤叔簡生。（疑年錄彙編卷七，馮

萬表推南京錦衣衛僉書。（王龍溪先生全集卷二〇）
鄒守益大會於復初書院，作惜陰說。（耿天臺先生文集卷一四）
韓邦奇撰永和孝圖序。（苑洛集卷一）
周怡卒業南雍（鄒守益），適王畿爲南兵部職方郎中，喜甚，卽往拜從學焉。（周恭節公年譜）
何塘撰賀單戶侯軍政序。（何文定公集卷四）
湛若水南歸，創蓮洞書院於峩眉，修甘泉館於古甘泉洞，又爲朱明書館於羅浮。（湛甘泉先生文集卷一八）
薛侃遠游江浙，會羅洪先於青原書院。尋，入羅浮，講學於永福寺。（明儒學案卷三〇）
薛應旂撰三槐餘慶圖詩序。（方山先生文錄卷九）
呂柟晉禮部右侍郎，復講學於禮部南所；未幾，以廟災自陳致仕歸，講學北泉精舍。（馮少墟集卷二二關學編卷四）
王宗沐年十四，工屬文，千言立就，自是試輒冠其曹。是歲、游會稽，會稽乃王守仁舊游之地也，因訪其跡而得槪焉。（敬所王先生文集卷一，鄧定宇先生文集卷四）
楊應詔從呂柟游歸，作道宗堂於華陽山中，列祀夫子、濂溪諸賢及呂氏，懸其敎語，以爲仰玩敬佩之意，作日史以自警，又著中興十策，以爲時變之感發。（天游山人集卷一九）
李材年十八，奉父命就婚楚臺，益肆力於學，日與外父姜氏

先恕疑年錄釋疑。）
黃宗明誠甫卒。（渭厓文集卷六神道碑銘，明儒學案卷一四。）

揚榷古今，多所互證。是歲、游吉中，道遇聶豹、劉文敏，延至舟中，叩其所學，相與辨論，久之別去（時聶豹年五十）。（李見羅先生行略）

春、董燧與聶靜同受業於王艮之門。（重鐫心齋王先生全集卷二年譜後）

孟秋、王廷相內臺集刊於東省，張鵬撰序。（內臺集卷首、浚川全集）

多、薛蕙刪定所著老子集解，又自序之。（薛考功集卷一〇）

霍韜在南都，著家訓續編十六篇。（渭厓文集卷一〇）

黃佐起爲翰林院編修、左春坊左司諫，至京師，作九經政要箴，先成法而後規諫。又取訓蒙二字更正之，將以進，以輔臣不悅，不果上。尋，充經筵講官，陞翰林侍讀，掌南京院事，陞南京國子祭酒，頒五倫條約，又作南廱志訓，以勵恭儉，並出舊著樂典，以示諸生。尋以母憂去官。（泰泉集卷首）

三月、徐問撰新建寶豐橋記。（山堂萃藁卷一二）

四月、國子祭酒呂柟上恭和聖製謁陵詩賦各一、曲十首。（國榷卷五六）

兵部尚書、兼右都御史王廷相秩滿，進太子少保。（同上）

五月、王艮會王畿於金山。訪唐順之於武進。是年、論學有

十六年丁酉

語曰：欲止至善，非明格物之學不可。蓋物有本末，遺本失己，遺末失人，欲止至善難矣。（重鐫心齋王先生全集卷二年譜）

六月、南京禮部尙書湛若水改南京吏部尙書。（湛甘泉先生文集卷三二，國榷卷五六。）

禮部左侍郎黃綰憂去。（國榷卷五六）

吏部左侍郎霍韜爲南京禮部尙書。（同上，明通鑑卷五六，明儒學案卷五三。）

七月、吏部右侍郎張邦奇爲左侍郎。（國榷卷五六）

聶豹撰永豐鄉約後序。（雙江聶先生文集卷三）

八月、國子祭酒呂柟爲南京戶部右侍郎。（國榷卷五六）

御史洪垣爲王艮構東淘精舍。是月、艮作勉仁方。（重鐫心齋王先生全集卷二年譜）

十月、南京吏部尙書湛若水上所著二禮經傳測，以戾孔氏，罷不省。（國榷卷五六）

十二月、王艮丁父憂。（重鐫心齋王先生全集卷二年譜）

程文德撰復古書院記。（松谿文集卷七）

黃省曾撰吳郡崇慶禪院淨因堂碑記。（五嶽山人集卷三二）

周怡在南雍，以大同誠一立訓。（周恭節公年譜）

潘士藻去華生。（

湛若水三疏乞歸田，時年七十二。（湛甘泉先生文集卷一九）
張邦奇著春秋說。（張文定公文選卷三八）
羅洪先丁母憂。（羅念庵先生年譜）
鄒守益撰鄧氏族譜序。（東廓鄒先生文集卷二）
耿定向年十二，通書大義，應父命往訪彭郎鄉，遂與之定交。（澹園集卷三三）
徐階撰聖人貴未然之防，以示諸生（江西鄉試），又有跋叙齒錄。（世經堂集卷二〇）
呂柟陞南京禮部右侍郎，未幾，以災異自劾，得致仕去。（方山先生文錄卷一四）
薛應旂病火，再疏請學職，得江西九江教授。是年、以巡按御史主福建鄉試，有福建鄉試錄序。（同上卷八、卷九。）
是歲、王艮玩大學，因悟格物之旨。（重鐫心齋王先生全集卷二年譜）
夏、聶豹以病移居翠微山中。（雙江聶先生文集卷一三）
秋、黃省曾謁霍韜於南都，又爲撰大宗伯霍公疏要序。（五嶽山人集卷二六）
二月、韓邦奇有恤災固本事疏。（苑洛集卷一五）
湛若水有謁朱文公先生廟庭文。（湛甘泉先生文集卷三〇）
八月、吏部左侍郎張邦奇兼翰林學士，署院。（國榷卷五六）

九月、黃省曾撰見古樓記。（五嶽山人集卷三二）

十一月、御史吳悌疏薦王艮。是月、有復林子仁書。（重鐫心齋王先生全集卷二年譜）

十二月、聶豹撰永寧重修儒學記。（雙江聶先生文集卷五）

十七年戊戌（一五三八）

趙貞吉上乞求眞儒疏，不報。（趙文肅公文集卷八，聖學宗傳卷一七。）

張元沖成進士，授中書舍人，改吏科給事中。（劉子全書卷二二）

蔡汝楠丁母憂。（自知堂集卷一八）

季本在廬陵，立懷德祠，以祀陽明。是年三月、鄒守益及聶豹等至，舉春祭並約同志會講，聶氏有括言。（雙江聶先生文集卷一三）

羅洪先遷厝父母葬於廬陵之盤龍山。是年、訪聶豹於翠微莊。（羅念庵先生年譜）

呂柟應門人王子難請，爲撰世德流光堂記。（呂涇野先生文集續刻卷五）

周怡成進士，授順德推官。（注三八）

鄒守益以薦起南京吏部考功郎中。（華陽館文集卷一一，聖學宗傳卷一五。）

唐鶴徵元卿生。（明儒學案卷二六）

張元忭子藎生。（張陽和不二齋文選卷首附行狀、墓誌銘，明儒學案卷一五。）

王承裕天守卒，年七十四。（馮少墟集卷二二關學編卷三，學統卷四二下，明儒學案卷九。）

夏尚樸敦夫卒，年七十三。（夏東巖先生文集卷首附錄

洪垣（覺山）巡按全椒縣，謀修縣學，越歲而成。鄒守益爲撰全椒縣儒學增修記，又有寧國縣重修儒學記。（東廓鄒先生文集卷四）

王艮有再答子仁（林春）書。（重鐫心齋王先生全集卷一年譜）

大巡冷塘周氏闢景行館，延唐樞講學其中，樞以即弟子答問之意，著景行館論三十一篇，門人鎮爲鋟梓，有序。（木鐘臺集初集亨卷）

春日、何遷撰東溪李大夫賢褒序，又有贈韓尉歸越序、泰嶽爭高圖序、泰嶽爭高卷跋、呂烈婦傳。（吉陽先生文錄卷一及卷三）

季春、黃省曾臥病青山，撰大司馬王公家藏集序。（五嶽山人集卷二六）

二月、南京尚寶司卿歐陽德爲太僕寺少卿。（國榷卷五六）

四月、翰林修撰趙貞吉請求眞儒云：「徵聘之典，祖宗舊幸。英宗朝嘗舉江西儒士吳與弼；憲宗朝嘗徵廣東貢士陳獻章。世豈無斯哉！」（同上）

五月、薛應旂撰友士軒記。（方山先生文錄卷八）

九月、湛若水有題先聖孔夫子像贊。（湛甘泉先生文集卷二一）

薛應旂撰觀易臺記。（方山先生文錄卷八）

十月、王廷相雅述篇始刻行，謝鎰爲序。（雅述卷首、淩川

費寀周撰行實）

十八年己亥（一五三九）	集）
全耿定向年十四，負笈從師，去家七十餘里。（澹園集卷三三） 呂柟司馬文正公集略刻於贛州，門人薛應旂撰序。（方山先生文錄卷九） 薛應旂撰建昌縣學門記。（同上卷七） 唐順之起編修、兼右春坊右司諫，與羅洪先、趙時春請朝太子，復削籍歸。（明史卷二〇五） 章潢年十三，見鄉人負債縲絏者，惻然爲之代償。（理學宗傳卷二三，明儒學案卷二四。） 鄒守益再入京師，求劉野亭遺稿，爲摘其範世者謀刻之，有野亭少傅劉公摘稿序，又作宣城縣昌黎別業記。（東廓鄒先生文集卷一、卷四。） 羅洪先召拜左春坊左贊善。是冬、如京師，以家隨。有冬游記。（注三九） 黃綰起禮部尙書、兼翰林學士，爲正使諭德，張治副之。（明史卷一九七） 秋、湛若水轉南京兵部尙書，奉勑參贊機務。（湛甘泉先生文集卷三二）	
錢一本國瑞生。（明史卷二三一，姜亮夫綜表） 穆孔暉伯潛卒，年六十一。（順渠先生文錄卷九、王道撰墓誌銘，明儒學案卷二九。）	

三月，太子少保、兵部尚書、兼都察院左都御史王廷相秩滿，進太子太保。（國榷卷五七）

霍韜撰世誼序。（渭厓文集卷五）

五月、南京禮部尚書霍韜改禮部，進太子少保，署詹事府；南京禮部右侍郎呂柟改禮部、兼詹事府少詹事；南京吏部考功郎中鄒守益、江西提學副使徐階共改司經局洗馬、兼翰林院侍讀；前考功郎中薛蕙爲右春坊右司直、兼翰林檢討。（注四〇）

前禮部左侍郎黃綰趨召，請關防節制雲貴兩廣，許之，並考訂安南沿革與加兵勝敗；又請科道部屬偕往，下所司。（國榷卷五七）

六月、南京吏部尚書湛若水改南京兵部尚書。（同上）

七月、南京禮部右侍郎呂柟自陳致仕。（同上）

南京禮部尚書霍韜、吏部郎中鄒守益，共上聖功圖，引古十三事，如文王問安視膳等；上以語涉謗訕，宥韜罪。（注四一）

崔銑爲王廷相撰雅述序。（雅述卷首、浚川全集）

閏七月、詹事府少詹事、兼翰林院侍讀學士崔銑爲南京禮部右侍郎。（國榷卷五七）

禮部尚書、兼翰林學士黃綰使安南，未行，乞贈誥，落職。

（注四二）

十月、黃省曾丁母憂，哀慟逾常，遂至羸疾。（五嶽山人集卷三八）

十一月、南京兵部尚書湛若水條留守十事，允行之。（國榷卷五七）

羅洪先造訪王艮，林春率同郡諸生，黎（洛溪）率邑諸生，並集艮家堂上，艮以病不能出，羅洪先乃就榻旁請教益，艮作大成歌寄贈羅洪先。是年、艮又有答徐子直書。（注四三）

南京兵部尚書湛若水上治權論，欲激安南吏民共討莫氏分地，可不煩兵而下，部覆迂之。（國榷卷五七）

十二月、崔銑撰揚子折衷序。（見湛甘泉先生文集卷二四）

十九年庚子（一五四〇）

王襞丁父憂。（王東厓先生遺集卷首附年譜紀略）

查鐸補邑博士弟子員，從宣城古陵沈氏游。（毅齋查先生闡道集卷末尾）

何遷撰鬱臺寺記、橫溪記、和萱靄色圖序。（吉陽先生文錄卷二及卷一）

鄧元錫從黃（在川）學，喜觀經史，人以爲不利舉業，（在川）曰：「譬之豢龍，隨其所嗜，豈必膏粱耶？」（時年十三）。（明儒學案卷二四）

方學漸達卿生。（姜亮夫綜表）

祝世祿無功生。（澹園續集卷一五。姜亮夫綜表作生嘉靖十八年己亥。）

唐伯元仁卿生。（姜亮夫綜表）

聶豹爲戴伯常作艮齋記。（雙江聶先生文集卷五）

尤時熙陞國子學正，時徐階爲祭酒，特重之。每令六館師生，一以尤氏爲準。（孟雲浦先生集卷五）

鄒守益歸自南雍，約南江憲副輗祇，謁林莊公墓下，敦年誼，叙宗盟（後十年，南江之子銑，簿於雩都，刻續刻思賢錄，鄒氏爲序。）是歲、有叙漳南道志。（東廓鄒先生文集卷二及卷一）

楊應詔北上，始獲晉謁鄒守益於南京翰林別署，相見朝夕甚歡。應詔以自警十箴，質正於守益。鄒氏以其緊切，可謂眞得呂氏篤實之傳也。（天游山人集卷一二）

羅洪先抵京入春坊進講，與唐順之趙時春居相比。三人交好浸密，各上疏請，來歲朝正後，呈太子出御文華殿，受羣臣朝賀。時帝數稱疾不視朝，諱言儲貳臨朝事，見疏大怒；手詔切責，遂除三人名，謫爲民。洪先與順之各置小舟聯發。（羅念庵先生年譜）

羅汝芳入省赴大會，見顏鈞，因自述遘危病，而生死得失能不動心。鈞俱不取，曰：「是制欲，非體仁也。」汝芳曰：「克去己私，復還天理，非制欲安能體仁哉！」鈞曰：「子不觀孟子之論四端乎？知皆擴而充之。如火之始燃，泉之始達。如此體仁，何等直截。故子患當下日用而

王艮汝止卒，年五十八。（重鐫心齋王先生全集卷二年譜，聖學宗傳卷一六，理學宗傳卷二一，明儒學案卷三二。）

霍韜渭先卒，年五十四。（湛甘泉先生文集卷三一，明儒學案卷五三，明史卷一九七）

黃省曾勉之卒，年五十一。（五嶽山人集卷三八）

不知，勿妄疑天性生生之或息也。」汝芳時如大夢得醒，乃知古今道有眞脈，學有眞傳，遂於稠人中稽首師事焉。（聖學宗傳卷一八）

春、徐階撰崇雅錄序。（世經堂集卷一二）

周怡撰龍崗叙別漫記。（周訥谿全集文錄卷四）

夏、鄒守益陞太常少卿、兼翰林侍讀學士，掌南院事，集同志於京師，作醫說以別。（華陽館文集卷一一）

秋、楊爵詔起補河南道監察御史。（楊忠介公文集附錄卷第一）

崔銑入賀聖節，過家疾作，遂請致仕。（理學宗傳卷二二）

正月、湛若水有讀崔後渠叙揚子折衷。（湛甘泉先生文集卷一七）

二月、黃省曾撰虹月齋記。（五嶽山人集卷三二）

三月、司經局洗馬鄒守益爲南京太常寺少卿、兼翰林院侍講學士，署翰林院。（國榷卷五七）

黃省曾撰吳郡定慧禪寺蘇文忠公嘯軒碑記。（五嶽山人集卷三二）

五月、南京兵部尙書湛若水，六年考滿，以踰耆，令致仕。（國榷卷五七，明通鑑卷五七。）

六月、黃省曾以羸疾未瘥，乃自爲傳，傳其大略，以俟後人考索，有臨終自傳。（五嶽山人集卷三八）

七月、黃省曾爲臨終自祭文。（同上）
八月、霍韜撰宋三子說。（渭厓文集卷六）
九月、湛若水致仕。（湛甘泉先生文集卷二八）
十一月、太常寺少卿、兼翰林院侍讀學士鄒守益爲國子祭酒。（國榷卷五七；華陽館文集卷一一作十二月。）
十二月、翰林編修、兼右春坊右司諫唐順之，左贊善羅洪先等，各請來歲元旦朝賀禮成，皇太子出御文華殿，受中外官朝賀，皆奪官。（明儒學案卷一八，明史卷二八三，國榷卷五七。）

二十年辛丑（一五四一）

唐樞著感學編成（原名素史氏感學編）。（木鐘臺集初集貞卷）
董穀成進士。（明儒學案卷一四）
聶豹召知平陽屬州縣。（世經堂集卷一八，雙江聶先生文集卷五。）
鄒守益撰資治通鑑補刋序。（東廓鄒先生文集卷一）
何遷成進士，除戶部主事。（明儒學案卷三八）
王時槐年二十，始師事劉文敏，刻意爲學。（同上卷二〇）
湛若水撰歸去紀行略。（湛甘泉先生文集卷二八）
何廷仁始謁選爲令，得新會，喜曰：「玆非白沙先生之鄉耶？十年夢寐，今始及門。」至則掃祠宇，召諸生爲期而

焦竑弱侯生。（注一六）
林春子仁卒，年四十四。（荊川先生文集卷一四墓誌銘，明儒學案卷三二。）
崔銑子鍾卒，年六十四。（皇明名臣琬琰錄續集卷六，

會，設條而教。久之，環祠門而聽者踵相接也。（聖學宗傳卷一六，理學宗傳卷二二，明儒學案卷一九。）

楊爵上封事，疏入，上大怒，拷掠幾死，遂下獄。時錢德洪、劉魁、周怡亦以事下獄，相與講學不輟。德洪釋，爵仍留獄中，讀書賦詩，如是者五年，著周易辨錄、中庸解。（明儒學案卷九，明史卷二〇九。）

春、趙貞吉遊大峩，應諸人請作眉山歌。（趙文肅公文集卷二二）

楊爵被逮，周怡欲疏救，以母夫人在署難之。（周恭節公年譜）

夏、楊應詔別鄒守益而歸，自是二十年不相見。（天游山人集卷一二）

秋、崔銑讌唐樞於南都官署，出示揚子折衷序請商訂之，有揚子折衷序論。（木鐘臺集初集貞卷）

何遷應銓部命，作敬事說。（吉陽先生文錄卷三）

多、縣履畝。羅洪先自歸田，削跡城市，素稔通邑多虛糧，乃貽書上官，力請丈量，爲毀言撼阻。復爲書促郡縣，竟成之。（羅念庵先生年譜）

何遷有五刑加減律議。（吉陽先生文錄卷三）

四月、湛若水作武夷風月代劵付洪子歌。（湛甘泉先生文集卷二六）

五月、南京禮部右侍郎崔銑致仕。（國榷卷五七）

明儒學案卷四八。）

薛蕙君采卒，年五十三。（薛考功集卷末尾附王廷撰薛先生行狀、唐順之撰墓誌銘及文徵明撰墓碑銘；又明儒學案卷五三，疑年錄彙編卷七。國榷卷五七作卒年五十九，誤。）

南大吉元善卒，年五十五。（馮少墟集卷二二關學編卷四，明儒學案卷二九。）

唐順之校刻徐問山堂萃藁成，並爲序其首。（山堂萃藁卷首）

六月、國子祭酒鄒守益疏觸諱，落職。（國榷卷五七）

七月、左都御史王廷相罷。（明通鑑卷五七）

二十一年壬寅（一五四二）

鄧元錫丁父憂，水漿不入口。（明史卷二八三）

萬表復以病乞歸，當事者准令在任調治。（王龍溪先生全集卷二〇）

唐順之撰葉包菴先生壽序。（荆川先生文集卷一一）

章潢年十六補弟子員。（理學宗傳卷二三）

張兵拜僉都御史巡撫鄖陽，改江西。（世經堂集卷一七）

尤時熙年四十，念古人道明德立語，因自詰之，不覺淚下，乃慨然從劉魁學。（孟雲浦先生集卷五）

胡直始因友人往謁歐陽德，一見喜曰：「子何來晚？」於是遂執弟子禮。（注四四）

聶豹在平陽屬州縣任，爲諸生講藝；又令諸生采唐虞以來，下逮宋元人品之著者，凡一百八十六人，鑱諸石，作人物題名記以風之。（雙江聶先生文集卷五）

羅洪先既歸二年，二弟壽先、居先請析居，盡推先世田宅。於舍外別建宅居之，題曰芳館。時郡中鄒守益歐陽德聶豹咸家食，又有彭（石屋）、劉（師泉），時相往訪，會者至數

鄧以讚汝德生。（注一七）

李中子庸卒，年六十五。（明儒學案卷五三）

呂柟仲木卒，年六十四。（馮少墟集卷二二關學編卷四，明儒學案卷八，明史卷二八二，皇明名臣墓銘兌集、馬汝驥撰行狀。）

二十二年癸卯（一五四

百人。（羅念庵先生年譜）
春、徐階撰泰寧縣重建察院記。（世經堂集卷一四）
夏、黃佐撰重修應天府儒學記。（泰泉集卷三二）
秋、何塘撰陶氏家教序。（何文定公集卷五）
冬、聶豹著大學古本臆說。（華陽館文集卷一一）
二月、太子賓客、吏部左侍郎、兼翰林學士張邦奇署詹事府。（國榷卷五七）
程文德有送莫堯卿之教南康序。（松谿文集卷六）
四月、署詹事府、吏部左侍郎張邦奇爲禮部尚書，仍署府事。（國榷卷五七）
五月、周怡陞授吏科給事中，仍以本職推官。（周恭節公年譜）
七月、楊爵撰獄中詩集序，又有夢遊山賦。（楊介忠公文集卷二、卷八。）
九月、湛若水有謁奠天華精舍四賢祠文。（湛甘泉先生文集卷三〇）
十月、起王道國子監祭酒。（國榷卷五七）
十二月、司經局洗馬、兼翰林侍讀徐階爲國子祭酒。（同上）

耿定向補諸生，著五倫圖說。（澹園集卷三三）
錢德洪被放歸農。（聖學宗傳卷一四，理學宗傳卷二一。）

何塘粹夫卒，年七十。（何文定公集

三）

羅洪先始聞聶豹主寂之論。（羅念菴先生年譜）

萬表推廣西副總兵，至臨江，復以病乞歸。是歲、著灼艾別集成。（王龍溪先生全集卷二〇，灼艾集卷首。）

羅汝芳擧鄉試。與同志會滕王閣。（聖學宗傳卷一八及羅近溪先生全集卷一〇）

周怡在諫垣，以廷杖下鎭撫司獄。（周恭節公年譜）

聶豹陞陝西按察司副使，兵備潼關，疏乞休，拂衣南歸，著有知晉稿。（華陽館文集卷一一、雙江聶公行狀。按世經堂集卷一八、徐階撰墓誌銘以先生是年受謗逮繫錦衣獄，存參。）

王宗沐擧鄉試。（鄧定宇先生文集卷四）

徐問自晉陵山中與馬理同起官南京，始得與之相識，馬氏因屬爲其父碑銘。（山堂萃藁續藁卷三）

春、鄒守益遊衡嶽，登嶽麓諸峯，訪先正祠；又申濂溪無欲篇以示楚學者，著南嶽風詠稿而歸。（華陽舘文集卷一一及耿天臺先生文集卷一四）

秋、胡直擧鄉試歸，又謁歐陽德；旋復北行赴試。（明儒學案卷二二）

正月、撫治鄖陽、右僉都御史張岳改巡撫江西。（國榷卷五八）

二月、馬理復起南京光祿寺卿，至卽以年七十一例乞致仕

卷首附傳，理學宗傳卷二二，明儒學案卷四九。）

魏校子才卒，年六十一。（皇明名臣墓銘兌集、陸鰲撰行狀；明史卷二八二，國榷卷五八作嘉靖二十四年十一月卒，俟考。）

	歸，隱於商山書院。（皇明名臣琬琰錄續集卷八，明儒學案卷九，國榷卷五八，明史卷二八二。） 三月、南京吏部尚書張邦奇改南京兵部尚書。（國榷卷五八） 郭廷晁出按江北，道經儀封，謁王廷相請教，王氏出示公移駁稿，有浚川公移駁稿敍。（公移集卷首、浚川全集） 楊爵撰處困記。（楊忠介公文集卷二） 十月、徐問以考績行，東園徐氏送之江干，以詩卷乞序，有東園詩序。（山堂萃藁續藁卷四）	
二十三年甲辰（一五四四）	羅欽順八十壽慶，黃佐撰壽整庵先生序祝之。（泰泉集卷四一） 楊爵在獄撰周易辨錄。（見周恭節公年譜） 王宗沐成進士，授刑部主事，與同官李攀龍、王世貞，以詩文相友善。是年、始專力於古文詞，聞歸安鹿門茅坤善文，欲往訪之，不果。（鄧定宇先生文集卷四，明史卷二二三及敬所王先生文集卷五。） 黃宏綱爲汀州府推官。（明儒學案卷一九） 羅洪先有依仁堂記。（羅念菴先生年譜） 湛若水游南嶽，卜築白沙祠，有嶽遊紀行略。是年、歸天關行鄉約，立約亭於華光里。（湛甘泉先生文集卷二九、卷	劉元卿調父生。（鄒子願學集卷六墓誌銘） 王廷相子衡卒，年七十一。（明儒學案卷五〇，皇明名臣墓銘坤集、許讚撰墓誌銘。） 張邦奇常甫卒，年六十一。（明儒學

三二。）

周怡在鎮撫司獄，與楊爵、劉魁共講心性之學，發聖賢之奧旨，道益深造。又賦詩往來，積而成集。後門人吳達可按察江右，彙集付梓，顏曰三忠文選，鄒元標爲之序。（周恭節公年譜）

胡直會試下第，時自省多忿多慾，好文詞之癖，勉自克制，而不能恒也。遂飄然有遐舉離世之念。是歲、復謁歐陽德。（耿天臺先生文集卷一二及明儒學案卷二二）

鄧元錫行社倉法於鄉，以惠鄉人。從邑人羅汝芳游，繼往吉安，從學於諸先達。遂欲棄擧子業，爲大母不許（時年十七）。（明儒學案卷二四，明史卷二八三。）

羅汝芳擧會試，與同志大會靈濟宮，聞父病不廷試而歸。（注四五）

黃佐蒞任南廱，上海董宜陽來學，並請爲記先世事略，有上海董氏小宗祠記。（泰泉集卷三二）

尤時熙陞戶部浙江司主事，管滸鈔關，絲毫不取，澹泊怡然自處。（孟雲浦先生集卷五）

七月、起韓邦奇右副都御史，總督河道，巡撫江西；右僉都御史張岳爲右副都御史，提督兩廣軍務、兼理巡撫。（國榷卷五八）

案卷五二，明史卷二〇一）

十月、張岳編次張氏族譜七篇成，分爲十卷。自漢世留侯張良迄於其身，凡五十三世。有延壽張氏族譜敍。（小山類稿卷四五）
十一月、國子祭酒徐階爲兵部右侍郎。（國榷卷五八）
十二月、廣東提學副使程文德爲南京國子祭酒。（同上）

孟化鯉叔龍生。（孟雲浦先生集卷末尾附楊東明撰墓誌銘，國榷卷七七。）
薛侃尚謙卒，年六十。（見歷代名人年譜總目，廣東文物特刊第一期。）

二十四年乙巳（一五四五）

鄒守益會富池師訓申。（耿天臺先生文集卷一四）
胡直丁祖母承重憂。（明儒學案卷二二）
何廷仁陞南工主事。（聖學宗傳卷一六）
薛侃始還家，門人記所聞，曰研幾錄。（明儒學案卷三〇）
王之士年十八即知學，父授以毛詩。（馮少墟集卷二二關學編卷四）
張岳擢副都御史，總督兩廣軍務。（世經堂集卷一七）
羅汝芳始建從姑山房，以待來學之士，矢心天日，接引來學，足不入城市。（羅近溪先生全集卷一〇）
王宗沐使道丹徒，適茅坤爲令，相留竟日乃別去。是年、入西省，始得交吳竣伯。（敬所王先生文集卷五、卷一七。）
是歲、羅欽順八十壽慶，周怡在獄寄詩奉祝。（注四六）
夏、孟秋始從張後覺游。（孟我疆先生集卷三）
秋、程文德撰雅亭記。（松谿文集卷七）

羅洪先遊衡嶽。及冬，又謁羅欽順。（羅念庵先生年譜）
季秋、程文德有壽歐陽飭菴先生八秩序。（松谿文集卷六）
季冬、楊爵撰續處困記。（楊忠介公文集卷二）
閏正月、右副都御史韓邦奇爲刑部右侍郎。（國榷卷五八）
禮部右侍郎徐階改吏部。（同上）
二月、命江西巡按存問前吏部尚書羅欽順八十，賜羜醴。（同上）
三月、南京禮部右侍郎徐問爲南京戶部尚書。（同上）
四月、楊爵撰孤麋傳並序。（楊忠介公文集卷三）
五月、南京吏部考功郎中薛應旂調外任。（國榷卷五八，明通鑑卷五八。）
七月、提督兩廣、右副都御史張岳，以廣東封川叛獞，廣西馬平來賓叛獞請討，從之。（國榷卷五八）
八月、有神降于箕，乞宥楊爵、周怡、劉魁，遂釋。尋，復逮楊爵、周怡、劉魁於獄。是月、楊爵撰周易辨錄序。（注四七）
鄒守益撰古城壽言。（東廓鄒先生文集卷一）

二十五年丙

鄒守益大會於青原，發孟子大丈夫之旨。（耿天臺先生文集

午（一五四六）

卷一四）

呂潛以詩經擧鄉書。（馮少墟集卷二二關學編卷四）

胡直復與歐陽昌、羅鵬讀書龍洲，時與康恕倡和自遣，向學之功益弛。（明儒學案卷二二）

王宗沐在京師，值茅坤入爲吏部郎，握手都門，因得叩其所學；旋，茅氏以謫去。（敬所王先生文集卷五）

張岳爲東泉文集敍。（小山類稿卷二）

羅洪先以季弟居先如南雍，送至金陵。春過湖口，附何廷仁舟泊南康。自白鹿入天池。過毘陵，訪唐順之，夜語契心，遂達旦不寐。（羅念菴先生年譜）

是歲、周怡釋放南歸；尋，丁母憂。按周氏釋放南歸，諸相與莫不喜幸，各賦詩示意。文徵明作詩四律以贈，中一聯云：千年名教逃無地，萬死餘生念有親。又崔涯亦有一聯云：臣忠子孝原無媿，天道人情自不違。皆紀實也。（周恭節公年譜）

四月、前廣西署都指揮萬表爲署都督僉事總兵官，提督漕運，鎭守淮安。（注四八）

六月、服闋國子祭酒王道爲南京太常寺卿。（注四九）

羅洪先自毘陵歸。（羅念菴先生年譜）

十月、南京太常寺卿王道爲南京戶部右侍郎。（國榷卷五八）

復歐陽德南京鴻臚寺卿。（同上）

羅洪先闢石蓮於近里，自是多洞居。是月、聶豹被逮，洪先送至境上。（羅念菴先生年譜）
十一月、南京戶部右侍郎王道改禮部侍郎，署國子祭酒。（國榷卷五八）
十二月、張岳陞刑部右侍郎，仍總督兩廣。（注五〇）
歐陽德爲太常寺卿。（國榷卷五八）

二十六年丁未（一五四七）

湛若水撰靜觀堂記（時年八十二）。（湛甘泉先生文集卷一八）
王時槐成進士，除南京兵部主事。（明儒學案卷二〇）
尤時熙以母老乞終養歸（時年四十五）。（孟雲浦先生集卷五）
唐樞出游至蒲，與本兵楊氏談政論學，有偶客談，門人劉鑑爲序梓之。（木鐘臺集雜集貞卷）
陳嘉謨成進士，授廬州推官。（明儒學案卷二二）
胡直爲先祖母卜兆致訟。是年多、忽有飄然遐舉離世之興，遂偕友王託往訪羅洪先，居石蓮洞一月，乃稟學焉。（注五一）
羅洪先至廬山。族之長者以譜事見委，閉戶洞中三月。集世系圖，內外傳，名位表。（羅念庵先生年譜）
王宗沐謁歐陽德於司成；尋，以遷官廣西始別去，有三柏堂賦。（敬所王先生文集卷一、卷一七）
歐陽德晉南太常卿；尋，召入掌國子祭酒事，擢禮部左侍郎。

周汝登繼元生。（姜亮夫綜表）
楊起元貞復生。（同上）
王道純甫卒，年六十一。（順渠先生文錄卷末尾附嚴嵩撰王公神道碑銘，國榷卷五十九。姜亮夫綜表引韓邦奇撰墓誌銘，作生成化十二年，辛嘉靖十一年，年五十七

(雙江聶先生文集卷六)
鄒守益遊廬山，開講於白鹿洞，揭濂溪易惡至中語及朱子象山等語，以曉學者，著學聖編。是年、有尊道書院記。(耿天臺先生文集卷一四，東廓鄒先生文集卷四。)
仲秋、唐樞著國琛集成。(木鐘臺集再集利卷)
冬、萬表爲參將督漕至潞河，以病不能入朝，憮然有歸與之懷。復念年已五十，潦倒無成，益傷格物之學不明，孔曾之道日喪，乃賦病懷十首係之。(注五二)
劉魁致仕歸澄江。(東廓鄒先生文集卷四)
正月、鄒守益暨郡友約於青原，聯舟於文江，爲聶豹初度之慶，有雙江聶子壽言。(同上卷二)
楊爵夜夢四老人，俱彷彿百餘歲，衣冠古樸，氣象莊重，醒後以詩紀之。(楊忠介公文集卷一三)
四月、楊爵有自招魂。(同上)
五月、禮部右侍郎、署國子監事王道改吏部右侍郎。(國榷卷五九)
南京太常寺卿歐陽德改太常寺卿、署國子祭酒。(同上)
六月、楊爵夜夢諸葛孔明，既覺以詩記之。(楊忠介公文集卷一三)
九月、南京右副都御史韓邦奇，爲南京兵部尚書。太常寺

，未知孰是，俟考。)
羅欽順允升卒，年八十三。(明儒學案卷四七，明史卷二八二。)

卿、署國子監事歐陽德，爲禮部左侍郎。（國榷卷五九）

閏九月、陝西按察副使聶豹，先守平陽，値虜寇，括民財佐費，罰重囚，被劾，下錦衣獄。（注五三）

程文德撰樂聚亭記。（松谿文集卷七）

十月、提督兩廣、兵部右侍郎張岳爲兵部左侍郎，還朝。（注五四）

十一月、楊爵、周怡皆釋爲編氓。（注五五）

二十七年戊申（一五四八）

羅汝芳學易於楚人胡宗正。（羅近溪先生全集卷一〇）

周怡居母憂，讀禮修宗譜，遵歐陽氏譜式。（周恭節公年譜）

唐樞有鵝湖書院謁辭。（木鐘臺集初集貞卷）

鄒守益應劉魁屬爲撰復修雲津書院記。（東廓鄒先生文集卷四）

胡直寓韶州，因病問禪於鄧仲質，爲休心息念之學，久之有見。由是始益究出世之旨，而疑儒學有未盡。與錢德洪晤，論學未合乃歸。（耿天臺先生文集卷一二）

湛若水撰非老子略，辨道德篇非老聃所作於西樵煙霞洞（時年八十三）。（湛甘泉先生文集卷一七）

聶豹在獄，著被逮稿、困辯錄、幽居答述等。尋，得旨落職南歸（南歸在己酉春正月也）。是歲、有秀川羅氏族譜序。（注五六）

楊東明啓修生。（明儒學案卷二九）

羅洪先爲夏游記。（明儒學案卷一八）
春、胡直遊韶，太守陳大論闢明經書院，延敎六邑諸俊彥。（同上卷二二）
唐樞與會青原山中，敘鄒守益、劉（獅）、彭（石屋）諸友，相與講論，有青原易著。（木鐘臺集初集貞卷）
仲春、鄒守益撰鄉會視言。（東廓鄒先生文集卷二）
夏、何遷以罪謫遷南都銓司。（吉陽先生文錄卷三）
秋、錢德洪至韶，陳大論延留書院中，始與胡直相遇。（明儒學案卷二二）
仲冬、聶豹自序困辯錄。（見困辯錄卷首）
正月、吏部左侍郎、兼翰林學士徐階署院。（國榷卷五九）
五月、王畿期會匡廬天池。（見羅念菴先生年譜）
六月、右副都御史張岳總督貴州廣西軍務，討叛苗龍許保。（國榷卷五九）
羅洪先與錢德洪、貢（玄略）、王（濟甫）同舟，追及王畿於豐城。（羅念菴先生年譜）
七月、唐順之有書秦風蒹葭三章後。（荊川先生文集卷一七）
楊爵手書來候周怡，擬卽南行相訪不果，以十月十四日病卒也。（注五七）
豐城解會，王畿與貢、王先歸，邀羅洪先同擇龍虎山中，爲

江浙會所。（見羅念菴先生年譜）

八月、王宗沐撰喬松益壽賦。（敬所王先生文集卷一七）

羅洪先至龍虎山，過冲玄觀，登愛山樓，意甚悅之。邑令王（西石）以洪先聚講無所，遂修玄潭之雪浪閣，既成，集士友會西石。（羅念菴先生年譜）

十月、王宗沐爲貞心晚節册序。（敬所王先生文集卷三）

十一月、薛應旂撰舒城縣儒學尊經閣記。（方山先生文錄卷七）

十二月、漕運總兵官、署都指揮僉事萬表爲南京中軍都督府僉書。（國榷卷五九）

二十八己酉（一五四九）

耿定向下第，始發憤下帷。（澹園集卷三三）

湛若水撰廬陵黃氏總譜序。（湛甘泉先生文集卷一七）

顏鯨學於鄉。（鄒子願學集卷六）

薛應旂撰常州府重修儒學記。（方山先生文錄卷七）

羅洪先撰草居徙考。與王（西石）、李（中溪）論學。（羅念菴先生年譜）

查鐸舉鄉試，仍講學蕭寺；旋遘重疾，就醫湖陰。（毅齋查先生闡道集卷末尾，澹園續集卷一三）

胡直家居，與邑彥曾於乾、羅潮、蕭隆佑，及王託、歐陽昌等爲講會，頗有興發。是歲、胡氏計偕，浮彭蠡，值風濤

楊爵伯修卒，年五十七。（楊忠介公文集附錄卷第一、吳時來撰楊御史傳，及卷第四李楨撰墓表；馮少墟集卷二二關學編卷四；明儒學案卷九；明史卷二〇九。）

舟覆不動，自謂得力於禪定。以之質歐陽德，歐陽氏以爲可以爲仁。（明儒學案卷二二及耿天臺先生文集卷一二，並參。）

夏、王畿赴寧國水西會，有水西會約題詞。（王龍溪先生略歷）

仲秋、王畿偕錢德洪携浙徽諸友赴會冲元，凡百餘人，有冲元會記。（同上）

季秋、羅洪先、聶豹各撰重刻一峯先生集序。（見羅一峯文集卷首）

仲多、唐樞訪同野王氏於四明郡城，王氏邀飲，並相與論學，有明談述。（木鐘臺集初集貞卷）

冬、胡直赴會試，與王翥同舟，昕夕論學。（明儒學案卷二二）

二月、吏部左侍郎、兼學士徐階爲禮部尚書。（國榷卷五九）

禮部左侍郎歐陽德改吏部左侍郎、兼翰林學士，署詹事府事，教習庶吉士。（雙江聶先生文集卷六，國榷卷五九。）

七月、禮部尚書徐階考汰太醫院醫士。（國榷卷五九）

巡撫雲南、右副都御史顧應祥爲南京兵部右侍郎。（同上）

九月、鄒守益偕諸友赴中玄約，羅洪先以外舅太僕曾公十月歸窆，擬畢事而行，比束裝，聞會解而止。（見王龍溪先生略歷）

十月、楊爵見大鳥猝集居處，不樂曰：「漢楊伯起之鳥至

矣，兆在我乎？」越數日果卒。（楊忠介公文集附錄卷第一）
十二月、南京兵部尚書韓邦奇致仕。（國榷卷五九）

二十九年庚戌（一五五〇）

歐陽德主會試，黜浮崇雅，最號得人。（雙江聶先生文集卷六）
錢德洪增刻王守仁朱子晚年定論，共三卷。（王文成公全書附年譜）
胡直下第歸，舍南翁宅。（明儒學案卷二二）
鄒守益至祁門，會講於東山。是歲、有題春臺會錄。（耿天臺先生文集卷一四及東廓鄒先生文集卷八，並參。）
羅汝芳約同志大會留都。及秋，會江省月餘，泝流至螺川，集會九邑同志。（羅近溪先生全集卷一〇）
萬表復以病乞歸，時與王畿閱本朝名臣奏議，及十三省九邊圖考，採其關於國體，切於時政事宜，彙成一書，名經濟錄。（王龍溪先生全集卷二〇）
呂坤年十五，讀性理諸書，欣然有會，作夜氣鈔、擴良心詩。（理學宗傳卷二三）
程文德爲婺集同聲詩序。（松谿文集卷六）
夏、劉魁乘舟來訪周怡，併拜周母墓，依依別去。（見周恭節公年譜）
冬、胡直歸自儀眞，遇劇盜，以風猛得脫，同舟有哭泣者，

顧憲成叔時生。（顧端文公年譜，高子遺書卷一一中，明儒學案卷五八。）
徐問用中卒，年六十九。（見注一〇）

直不爲所動。（明儒學案卷二二）

大冰雪，何廷仁來訪羅洪先於石蓮。聶豹亦至。（羅念菴先生年譜）

何遷有題卷送鹿園萬先生還越。（吉陽先生文錄卷三）

王宗沐赴官廣西，道武林，晤海樵陳山人，並應屬爲撰海樵詩集序。及至廣西，乃與諸生講學於三賢書院。時茅坤亦官廣西，悉出其往日所爲文以示宗沐。是歲、讀吳伯竣家乘賢母傳，有書賢母傳後，又有湘臯集序。（敬所王先生文集卷三、卷五、卷一七、卷三。）

二月、吏部左侍郎歐陽德主禮闈。（國榷卷五九）

鄒守益六十壽辰，周怡爲文祝釐，有壽東廓師六十叙（按周氏自與守益相違以來，迄今已二十年矣）。（見周恭節公年譜及周訥谿全集文錄卷三）

羅洪先致祝鄒守益六十壽。守益書會語一册相示，洪先多所商榷。又聯近鄉立倉同江，以便漕舟。（羅念菴先生年譜）

四月、翰林編修趙貞吉爲右春坊右中允，署國子司業。（國榷卷五九，聖學宗傳卷一七。）

呂懷等建大同樓於新泉精舍，設王守仁像合講會。（王文成公全書附年譜）

羅洪先爲聶豹困辯錄序。（見困辯錄卷首）

五月、南京國子監祭酒程文德爲禮部右侍郎。（國榷卷五九）
胡直館興化李春芳家，始得盡聞王艮之學，爲之歎服。（耿天臺先生文集卷一二及明儒學案卷二二，並參。）
七月、南京兵部右侍郎顧應祥爲刑部尚書。（國榷卷五九，明儒學案卷一四。）
八月、進徐階太子太保。（國榷卷五九）
左諭德、兼監察御史趙貞吉謫荔浦典史。（同上）
禮部尚書徐階，薦前副使聶豹，納之。（注五八）
羅洪先以諳達犯京師，警報疊至，目不交睫者月餘。已而病作，幾不起。（羅念菴先生年譜）
九月、前陝西按察副使聶豹爲右僉都御史，巡撫順天。（注五九）
十月、順天巡撫、右僉都御史聶豹爲兵部右侍郎。（注六〇）
禮部署郎中薛應旂爲浙江提學副使。（國榷卷五九）
十二月、刑部尚書顧應祥上詳定司刑條例，刋之。（同上）

三十年辛亥（一五五一）

胡直挈家歸義和滄洲故居。（明儒學案卷二二）
王宗沐撰崇廸堂記、使粵集後序。（敬所王先生文集卷七、卷三。）
聶豹奉命巡視九門，乃條陳六事，多所採納。（華陽館文集

鄒元標爾瞻生。（姜亮夫綜表）
何廷仁性之卒，年六十六。（聖學宗

卷一一）

薛應旂撰平陽縣重修廟學記。（方山先生文錄卷七）

羅汝芳會樂安及宜黃歸，立義倉，創義館，建宗祠，置醮田，修祖墓，講里仁會於臨田寺。（羅近溪先生全集卷一〇）

孟夏、黃佐選定舒芬文集爲五卷刻行，有舒梓溪先生文鈔序。（舒文節公全集卷首）

夏、羅洪先有譙南書院記，又有吉水縣儒學尊經閣記。（羅念菴先生年譜）

蔡汝楠撰叙傳習錄後。（自知堂集卷八）

秋、周怡往山陰訪王畿，併相偕遊天臺，聚講數月，返過武進訪唐順之。（周恭節公年譜）

王畿過蘇，有道山亭會語。（王龍溪先生略歷）

冬、鄒守益撰潛江縣重修儒學記。（東廓鄒先生文集卷四）

正月、禮部右侍郎程文德爲左侍郎。（國榷卷六〇）

二月、禮部尚書徐階請早建儲，立太子，不允。（明通鑑卷六〇，國榷卷六〇。）

七月、程文德撰樸亭雅集。（松谿文集卷一〇）

九月、聶豹轉本部左侍郎；尋，得旨協理京營戎政。（華陽館文集卷一一，國榷卷六〇。）

十一月、徐階少保、吏部右侍郎、兼東閣大學士。（國榷卷六〇）

傳卷一六，理學宗傳卷二一，明儒學案卷一九。）

禮部左侍郎程文德爲吏部左侍郎（同上）

十二月、韓邦奇門人張文龍集其師制作，編次爲二十二卷成，並附識於卷末。（苑洛集卷二二）

三十一年壬子（一五五二）

耿定向舉於鄉。（澹園集卷三三）

胡直館虔，舊習大作，幾自墮。（明儒學案卷二二）

蔡汝楠撰湖廣鄉試錄前叙後叙。（自知堂集卷八）

來知德舉鄉試，以終養不上公車。（明儒學案卷五三，明史卷二八三。）

何遷以南考功部郎序滿，順道返里，有書報恩寺藏羅漢浮海圖後。（吉陽先生文錄卷二）

薛應旂撰寧波正學祠記、重刻朱子晚年定論、郭溪窗稿序。（方山先生文錄卷八、卷九。）

徐樾簡任雲南布政使。値南滇那夷簒位，奉命聲討。樾奮不顧身，直入沅江，仗義撫勦，不意那賊詐降，縱兵象衝突，遂遇害死之。（聖學宗傳卷一六）

春、萬表以海寇構亂，作海寇議。（王龍溪先生全集卷二〇）

周怡赴會宛陵。又自宛陵至西江直入關。又至吉安泰和訪劉魁，適劉氏病卒，即爲文祭奠之。又往拜羅欽順墓。至安福訪鄒守益，並爲其夫人作墓表。又往吉水會羅洪先。尋，

許世卿伯勳生。（姜亮夫綜表）

張岳維喬卒，年六十一。（世經堂集卷一七、徐階撰墓誌銘，明史卷二〇〇。按國榷卷六〇作嘉靖三十二年正月卒，存參。）

徐樾子直卒。（聖學宗傳卷一六，明儒學案卷三二。）

劉魁煥吾卒，年六十五。（見姜亮夫綜表引明史卷二〇九。按明史劉魁本

邀劉邦采、劉陽入衡山，聚講於南嶽之南臺，作寺碑記。
（周恭節公年譜）

秋、蔡汝楠有著發解答閣弋陽石屋。（自知堂集卷一五）

冬、胡直與歐陽紹慶赴會試。（明儒學案卷二二）

正月、王宗沐撰乾乾亭記、廣西序齒錄序、劉參軍集序。（敬所王先生文集卷七、卷二、卷三。）

二月、禮部尙書徐階請裕王、景王冠婚，令上儀注；階等先裕王，上命俱三月。（國榷卷六〇）

萬表著道德經贅言成，豐道生爲之序。（玩鹿亭稿卷八）

三月、少保兼太子太保、禮部尙書徐階兼東閣大學士，直閣，仍部事。（國榷卷六〇，明通鑑卷六〇。）

起前禮部侍郎歐陽德爲禮部尙書。德守制，令服闋赴任。仍令階掌禮部事。（明通鑑卷六〇，世經堂集卷一九，國榷卷六〇。）

七月、禮部尙書、東閣大學士徐階請二王講學；詔擇吉行。
（國榷卷六〇）

八月、薛應旂以巡按浙江、監察御史、提學副使，主考鄉試，有浙江鄉試錄序。（方山先生文錄卷九）

徐階撰瑞穀賦，有序。（世經堂集卷二五）

九月、兵部左侍郎聶豹協理京營戎政。（國榷卷六〇）

傳，並未載劉氏生卒年壽，則姜氏所著錄，當另有所本，今暫從之，以俟再考。）

十月、禮部尚書歐陽德入朝；大學士徐階解部事。（同上）

三十二年癸丑（一五五三）

王畿會於郡城，有水西精舍會語。（王龍溪先生略歷）

胡直又下第，謁選，得教句容，著博約說。（耿天臺先生文集卷一二，明儒學案卷二二。）

羅汝芳北上過臨清，忽遘重病。一日倚榻而坐，恍若一翁來言曰：「君身病稍康矣，心病則復何如？」汝芳默不應。翁曰：「君自有生以來，遇觸而氣每不動，當勌而目輒不瞑，擾攘而氣自不分，夢寐而境悉不忘。此皆君心痼疾，乃仍昔也。可不亟圖瘳耶？」汝芳愕然曰：「是則予之心得，曷言病？」翁曰：「人之身心，體出天常，隨物感通，原無定執。君以宿生操持，強力太甚，一念耿耿，遂成結習。日中固無紛擾，夢裏亦自昭然。君今謾喜無病，不悟天體漸失。豈惟心病，而身亦不能久延矣。」汝芳驚起，叩謝伏地，汗下如雨。從是執念漸消，血脈循軌。隨入京赴廷試，入爲部郎，出知寧國府。（注六一）

顧應祥致仕。（明儒學案卷一四）

春、薛應旂撰重修三學射圃記（按三學爲杭州、仁和、錢塘）。（方山先生文錄卷七）

孟秋、蔡汝楠撰四書名儒雅意錄序。（自知堂集卷一〇）

秋、羅洪先遊玉笥，登九仙臺。反復定性書，於自私二字，
頗有省發。謂吾輩用功未切實，與作用不應良知者，皆此
物作祟耳。是年、移居陽田。（羅念菴先生年譜）

正月、協理京營戎政、兵部左侍郎聶豹爲兵部尚書，力辭不
允。（華陽館文集卷一〇，明通鑑卷六〇，國榷卷六〇。）

命吏部左侍郎程文德知貢舉。（國榷卷六〇）

二月、少保、大學士徐階等主禮闈。（同上）

三月、吏部左侍郎、兼翰林學士程文德署詹事府事。（同上）

王宗沐刻朱子大全私鈔成，復爲文論次朱陸異同。是年、復
刻象山粹言六卷，有序。（敬所王先生文集卷一）

五月、署詹事府、吏部左侍郎、兼翰林學士程文德教習庶吉
士。（同上）

六月、程文德有壽南渠相公五秩序。（松谿文集卷六）

九月、兵部尚書聶豹進太子少保，廕錦衣千戶。（華陽館文
集卷一〇，國榷卷六〇。世經堂集卷一八、徐階撰墓誌銘
作壬子，存參。）

十月、吏部左侍郎程文德請賑荒河東、山東、徐邳、淮揚，
課有司册記，報可。（國榷卷六〇）

薛應旂爲二忠祠記。（方山先生文錄卷八）

蔡汝楠撰入蜀短吟小敍。（自知堂集卷九）

三十三年甲寅（一五五四）	顧憲成五歲，端靜如成人。（顧端文公年譜） 薛甲著易象大旨成，何遷爲之序。（吉陽先生文錄卷二） 潘士藻年十八，補邑諸生。（鄒子願學集卷六） 鄒守益爲重刻臨川吳文正公年譜序。（東廓鄒先生文集卷一） 王宗沐參議粵東。（鄧定宇先生文集卷四） 羅洪先復爲夏游記。（明儒學案卷一八） 程文德供事西苑，撰青詞頗寓規諷，帝疑文欲遠己命，調南京工部右侍郎。（明史卷二八三） 王畿以春赴江右之約，及秋入武夷，歷鵝湖，返棹廣信，蒞聞講書院之會，有聞講書院會語。（王龍溪先生略歷） 趙貞吉期會天池，羅洪先偕友人赴之，至九江，貞吉已行，遂展濂溪墓，爲書三碑。王畿適候洪先會海天，遂同舟西歸。（見羅念庵先生年譜） 呂坤避地省城，與諸大夫共遊湖山，自足爲適。（自知堂集卷一四） 春、萬表復詔起爲南京都督僉書。（王龍溪先生全集卷二〇，濬園集卷二八。） 秋、周怡往新安赴休寧斗山會，有書奉龍谿。（周恭節公年譜） 仲多、鄒守益爲平川郭郡侯壽言。（東廓鄒先生文集卷三）	顧允成季時生。（顧端文公年譜，高子遺書卷一一中，明儒學案卷六〇。） 黃綰叔賢卒，年七十五。（見注九） 歐陽德崇一卒，年五十九。（世經堂集卷一九、徐階撰神道碑，雙江聶先生文集卷六、聶豹撰墓誌銘，明儒學案卷一七。）

二月、胡直聞歐陽德訃，爲位哭之。（明儒學案卷二二）

四月、聶豹加太子少傅，仍廕入監讀書。（華陽館文集卷一一，國榷卷六一）

蔡汝楠期會趙貞吉於四祖山中，適王畿管南屏沈古林自黃梅來會，蔡氏久候貞吉不至，乃賦詩而去。及貞吉至，則與諸人同宿，亦各次韻賦詩爲別，貞吉有四祖山絕句。（見趙文肅公文集卷六）

五月、薛應旂著禦寇論。（方山先生文錄卷一九）

八月、壽節恩，進徐階太子太傅，武英殿大學士。（國榷卷六一）

湛若水有奠歐陽南野文。（湛甘泉先生文集卷三）

十月、廣東撫按請存問前南京吏部尚書湛若水九十，報寢。（國榷卷六一）

兵部尚書聶豹加太子太保。（華陽館文集卷一一；國榷卷六一作十一月。）

十二月、兵部尚書聶豹，請申飭督撫，繕城治械，守要害，練士著，明賞罰，及有司去留，甚者軍法從事；上是之。（國榷卷六一）

三十四年乙卯（一五五五

顧憲成六歲始就塾。（顧端文公年譜）

湛若水撰湛子知言自序（時年九十）。（湛甘泉先生文集卷一七）

馮應京可大生。（仰節堂集卷五墓誌

五）

胡直聘校河南鄉試。（耿天臺先生文集卷一二）
鄒守益撰正學書院記。（東廓鄒先生文集卷四）
蔡汝楠撰浙江鄉試錄序、德清築城碑。（自知堂集卷九、卷一一。）
羅洪先爲龍場陽明祠記。（羅念菴先生年譜）
聶豹以疏上忤旨降二級，久之，乃以年老多疾乞罷前職；尋，奉旨得致其事。（注六二）
張元忭歸娶於越，邀朱賡等同學於侍御俞所，俞氏以師友待之。（張陽和不二齋文選卷首）
鄧元錫舉鄉試，志在養母，不赴會試，復從鄒守益、劉邦采、劉陽諸儒論學，得其要旨，居家著述，成五經繹函史。（明儒學案卷二四，明史卷二八三。）
春，鄒守益與同志會於復古書院，極論好學辨志之旨。（耿天臺先生文集卷一四）
羅洪先將西遊白河舊廬，留滯楚之旅舍。時王畿至自浙，遂共避暑山中。人跡罕到，初習靜坐，晝夜不休。塊坐一榻，更不展卷。如是者三越月，恍然大覺，貽書友人蔣信。洪先自丁酉後凡數悟，然不能無少疑，至是洞然徹矣。（羅念菴先生年譜）
秋，萬表病勢轉劇，上疏歷陳得病之由，懇疏乞歸。未幾，復推浙直海防總兵官，言者以久病不堪任事，始歸山中。

銘，明史卷二三七。）
馬理伯循卒，年八十二。（馮少墟集卷二二關學編卷四，明儒學案卷九。國権卷六一作卒年八十三，存參。）
韓邦奇汝節卒，年七十七。（馮少墟集卷二二關學編卷四，明儒學案卷九。）

（王龍溪先生全集卷二〇；又國榷卷六一謂萬表以疾去官，係在八月，存參。）

二月、署詹事、吏部左侍郎程文德改工部；文德疏解，乃以欺訕削籍。（國榷卷六一）

七月、楊應詔謁晦庵先生祠於滄洲；明年、復偕唐順之、朱子重重謁之。是冬、有游紫陽洞記。（天游山人集卷一六、卷一五。）

九月、羅洪先始歸。會淩（海樓）於玄潭，有別淩海樓語。（羅念菴先生年譜）

三十五年丙辰（一五五六）

顧憲成七歲，始受大學中庸。（顧端文公年譜）

顏鯨成進士，授行人。（鄒子願學集卷六，明儒學案卷五八，明史卷二〇八。）

羅洪先續秀川族譜、傳表成。又有雙江公七十序。（羅念菴先生年譜）

耿定向成進士，除行人，擢監察御史。（澹園集卷三三，明儒學案卷三五，明史卷二二一。）

王宗沐復以副使視江右學政，作諭志檄，葺陽明祠，創正學、懷玉書院，修白鹿洞。（鄧定宇先生文集卷四）

李材復上春官，聶豹門人浙士張君秩以計偕來謁。（李見羅先生行略）

馮從吾仲好生。（姜亮夫綜表）

萬表民望卒，年五十九。（王龍溪先生全集卷二〇、王畿撰鹿園萬公行狀，澹園集卷二八，明儒學案卷一五。）

	胡直成進士，授比部主事，始得盡交海內諸學士，與耿定向、羅汝芳等輩，昕夕劘切，商訂所學。（耿天臺先生文集卷一二，明儒學案卷二二。） 春、楊應詔下第，欲詣闕下，獻所著中興十策，為人勸止，不果（時年幾已六十）。（天游山人集卷一九） 冬、周怡撰歙縣新城記。（周訥谿全集文錄卷四，周恭節公年譜。） 七月、程文德撰浦江縣令許定齋去思記。（松谿文集卷五） 十一月、湛若水作紀夢詩。（湛甘泉先生文集卷二七） 聶豹為郭應奎作仁壽堂記。（雙江聶先生文集卷五）
三十六年丁巳（一五五七）	孟化鯉年十三，究易及子史諸書。（孟雲浦先生集卷末尾） 顧憲成八歲，從俞氏受論語。是歲、隨父遷居石村。（顧端文公年譜） 蔡汝楠有贈督府梅林胡公平夷祝頌序。（自知堂集卷九） 王宗沐再移官江右，以其師文集刻成，為撰南野先生文集序（時歐陽氏已卒），又為江西貢士錄序。（敬所王先生文集卷一、卷四。） 王畿主涇縣水西會，周怡與焉。（見周恭節公年譜） 耿定向奉命宣詔於楚，便道還里，始與弟定理論學。（澹園

集卷三三）

是歲、李材始有知體之疑。（李見羅先生行略）

秋、羅洪先重至青原。（羅念菴先生年譜）

孟冬、蔡汝楠爲唐樞酬物難撰序。（木鐘臺集初集利卷）

五月、王畿自齊雲趨會星源，館普濟山房，聚處凡數十人，有書婺源同志會約。又赴新安福田之會，有書進修會籍。又赴寧國水西會，先後至者百餘人，十三日而解，有水西同志會語。是月、王畿壽六十，與會同人屬周怡爲文致祝。是月、王畿由宛陵道建，訪楊應詔於華陽山中，並詢以山中藏修所得；及別去，應詔復列其相談語以爲贈，有與王龍溪別言。（天游山人集卷一四、卷一九，王龍溪先生略歷，周恭節公年譜，周訥谿全集文錄卷三，並參。）

三十七年戊午（一五五八）

顧憲成九歲，受孟子及虞書。（顧端文公年譜）

張元忭舉鄉試。（張陽和先生不二齋文選卷首，明儒學案卷一五。）

王棟除江西建昌南城縣訓導，兩奉柱史，聘主白鹿洞南昌府正學書院。（王一菴先生遺集卷首附錄年譜紀略，聖學宗傳卷一八，明儒學案卷三二。）

許孚遠薦於鄉，退而學於唐樞之門。（註六三）

郝敬仲輿生。（疑年錄彙編卷七）

曹于汴自梁生。（明史卷二五四，又見馮先恕疑年錄釋疑，仰節堂集卷首附王鴻緒撰傳。）

鄒守益撰武夷第一曲精舍記。(東廓鄒先生文集卷四)
耿定向偕弟定理入都，始獲從羅汝芳及胡直游。(澹園集卷三三，耿天臺先生文集卷一一。)
宰臣嚴嵩起唐順之爲兵部主事，次及羅洪先，洪先以畢志林壑報之。(明儒學案卷一八)
郭郛始舉鄉試(時年四十一)。(馮少墟集卷二三關學編卷四)
鄒德涵受學於耿定向，以廷試假歸。(耿天臺先生文集卷一二)
王之士舉於鄉，旣而屏棄帖括，潛心理學，作養心圖、定氣說，書之座右，閉關不出者九年。(明儒學案卷九)
正月、唐順之邀會齊雲巖，時兵事起，欲與羅洪先共訂出山。洪先曰：天下事爲之非甲則乙，某欲爲未能者得兄任之，卽比自效可也，奚必我出。順之乃寢。(羅念菴先生年譜)
三月、蔡汝楠與王畿同過訪天池法會，並相與次韻爲偈(蔡偈云：但問黃梅五百衆，不知若個是知音。王偈云：何幸鍾期共禪席，高山流水有知音。)有天池法會偈引。(自知堂集卷一五)
四月、王宗沐赴講復古書院，時鄒守益爲主講，宗沐有復古書院講義。(敬所王先生文集卷二〇)
七月、兵部、署職方郎中唐順之，覈兵薊鎭。(國榷卷六二)

九月、唐順之自薊州還，條上薊鎮兵食九事，其爲補兵言者凡六，爲築牆工食及邊糧言者凡三。（明通鑑卷六一；國榷卷六二略同。）

鄧元錫作平陵東賦。（潛學稿卷一三）

十月、命兵部職方郎中唐順之視師浙江，與胡宗憲協謀勦倭。（明通鑑卷六一；國榷卷六二略同。）

三十八年己未（一五五九）

鄒德涵會試不第，卒業於太學。（耿天臺先生文集卷一二）

顧憲成年十歲，受夏書商書周書。（顧端文公年譜）

耿定向授雲南道御史。（澹園集卷三三）

湛若水以伏生言語支離之年，因自號默翁，有默堂記（時年九十四）。（湛甘泉先生文集卷一八）

鄒元標九歲，通五經。（明史卷二四三）

王之士試春官不第，自是累試不第。（馮少墟集卷二二關學編卷四）

章潢年三十三始學易。（理學宗傳卷二三）

胡直出爲楚臬僉事，領湖北道，因過里以博約說質於羅洪先。（耿天臺先生文集卷一二）

羅洪先復徙居松原，題其堂曰體仁堂。尋，著覈丁記。入多，以病謝客，屏居止止所中，不復窺戶。又製爲半榻，

蔣信卿實卒，年七十七。（明儒學案卷二八。明史卷二八三作卒年七十九，存參。）

程文德舜敷卒，年六十三。（明儒學案卷一四）

越冬春默坐榻間。（羅念庵先生年譜）

蔣信臨卒屬纊時，作詩曰：「吾儒傳性卽傳神，豈向風塵滯此身，分付萬桃岡上月，要須今夜一齊明。」（明儒學案卷二八）

春、周怡往杭州從王畿赴天眞會。（周恭節公年譜）

季冬、蔡汝楠將赴江西，盡出其平生著述若干卷，乞序於朱衡，朱氏爲撰自知堂集敍。（見自知堂集卷首）

冬、耿定向與諸廷撰、南明晤語於京邸。（耿天臺先生文集卷八）

三月、南京光祿寺卿趙貞吉爲南京工部右侍郎。（國榷卷六二）

兵部、署郎中唐順之爲太僕寺少卿。（同上）

四月、周怡撰懷玉山記。（周訥谿全集文錄卷四）

八月、鄧元錫作招來辭（此蓋傷秋露之既零，哀逝者之不作，爰陟東皐，登先友觀泉朱君之墓，感而賦之）。（潛學稿卷一三）

九月、以閱視浙直軍情，右通政使唐順之爲僉都御史，巡撫鳳陽。時李遂遷南京兵部侍郎，以順之代之。（明通鑑卷六二，國榷卷六二並參。）

三十九年庚

王宗沐擢按察使。（鄧定宇先生文集卷四）

葉茂才參之生。（明

申（一五六〇）

羅汝芳出審大同宣府獄；比返，過魯問道於泰山丈人，學益精進。（羅近溪先生全集卷一〇，明儒學案卷三四。）

蔡汝楠輯東遊詩若干篇成，並撰東遊篇序。（自知堂集卷一〇）

羅洪先有答雙江公書，駁其專主寂靜。又著異端論三篇，斥釋氏精髓之弊。（羅念菴先生年譜）

顧憲成年十一，隨父復還涇里。讀韓文至諱辨，以親名當諱。自此讀書遇父諱者，輒婉轉避過；不得避者，鬱鬱不樂。（顧端文公年譜）

二月、揚州兵亂，走儀眞掠舟，將入海，右僉都御史唐順之討定之。（國榷卷六三）

洪若水致書新安約洪垣等，復遊武夷。（湛甘泉先生文集卷三二）

三月、周怡與從兄往西江，赴懷玉會，遂遊懷玉山。途次廣信，訪桂榮，桂氏出示石梁卷，乞書其後。（周恭節公年譜）

湛若水偕諸生開講龍潭書院，提掇性道之蘊，堯舜禹湯文武相傳之緒。自下學立志，以至篤恭不顯，無聲無臭之妙，詳加發揮（是歲、四月卒）。（湛甘泉先生文集卷三二）

四月、雲南道監察御史耿定向，劾吏部尚書吳鵬納賄，凡六事，首及其婿翰林學士董份，各疏辨，不允。（國榷卷六三）

儒學案卷六〇）

唐順之應德卒，年五十四。（明史卷二〇五，明儒學案卷二六。）

湛若水元明卒，年九十五。（湛甘泉先生文集卷三二、羅洪先撰墓表、洪垣撰墓誌銘，明儒學案卷三七。）

五月、江西左布政使張元沖爲右副都御史，巡撫江西。（同上）

復閒住南京國子監祭酒鄒守益原官，致仕。（明通鑑卷六二）

蔡汝楠領使西藩，重歷昔日宦遊之地，漫吟成章，得詩若干首，題曰西遊篇，有西遊篇題詞。（自知堂集卷一〇）

四十年辛酉（一五六一）

李材爲性覺之論。（李見羅先生行略）

楊起元年十五，補諸生。（鄒子願學集卷六）

羅汝芳歸省，學者大集。（羅近溪先生全集卷一〇）

顏鯨授山西道監察御史。（鄒子願學集卷六）

孟化鯉年十七，補諸生，慨然以古道自任。（孟雲浦先生集卷末尾）

鄧元錫撰黃氏祠記，又爲反延春辭（蓋以識庚申暮春讌集之盛，繼而物故星散之悲，明哀樂相生，如環無端之情也）。（潛學稿卷四、卷一三。）

趙貞吉以休致還山，道經周南。時友人蔡汝楠領鎮撫節，鉞駐於此。相見甚歡，蔡氏出示任少海近日遊函崤間，所著四圖並贊詩，貞吉讀而歎賞。蔡氏因請爲著書，倣任氏圖例。及返，乃爲述七圖錄寄之，有周南留著圖錄序。（趙文肅公文集卷二三）

春、趙貞吉應大足縣令屬爲撰大足縣儒學尊經閣記。（同上

黃宏綱正之卒，年七十。（明儒學案卷一九）

	卷一七） 秋、耿定向被命巡按西夏，偕仲弟晤於漢江之滸。時胡直之學，以無念爲宗，舉以相質，語見漢滸訂宗。（注六四） 四月、總督漕運、右副都御史何遷爲南京刑部右侍郎。（國榷卷六三） 五月、呂懷七十壽慶，周怡爲文致祝，有壽巾石呂先生七十敍。（周恭節公年譜，周訥谿全集文錄卷三。） 八月、趙貞吉補戶部右侍郎，以不得與查理遼薊錢穀之推，爲言官論罷。因過訪大司馬許氏號州西峪之歲寒堂，有歲寒堂記。（注六五） 十月、王宗沐撰山西武舉鄉試錄序。（敬所王先生文集卷一一） 十二月、王廷相喪禮備纂始刻，張鹵撰序（按是時王氏已卒十七年矣）。（見喪禮備纂卷首、凌川全集）	
四十一年壬戌（一五六二）	顏鯨上漕政便宜六事。（明史卷二〇八） 馮應京八歲，丁父憂偕仃還里。（仰節堂集卷五） 羅汝芳出守寧國，建志學書院及水西書院。（羅近溪先生全集卷一〇） 章潢輯圖書編，凡百二十七卷。（理學宗傳卷二三） 徐用檢成進士，除比部主事。（明儒學案卷一四）	高攀龍存之生。（高子遺書附年譜，明儒學案卷五八。） 陶望齡周望生。（注一八） 陳九川惟濬卒，年

王襞飭其弟及薰燧編次心齋先生年譜成，謀刊於金陵，未果。（見重鐫心齋王先生全集卷二年譜後）

胡直在楚，羅洪先移書言其對博約之說，洞然無疑。（明儒學案卷二二）

李材成進士，授刑部主事。自是年以後，乃漸悟於知本之說。（李見羅先生行略）

耿定向按關西還，過華山，友人董氏以古刻石經相贈，有留經記。（耿天臺先生文集卷一一）

許孚遠成進士，授南工部主事，轉吏部。是歲、釋褐，與四方知名學者游，始以反身尋究爲功。（明儒學案卷四一）

王宗沐復官廣西，應諸生邀，復講於貢院。因敍諸生齒錄條約數事於籍，名曰道南會錄，有序。（敬所王先生文錄卷五）

查鐸試春官不第始南還，與新安許氏、太邑焦氏、同邑蕭氏聚集臺山講學，互相淬勵。（毅齋查先生闡道集卷末尾）

秋、鄒守益爲復古書院志序。（東廓鄒先生文集卷一）

仲冬、王畿自洪都趨撫州，蒞擬硯臺之會，有撫州擬硯臺會語。赴松原新廬會羅洪先，有松原晤語。（王龍溪先生略歷，並見羅念菴先生年譜。）

二月、鄧元錫作長安行。（潛學稿卷一三）

四月，蔡汝楠爲兵部右侍郎，協理戎政。（國榷卷六三）

六十九。（明儒學案卷一九）

鄒守益謙之卒，年七十二。（見注一一）

七月、耿定向晉大理右寺丞、右都御史。（澹園集卷三三）

九月、王宗沐撰會靈精舍記。（敬所王先生文集卷七）

鄒守益寢疾，召家人訓飭之，諸子扶坐正衣冠而卒。周怡聞訃，遂約諸門下，至嶽廟爲位哭奠。（理學宗傳卷二一及周恭節公年譜並參）

十一月、耿定向晉大理左寺丞。（澹園集卷三三）

王畿自浙至江西，問疾於鄒守益，守益拱手而別，翌日乃卒。（華陽館文集卷一一；按此與理學宗傳卷二一及周恭節公年譜俱異，今分繫於九月及十一月，以俟考。）

四十二年癸亥（一五六三）

羅洪先祠墓志始成。（羅念菴先生年譜）

顏鯨出按河南。（明史卷二〇八）

王棟以丁母憂歸，居喪哭泣甚哀。（王一庵先生遺集卷首附年譜紀略，聖學宗傳卷一八。）

焦竑年二十三，聞師友之訓，稍有志於學，而苦其難入。（澹園集卷一四）

馮應京九歲，始就小學，路拾遺金，持以告母，曰：「當詢其主還諸！」（仰節堂集卷五）

李材得諭旨歸，過錢塘，王畿、錢德洪、唐樞、管志道畢至，因僑寓天眞書院，講論累日，並相推服。（李見羅先

季本明德卒，年七十九。（明儒學案卷一三）

聶豹文蔚卒，年七十七。（華陽館文集卷一一、宋儀望撰雙江聶公行狀，明儒學案卷一七。）

張元沖叔謙卒，年六十二。（劉子全

生行略）

春、周怡為奉祝郡侯近溪羅公壽序。（周訥谿全集文錄卷三）

夏、董燧解組西歸，復携所編次心齋先生年譜初稿，過聶靜共參訂之。（見重鐫心齋王先生全集卷二年譜後）

耿定向撰出世經世說。（耿天臺先生文集卷七）

冬、耿定向校士吳門，寓崑山公署，與諸生研習中庸，有吳門晤語，又著明哲保身說。（耿天臺先生文集卷七、卷八。）

三月、王宗沐東歸，度衡入山，居會靈精舍。衡簿尉率諸生父老來請，為撰贈言以送衡令孫侯，有紀思贈衡令孫侯一文。（敬所王先生文集卷五）

四月、錢德洪修王陽明年譜成。羅洪先為考訂，既竣，序之。（見王文成公全書附年譜及羅念庵先生年譜）

五月、羅洪先以觸寒失治，遂病痰，六月瘉。（羅念菴先生年譜）

八月、提學御史耿定向、知縣羅汝芳規地建祠於宣城祀王守仁。時周怡亦於宣城建志學書院祀王守仁。（見王文成公全書附年譜及周恭節公年譜）

九月、羅洪先復病痰，右臂痛，遂廢執筆。（羅念菴先生年譜）

書卷二二、劉宗周撰墓誌銘，明儒學案卷一四。）

四十三年甲

顏鯨授北畿督學。（鄒子願學集卷六）

孫慎行聞斯生。（

子（一五六四）

祝世祿年二十五，始補子弟員。（澹園集卷一五）

王宗沐解官歸西湖，茅坤來會，出示其所刻白華樓集若干卷請序，有白華樓集序。（敬所王先生文集卷五）

焦竑應鄉試下第還，耿定向遴選十四郡名士，讀書崇正書院，以竑爲之長。及定向里居，復往從之。（明史卷二八八）

顧憲成年十五，以家貧不能延師，就讀隣塾。每晚歸，必篝燈夜讀，往往達旦。題其壁曰：「讀得孔書纔是樂，縱居顏巷不爲貧。」父見之，笑曰：「爾欲爲孔顏耶？」（顧端文公年譜）

春、李材請告南歸，訪王畿於金波園中，相與爲湖上之會，往復證悟。臨別，出卷授畿索書緒言，有書見羅卷兼贈思默。（見王龍溪先生全集卷一六）

王畿赴宛陵會，時羅汝芳爲宣州守，大集六邑之士千餘人，有宛陵會語。赴水西會，道出陽羡，時耿定理校文宜興，出訪，有東遊會語。（王龍溪先生略歷）

耿定向護送兩親還里，由龍江泝舟行至安慶，中遭風險，心怔不寧，乃悟孟子不動心之旨，有不動心解。（耿天臺先生文集卷七）

秋、祝世祿舉於鄉。（澹園集卷一五）

注一九）

羅洪先達夫卒，年六十一。（羅念菴先生年譜，世經堂集卷一八、徐階撰墓誌銘，理學宗傳卷一〇，明儒學案卷一八。）

周怡同姪子德往杭州赴天眞會。（周恭節公年譜）
八月、以萬壽節，進徐階兼建極殿大學士。（國榷卷六四）

四十年乙丑（一五六五）

錢德洪年七十，作頤閑疏，馳告四方，自是不復遠游。（聖學宗傳卷一四，明儒學案卷一一。）
顏鯨以言事謫楚安仁尉。（鄒子願學集卷六）
查鐸成進士，授湖廣德安府推官。（注六六）
李材聞父疾馳赴南都。（李見羅先生行略）
焦竑始自率鄉人談孔孟之學。（澹園集卷一八）
郭郛謁河南獲嘉學諭。（馮少墟集卷二二關學編卷四）
王襞會講金陵（時年五十五）。（王東厓先生遺集卷首附錄年譜紀略）
楊時喬成進士，除工部主事，榷稅杭州。（明史卷二二四）
羅汝芳入覲，徐階詢以時務，對曰：「人才爲急務，欲成人才，其必由講學乎？」於是遂合同志，大會於靈濟宮。（羅近溪先生全集卷一〇）
孟化鯉入洛，初謁尤時熙，錄尤氏語，題曰尊聞錄；又手錄其擬學編，藏之私篋中。是歲、化鯉自洛歸，始爲邑人創立興學會。（孟雲浦先生集卷一、卷四，山居功課卷四，並參。）

蔡汝楠子木卒，年五十。（國榷卷六四）
顧應祥惟賢卒，年八十三。（姜亮夫綜表）

	顧憲成年十六，始習舉子業，塾師教作破題，援筆立就。（顧端文公年譜） 春、王畿之留都，大會於新泉之爲仁堂，有留都會記。耿定理送至新安江舟中，有新安福田山房下邑會籍。（王龍溪先生略歷） 夏、王畿赴弔羅洪先，復之安城永豐，展拜聶豹、鄒守益諸人墓，歸途與李材諸人會洪都，有洪都同心會約。舟過彭蠡入白鹿，有白鹿洞續講義。（同上） 王宗沐避暑於天臺山之萬年寺。（敬所王先生文集卷六） 秋、周怡往廣德，應督學耿定向之邀，主復初書院會；既又講學建平。（周恭節公年譜） 三月、以兩房中書闕，徐階請就下第貢士選文學能書者題授。（國榷卷六四） 四月、大學士徐階一品十五年考滿，授上柱國，廕尙寶司丞。（同上）	
四十五年丙寅（一五六六）	鄧元錫撰北田學舍記。（潛學稿卷四） 錢德洪刻陽明文錄續編並家乘三卷。（見王文成公全書附年譜） 羅汝芳建前峯書屋於從姑山，四方來學者益衆。（羅近溪先生全集卷一〇）	黃佐才伯卒，年七十七。（泰泉集卷首附錄黎民表撰黃公行狀，疑年錄彙

夏尚樸文集刻成，呂懷序之。（夏東巖先生文集卷首）

王棟服闋，赴銓部候選，授山東泰安州訓導；未幾，遷江西南昌教諭。（王一菴先生遺集卷首附年譜紀略）

耿定向駐泗校士，著立本說，又爲知天說一，又寓書招鄒德涵。（耿天臺先生文集卷七、卷一二。）

李材奉父歸；尋，以父卒於里，慟絕者屢，期年蔬食飲水，未嘗離苫茨，纍然雞骨，見者無不慘容。（李見羅先生行略）

胡直簡晉本省督學副使，輯正學心法，以倡多士，要旨歸於求仁；旋以疏病乞歸。（耿天臺先生文集卷一二）

冬、呂坤有寧陵縣志跋。（去僞齋集卷三）

編卷七。）

穆宗隆慶元

正月、徐階請帑金二萬，助城張灣，從之。是月、又請考補四夷館譯字生，從之。（國榷卷六四）

二月、周怡爲廣德復初書院記（年譜謂：書院重修於丙辰，至是十年未有記。客歲，因先生主會，故請記之）。（周恭節公年譜。周訥谿全集文錄卷四作正月。）

八月、唐樞聚友於金波園，有金波園聚友咨言。（木鐘臺集再集元卷。按與會同人有王龍溪、管南屛、胡石川、王敬所等。）

楊起元舉鄉試第一。（鄒子願學集卷六）

年丁卯（一五六七）

魏良弼晉太常少卿致仕。（明儒學案卷一九）

顧憲成年十八，與弟允成從師張少弦受業；允成奇慧好弄，不善舉子業，遂更他師。（顧端文公年譜及高子遺書卷一一中並參）

王宗沐丁父憂，執禮悲慕如少孺。（鄧定宇先生文集卷四）

顏鯨歷湖廣提學副使，降山東參議，改行太僕少卿。（明史卷二〇八）

仲春、程文德松谿文集梓刻，王崇爲序。（松谿文集卷首）

冬、楊時喬上時政要務，言幾之當愼者三，弊之最重者九，勢之偏重者三；疏入，帝褒納之，中外傳誦焉。擢禮部員外郎，遷南京尚寶丞。（明史卷二二四）

正月、起戶部右侍郎趙貞吉，復周怡吏科給事中。（注六七）

二月、周怡爲南京太常寺少卿。（注六八）

起趙貞吉吏部左侍郎、兼翰林學士，署詹事府。（國榷卷六五）

程文德松谿文集刻成，馮熊撰後序。（松谿文集卷末尾）

三月、大學士徐階等請開經筵，許之。（國榷卷六五）

四月、重錄永樂大典成，進徐階俸正一品。（同上）

五月、王畿七十初度，王宗沐爲序壽之。（敬所王先生文集卷六）

七月、周怡以疏奏觸中貴，忤旨外調，任山東按察司分巡海

	右道僉事，駐劄萊州府。（注六九） 鄧元錫撰祭東廓先生文。（潛學稿卷一二） 十月、詹事府、吏部左侍郎兼學士趙貞吉為南京禮部尚書。（國榷卷六五）	汪俊折之卒。（見姜亮夫綜表引明史卷一九一。按明史汪俊本傳，並未載有生卒年壽，姜氏所著錄，當另有所本，今暫從之，以俟再考。
二年戊辰（一五六八）	焦竑撰崇德錄序。（澹園續集卷二） 張元忭以父逮於滇，隨侍之。（張陽和先生不二齋文選卷首，明儒學案卷一五。） 王畿抵姑蘇，赴蔡春臺之請，有竹堂會語。（王龍溪先生略歷） 顧憲成自是歲與弟允成同肄業。（顧端文公年譜） 羅汝芳聞顏鈞以剛直取罪，監禁留都，乃貸金二百，與二子及門人，買舟往救之；鈞賴以得戍邵武。（羅近溪先生全集卷一〇） 王棟創水東大會，建義倉，著會學十規，大發誠意之旨，刻遺集會語行於世。（王一菴先生遺集卷首附年譜紀略） 馮應京年十四，讀宋儒程子遺書，忻然有會，志聖道自此始。（仰節堂集卷五） 季冬、唐樞應門人問答，著政問錄，門人丁應詔序之。（木鐘臺集雜集元卷） 二月、大學士徐階再滿九載，命支伯爵俸，廕錦衣正千戶，	

宴禮部；階辭俸、宴。（國榷卷六五）

召南京禮部尚書趙貞吉直講；添註詹事府，調吏部右侍郎林爌南京。貞吉年踰耆，氣甚壯，吐議侃侃，上心屬焉。（同上）

六月、周怡陞南京國子監司業。（周恭節公年譜）

七月、徐階疏辨乞休，不許。是月，階復辭，致仕。（國榷卷六五）

三年己巳（一五六九）

孟秋膺恩選督學。（理學宗傳卷二四）

孟化鯉始晤孟秋於太學。（孟雲浦先生集卷四、卷八。）

趙貞吉有議邊事疏。（趙文肅公文集卷八）

馮應京年十五，充博士弟子。（仰節堂集卷五）

呂坤有李文定公貽安堂集跋。（去僞齋集卷三）

胡直與友人相期習靜山中，作閉關錄以自警。（耿天臺先生文集卷一二）

劉文敏年八十，猶陟三峯之顚，靜坐百餘日，謂其門人王時槐、陳嘉謨、賀涇曰：「知本體虛，虛乃生生；虛者，天地萬物之原也。吾道以虛爲宗，汝曹念哉！」（明儒學案卷一九）

春、李材服闋至京師，仍補比部。（李見羅先生行略）

周怡順之卒，年六十五。（見注一三）

王嫛以父心齋年譜事來會於永豐，乃相與門人董燧、聶靜謀梓刻之；及秋七月而成，董燧復為撰心齋先生年譜後。（見重鐫心齋王先生全集卷二年譜後）

五月、周怡陞翰林院，提督四譯館、太常寺少卿；是年十月卒。（注七〇）

許孚遠撰德清山館記。（敬和堂集卷二）

閏六月、查鐸為給事中。（國榷卷六六）

七月、宋儀望撰重刻王心齋年譜序，有語曰：「蓋致良知以格物，格物以致其良知，其歸一也。」（重鐫心齋先生全集卷末尾）

八月、禮部尚書、兼翰林學士趙貞吉兼文淵閣大學士，直文淵閣。（國榷卷六六，明通鑑卷六四。）

唐樞著證道編摘略成，門人范應期序之。（木鐘臺集再集貞卷）

十一月、王宗沐撰臨海縣重修儒學記於龍陽山中。（敬所王先生文集卷七）

四年庚午（一五七〇）

孟秋舉順天鄉試。（理學宗傳卷二四）

趙貞吉有乞致仕疏。（趙文肅公文集卷八）

鄒元標從胡直游，即有志為學。（明史卷二四三）

孟化鯉始梓刻其師尤時熙擬學編，並釐為八卷。（孟雲浦先

生集卷四）
潘士藻舉鄉試。（鄒子願學集卷六）
郭郛擢國子助教，遷戶部主事。（馮少墟集卷二二關學編卷四，國榷卷八。）
耿定理謫判廣西橫州；尋，起浙江衢州推官。（澹園集卷三三）
張元忭挾策北上，遇海南黃氏於維揚，聯舟相偕往謁孔林，有東遊記。是歲、游太學。（張陽和先生不二齋文選卷首）
顧憲成補諸生，應應天鄉試。讀太極圖說、識仁篇、西銘，至忘寢食。問學於薛應旂，受考亭淵源錄。（顧端文公年譜，高子遺書卷一一中。）
夏、胡直晤耿定向於赤壁，因與連榻，共證所得，語在耿著知命說中。（耿天臺先生文集卷一二）
季夏、唐樞著春秋讀意成，門人潘季剛序之。（木鐘臺集再集亨卷）
秋、焦竑與鄒德涵同舟北上，明年三月始別去。（澹園集卷二七）
仲秋、王畿有建初山房會籍申約。（王龍溪先生略歷）
正月、進大學士趙貞吉太子太保。（國榷卷六六）
王棟有誠意問答，門人李梴記之。（明儒學案卷三二）
二月、太子太保、禮部尚書、兼文淵閣大學士趙貞吉署都察院。（國榷卷六六，明通鑑卷六五。）
四月、唐樞門人吳思誠錄其平日教人之言，積而成編，又以其承受於師門，題曰積承錄，門人許孚遠序之。（木鐘臺集再集元卷）
十一月、大學士、署都察院趙貞吉致仕。（國榷卷六六，明通鑑卷六五。）

五年辛未（一五七一）

胡直著困學日記。（耿天臺先生文集卷一二；明儒學案作萬曆元年，存參。）
張元忭舉進士第一，授翰林修撰。（張陽和先生不二齋文選卷首，明儒學案卷一五。）
呂坤成進士。是歲、著四禮翼成，有序。（理學宗傳卷二三，明史卷二二六，去僞齋集卷三並參。）
王宗沐拜右副都御史、總督漕運、兼巡撫鳳陽。（明史卷二二三。）
鄒德涵、孟秋、唐鶴徵同舉進士；德涵授刑部主事、秋知昌黎縣、鶴徵選禮部主事。（澹園集卷二七，理學宗傳卷二四，明史卷二八三及卷二〇五，明儒學案卷一六及卷二九卷二六並參。）
唐樞門人吳允恭錄其語，題曰因領錄，門人費攀龍序之。（

劉元珍伯先生。（高子遺書卷一一上，明儒學案卷六〇，明史卷二三一。）

木鐘臺集再集元卷）

王時槐出爲陝西參政，乞致仕，遂去官。自是屏絕外務，反躬密體者三年，乃有見於空寂之體（時年五十）。（明儒學案卷二〇）

春、張元忭始與鄒德涵相識，一見卽相契合。（張陽和先生不二齋文選卷二）

劉文敏宜允卒，年八十三。（明儒學案卷一九，明史卷二八三。）

六年壬申（一五七二）

馮應京年十八，升增廣生，六試省闈不第。（仰節堂集卷五）

唐樞以所著木鐘臺初集、再集、雜集郵寄武林，與門人朱炳如，並命爲序。（木鐘臺集初集卷首）

王棟致仕歸里，授徒爲業，著會語續集行於世，又創族譜以睦族人。（王一菴先生遺集卷首附年譜紀略）

春、唐樞與友人蘇汝礪論學，蘇氏詮次其記語，以質正於樞，久而成帙，題曰未學學，門人金拜爲序。（木鐘臺集雜集亨卷）

仲春、鄧元錫有祭程叔庸文。（潛學稿卷一二）

四月、唐樞病肺，養痾於木鐘堂，不接門下士，門人陸光宅來謁，因以所著周禮因論授之，並命爲跋，有周禮因論跋。（木鐘臺集再集貞卷）

八月、前吏部主事許孚遠降兩淮運司判官。（國榷卷六八）

神宗萬曆元年癸酉（一五七三）

耿定向官符臺，著知天說二。（耿天臺先生文集卷七）
高攀龍年十二，工文章。（高子遺書附年譜）
孟化鯉擧河南鄉試。（孟雲浦先生集卷末尾）
顧允成補郡庠生。（見顧端文公年譜）
呂潛調工部司務。（馮少墟集卷二二關學編卷四）
周怡奏疏并文集二十七卷刋行。（周恭節公年譜）
胡直晉廣東按察使，監鄉試，士多出其門下；尋，入覲過里，以不舍母遠去，遂乞病歸。（耿天臺先生文集卷一一）
王畿赴南滁之會，適學院耿定理會於留都，乃以秋抄發錢塘，有南遊會記。（王龍溪先生略歷）
張緒自繁昌來謁耿定向，耿氏作用中說以贈之。（耿天臺先生文集卷七）
羅汝芳起復入京，見江陵相國，問山中功課，對曰：「讀論語、大學視昔差有味耳。」江陵默然。謁補得東昌，治東昌如寧國。未幾，遷雲南副使。（聖學宗傳卷一八，明儒學案卷三四。）
二月、耿定向晉工部屯田主事。（澹園集卷三二）
八月、趙貞吉作四川修拓貢院記。（趙文肅公文集卷一七）
九月、耿定向晉尙寶丞。（澹園集卷三三）
十月、東昌知府羅汝芳爲雲南按察副使。（國榷卷六八）

十一月、工部辦事、進士鄒德涵請王守仁從祀孔廟，下禮部。（同上）

二年甲戌（一五七四）

許孚遠擢南太僕寺丞。（明儒學案卷四一）

顧憲成撰學庸說。（顧端文公年譜）

唐伯元成進士，知萬年縣，改泰和。（明儒學案卷四二）

呂坤廷對授襄垣令。（理學宗傳卷二三）

劉元卿下第，遂謝公車，從徐用檢、耿定向游，得聞耿氏生生不容已之旨。（明儒學案卷二一）

鄒德涵授刑部浙江司主事。（耿天臺先生文集卷一二）

陳嘉謨起湖廣參政，不赴；以學未明，非息機忘世，無以深造，遂乞致仕。（明儒學案卷二一）

錢德洪卒於湖上之表忠觀。（聖學宗傳卷一四，理學宗傳卷二一）

春、耿定向奉命册封魯府。（澹園集卷三三）

孟夏、唐樞著易修墨守成，門人王思宗序之。（木鐘臺集再集亨卷）

二月、張元忭撰彭山季先生祠堂碑。（張陽和先生不二齋文選卷四）

八月、耿定向晉尚寶少卿。（澹園集卷三三）

何遷益之卒，年七十四。（明儒學案卷三八）

唐樞惟中卒，年七十八。（姜亮夫綜表）

錢德洪洪甫卒，年七十九。（王龍谿先生全集卷二〇、王畿撰緒山錢君行狀，聖學宗傳卷一四，明儒學案卷一一。）

	十二月、巡撫鳳陽、右副都御史王宗沐爲南京刑部右侍郎。(國榷卷六九)	
三年乙亥(一五七五)	呂坤調大同，有贈郭汾源尹尉氏序。(理學宗傳卷二三及去僞齋集卷三並參) 耿定向晉太僕少卿；尋，晉都察院右僉都御史、協理院事。是歲、著知天說三。(澹園集卷三三、耿天臺先生文集卷七。國榷卷六九作三月。) 王宗沐遷南京刑部右侍郎，召改工部；尋，進刑部左侍郎。(明儒學案卷一五，明史卷二二三。) 春、耿定向撰黃州府志序。(耿天臺先生文集卷一一) 秋、王畿赴新安會，有新安斗山書院會語。(王龍溪先生略歷)	鹿善繼伯順生。(鹿忠節公年譜) 魏良弼師說卒，年八十四。(明儒學案卷一九)
四年丙子(一五七六)	王襞復會講於金陵。(王東厓先生遺集卷首附年譜紀略) 羅汝芳署提學事。(羅近溪先生全集卷一〇) 顧憲成舉應天鄉試第一，從事性命之學，日取濂、洛、關、閩諸書，究極其旨。是冬、丁父憂。(高子遺書卷一一中，理學宗傳卷一一。) 楊起元有初信學題、再證學改題詩。(重刻楊復所先生家藏文集卷八) 高攀龍應童子試，師事邑中茹澄泉，及孝廉許靜餘，以學行	劉永澄靜之生。(劉職方公年譜，高子遺書卷一一上，明儒學案卷六〇。) 趙貞吉孟靜卒，年六十九。(明儒學案卷三三)

相砥礪，暇則默探諸儒語錄性理諸書。（高子遺書附年譜）

是歲、王棟應州守蕭（抑堂）聘，主會泰山安定書院，蕭氏構吳陵精舍祀王艮，棟任督理之責。（王一菴先生遺集卷首附年譜紀略）

二月、羅汝芳轉參政，捧賀入京，楊起元從受業焉。（羅近溪先生全集卷一〇）

九月、顧憲成刻百二草。（顧端文公年譜）

五年丁丑（一五七七）

鹿善繼從祖父受章句。（鹿忠節公年譜）

周汝登成進士，擢南京工部主事。（明儒學案卷三六）

許孚遠撰覺覺堂記。（敬和堂集卷一〇）

胡直丁母憂，居喪盡禮。（耿天臺先生文集卷一二）

羅汝芳進表入京，講學於廣慧寺，朝士多從之游。是歲、門人楊起元成進士，入中秘讀書，仍從羅氏學。（鄒子願學集卷六及明儒學案卷三四並參）

王畿赴宣歙之會，道出太平九龍山，有太平杜氏重修家譜序，又圖書先後天跋語。（王龍溪先生略歷）

鄒元標成進士，以抗疏切諫張居正，謫戍貴州都勻衛。元標被釋南歸，其師朱鴻謨（鑑翁）北返歸田，相偕出石城門；雨雪飄蕭，朋從星散，乃沽酒葫蘆中灑別，朱氏解古劍贈之而去。是歲、元標入賀至京師，侍羅汝芳月餘，每

吳鍾巒稺生。（明儒學案卷六一）

耿定理子庸卒，年四十四。（姜亮夫綜表）

夜半相與論學別去。（理學宗傳卷二四，明儒學案卷二三，明史卷二四三及鄒子願學集卷四並參。）

夏、王畿赴水西之會，道出桐川，有桐川會約。（王龍溪先生略歷）

冬、張元忭以鄒元標疏言忤旨，廷杖，挾古書以赴戍所，乃為賦送之，有壯哉行為鄒進士賦。（張陽和先生不二齋文選卷七）

閏八月、鄒以讚念母懷歸，途中抵錢塘，訪張元忭，相偕游吳山諸勝，有秋遊記。時王畿亦往，年已八十云。（同上卷四）

六年戊寅（一五七八）

耿定向以原職起撫福建。（澹園集卷三三）

鄒元標寓貴陽，撰文江證道記。（鄒子願學集卷五）

顧憲成葬父於涇西之新阡。是歲、門人史孟麟來游。（顧端文公年譜）

楊起元授編修，尋訪羅汝芳於從姑山房，相與論學。（鄒子願學集卷六）

春、曹于汴丁父憂。（仰節堂集卷四）

夏、鄧元錫撰先祠譜。（潛學稿卷八）

秋、張元忭免父喪，起家奉旨教習內書堂，取中鑒錄自為條

劉宗周起東生。（劉宗周年譜，明儒學案卷六二，南雷文定末尾附黃宗羲撰子劉子行狀。）

呂潛時見卒，年六十二。（馮少墟集卷二二關學編卷四，明儒學案卷八。）

	解，又作訓忠諸吟令歌之。尋，管理誥勅，直起居館。（張陽和先生不二齋文選卷首、卷六。按明儒學案卷一五作萬曆七年。） 四月、鄧元錫編次文集成，曰潛學稿，王材序之。（潛學稿卷首） 七月、鄧以讚撰秋遊記。（鄧定宇先生文集卷三。按鄧氏之爲秋遊，係在去年閏八月也。） 十月、鄧以讚撰重修華容縣學記。（鄧定宇先生文集卷三）	張後覺志仁卒，年七十六。（明儒學案卷二九，明史卷二八三。）
七年己卯（一五七九）	顧允成舉鄉試。（高子遺書卷一一中） 劉宗周從母氏依道墟章氏。（劉宗周年譜） 耿定向輯小學新編、閨訓禮纂以敎民。（澹園集卷三三） 羅汝芳入粵，從南海歷惠湖至閩，徧訪同志。（羅近溪先生全集卷一〇） 正月、顧憲成服闋。是歲、門人丁元薦來游。（顧端文公年譜） 七月、鄧元錫撰新豐橋記。（潛學稿卷四） 十二月、顧憲成偕弟允成計偕北上應會試。（顧端文公年譜）	
八年庚辰（一五八〇）	孟化鯉成進士，授南戶部主事。（孟雲浦先生集卷末尾） 許孚遠撰贈同郡六子序。（敬和堂集卷一） 楊東明成進士，授中書舍人。（明儒學案卷二九）	尤時熙季美卒，年七十八。（明儒學案卷二九，明史卷

	郭鋆出知馬湖，未三載投牒歸田。（馮少墟集卷二二關學編卷四，國榷卷八〇。） 春、孟化鯉偕王宗沐北游，抵山海關，訪孟秋，相留數日別去。秋因述所談語以贈，有王惺所別言。（孟我疆先生集卷四） 上元日、呂坤爲省心紀序。（去僞齋集卷三） 三月、顧憲成成進士，與南樂魏允中、漳浦劉庭蘭，以道義相琢磨，時稱三解元。（高子遺書卷一一中，顧端文公年譜，理學宗傳卷二三。） 六月、顧憲成授戶部廣東司主事。（顧端文公年譜）	二八三〇。）
九年辛巳（一五八一）	高攀龍補邑諸生。（高子遺書附年譜） 王宗沐以京察拾遺罷。（明史卷二二三；國榷卷七一作二月致仕，並參。） 孟秋以京察坐貶歸，許孚遠造訪其廬，歎曰：「孟我疆風味，大江以南未有也。」（明史卷二八三） 九月，呂坤有壽原贈黎瑤石先生。（去僞齋集卷三）	王棟隆吉卒，年七十九。（王一庵先生遺集卷首附年譜紀略） 鄒德涵汝海卒，年五十六。（見注一五）
十年壬午（一五八二）	胡直著翊全錄。（耿天臺先生文集卷一二） 高攀龍舉於鄉。（高子遺書附年譜） 孟化鯉爲孟我疆先生集序。（孟雲浦先生集卷四）	張節介夫卒，年八十。（明儒學案卷八）

張居正去相，李材以薦特起授青州兵備。（李見羅先生行略）
張元忭以皇嗣誕生，齎詔至楚。是歲、丁內艱。（明儒學案卷一五）
臘月、張元忭應友人陸氏邀遊赤壁，有遊赤壁記。（張陽和先生不二齋文選卷四）
四月、前少師、大學士徐階年八十；閣臣請存問，從之。（國榷卷七一）
六月、馮從吾始從顧憲成問學。（顧端文公年譜）
十一月、許孚遠由建昌入覲，過蘭溪，與徐用檢論學舟次，有蘭江退盟（時年四十八）。（敬和堂集卷一〇）
十二月、顧憲成調官吏部稽勳司主事。（顧端文公年譜。按高子遺書卷一一中與年譜所載略異，今從年譜。）

十一年癸未（一五八三）

羅汝芳門人杜應奎、聶繼皐等及諸孫集刻會語六卷。（羅近溪先生全集卷一〇）
顧允成舉會試。（高子遺書卷一一中）
孟化鯉建兩賢祠，設尤時熙、薛應旂二先生位，率諸生展拜，日講學其中。（孟雲浦先生集卷末尾）
潘士藻成進士，司理溫州。（鄒子願學集卷六，明儒學案卷三五，明史卷二三四。）

王畿汝中卒，年八十六。（王龍谿先生略歷，聖學宗傳卷一四，明儒學案卷一二。）
徐階子升卒，年八十一。（國榷卷七

焦竑爲尊師天臺先生六十序。（澹園集卷一八）

劉永澄八歲就外傅，誦文天祥正氣歌、衣帶贊，慕其爲人，設位朝夕拜謁，私語羣兒，曰：「丈夫當如是也！」（劉職方公年譜）

許孚遠撰新建長武縣儒學記。（敬和堂集卷二）

鄒元標撰仁文書院記。是歲、元標晤趙南星於天津，南星作長歌贈之。（鄒子願學集卷五，鄒子存眞集卷首。）

秋、顧憲成給假還里。（顧端文公年譜）

三月、顧憲成調考功司。（同上）

五月、顧憲成調文選司。（同上）

六月、許孚遠撰龎姑山禱雨記。（敬和堂集卷二）

八月、鄒元標爲吏科給事中。（國榷卷七二）

十二月、吏科給事中鄒元標言六事：培君德、親臣工、肅憲紀、崇儒術、飭撫臣，章下所司。（明通鑑卷六八，國榷卷七二。）

二，疑年錄彙編卷七。明史卷二一三作萬曆二年卒，年八十一，恐誤。）

十二年甲申（一五八四）

高攀龍丁嗣母憂。（高子遺書附年譜）

羅汝芳問心於武夷先生。（明儒學案卷三四）

劉宗周始就塾，師事趙某。（劉宗周年譜）

鄒元標扁舟訪孟秋於蓬門，相與談學，未契，乃相偕作泰山

孫奇逢啓泰生。（孫夏峰先生年譜。明儒學案作康熙丙辰卒，恐誤。）

之游，旬日別去。（鄒子願學集卷四）
焦竑有贈汪少臺參軍遷劍州州端序。（澹園集卷一七）
顧憲成家居讀易。（顧端文公年譜）
是歲、王時槐始漸悟生生眞機，無有停息，不從念慮起滅，自此以透性爲宗。（明儒學案卷二〇）
耿定向疏請從祀文成公，得俞旨。（澹園集卷三三）
冬、胡直特詔起福建按察使。（耿天臺先生文集卷一二）

黃尊素眞長生。（明儒學案卷六一，馮先恕疑年錄釋疑。）

十三年乙酉（一五八五）

正月、吏科給事中鄒元標，降南京刑部照磨。（國榷卷七二）
三月、前巡撫福建、右僉都御史耿定向爲左僉都御史。（澹園集卷三三，國榷卷七二。）
八月，耿定向晉左副都御史。（澹園集卷三三）
鄧元錫有祭大司成王公文。（潛學稿卷一二）
顧憲成家居讀春秋，名所居曰小心齋。（顧端文公年譜）
耿定向晉刑部右侍郎。（澹園集卷三三）
羅汝芳大會江省同志於會城。（羅近溪先生全集卷一〇）
劉宗周從季叔瓚受論語。（劉宗周年譜）
許孚遠督學關中，主講正學書院，並禮聘王之士主講。（馮少墟集卷二二關學編卷四）
孟秋爲陝州創建西川尤先生祠記。（孟我疆先生集卷三）

陳龍正惕龍生。（姜亮夫綜表）
黃道周幼元生。（漳浦黃先生年譜，明儒學案卷五六，明史卷二五五。）
胡直正甫卒，年六

李材陞本省按察使，整飭金騰兵備。（李見羅先生行略）

楊起元撰見心堂記。（重刻楊復所先生家藏文集卷四）

高攀龍每日嚴立課程，無令此心放逸。又有日鑑編，以德業之敬怠義，欲分註於天時人事之下，日有稽，月有考。（高子遺書附年譜）

春、孟秋起官西曹，鄒元標轉銓部，復相聚於京師，有書鄒南皐卷。（孟我疆先生集卷四）

冬、高攀龍有送祁侯入覲序。（高子遺書卷一二）

三月、錄建言諸臣，以鄒元標為南京兵部主事。（明儒學案卷二三）

十九。（耿天臺先生文集卷一二、耿定向撰墓誌銘，明儒學案卷二二。）

十四年丙戌（一五八六）

高攀龍始志於學。（高子遺書附年譜）

羅汝芳在金陵，焦竑與姚汝循訪之，相與論學。（澹園集卷二一）

許孚遠撰雁塔題名記、贈梁方伯開府寧鎮序。（敬和堂集卷二、卷一。）

顧允成成進士；尋以疏奏，削籍歸。（高子遺書卷一一中）

麻城周柳塘來訪羅汝芳，同舟下南昌，遊兩浙，至留都。日與朱廷益、焦竑、李登、陳履祥、湯顯祖等，談學城西。未幾，同志會集憑虛閣，會與善寺，門人集汝芳會語續

錄，趙瀲陽刻於太學。（羅近溪先生全集卷一〇）

楊起元以病目，思得山林僻處頤養，始建敦仁精舍於郡城東門外。（重刻楊復所先生家藏文集卷四）

是歲、劉宗周從學於族舅章某，弱不好弄，飯畢即就學舍。往來肅躬而行，不他顧，不疾趨，見者異之。（劉宗周年譜）

春、顧憲成講學於泮宮，爲李見羅先生文集序。（顧端文公年譜）

季冬、周汝登有遊剡溪記前。（東越證學錄卷一一）

三月、顧允成登第，廷對策中直斥鄭貴妃進封事，執政駭且恚，置之末第。（明通鑑卷六八）

吏部員外郎鄒元標引疾去。（國榷卷七三）

六月、孟化鯉爲戶部貴州司主事，有計曹私記。時江南山左大饑，化鯉奉命往賑，全活無算。是歲、改驗封事。（孟雲浦先生集卷六、卷末尾。）

九月、顧憲成補吏部驗封司主事。（顧端文公年譜，高子遺書卷一一中。）

十月、許孚遠以校士抵華陰，有遊華嶽記。（敬和堂集卷二）

十一月、吏部稽勳司、署員郎事主事顧憲成奏辨所囑託房

寰，上不問。（國榷卷七三）

十五年丁亥（一五八七）

劉宗周從外大父章穎受書。（劉宗周年譜）

楊起元有到任謁廟詩。（重刻楊復所先生家藏文集卷八）

呂坤守濟南，輯子平要語，以教瞽者習之，有子平要語引。（去僞齋集卷三）

潘士藻召爲福建道御史，不三月以上修省疏，左遷粵照磨，越四年而召還。（鄒子願學集卷六）

張元忭免喪再補修撰；尋，陞左春坊左諭德、兼翰林侍讀，清理武黃。（張陽和先生不二齋文選卷首，明儒學案卷一五。）

羅汝芳門人爲建講所，扁曰明德堂。是秋、建陽尹崔肖迎汝芳，過新城，與鄧元錫傾論而別；至建寧，大會同人，有建陽會語。（羅近溪先生全集卷一〇）

元日、周汝登有遊剡溪記後。（東越證學錄卷一一）

正月、顧憲成署稽勳司員外郎。（顧端文公年譜）

孟秋有耳順講義（有歌曰：夜半惺惺一太虛，太虛何處覓乘除，身心到底元無二，耳目聰明卽太虛）。（孟我疆先生集卷四）

三月、顧憲成以奏陳當今第一切務事，奉旨降三級，調外任

呂維祺介孺生。（明儒學案卷五四，明史卷二六四。）

王襞宗順卒，年七十七。（澹園集卷三一，明儒學案卷三二，王東崖先生遺集卷首附錄年譜紀略。）

用，補湖廣桂陽州判官添註。（顧端文公年譜。按此與高子遺書所載，略有出入。）

四月、陝西按察副使許孚遠爲順天府丞。（國榷卷七四）

翰林院修撰張元忭爲左春坊左諭德，淸理貼黃。（同上）

七月、張元忭充經筵講官。（張陽和先生不二齋文選卷首）

十一月、刑部左侍郎耿定向爲南京右都御史。（國榷卷七四，澹園集卷三三。）

張元忭爲會於靈濟宮，應友人問作不成章不達說。（張陽和先生不二齋文選卷六）

十六年戊子（一五八八）

高攀龍入南雍，與司成趙定宇略師生之分，結忘年交。（高子遺書附年譜）

周汝登爲紀剡志事。（東越證學錄卷一一）

祝世祿受聘典學河南。（澹園續集卷一五）

顧憲成司理處州府。（高子遺書卷一一中）

楊起元校士於閩，爲潘氏世德册序、福建鄉試錄序。（重刻楊復所先生家藏文集卷三）

鄧元錫爲宗丈人澗石翁壽序。（潛學稿卷三）

顧允成起江西南康府教授，以母老不去，遂致仕；未幾，丁母憂；尋，服闋，再起保定教授。（高子遺書卷一一中）

華允誠汝立生。（姜亮夫綜表，明史卷二五八，明儒學案卷六一。）

張元忭子藎卒，年五十一。（張陽和先生不二齋文選卷首附朱賡撰張公行狀，明儒學案卷一五。）

	秋、顧憲成重定大學。陞浙江處州府推官。（顧端文公年譜） 三月、王宗沐訂次王龍溪先生全集，復爲之序。（見王龍溪先生全集卷首） 八月、羅汝芳偶示微疾，與門人弟子講學不倦。一日，夙具冠服，禮天地祖考畢，端坐中座，弟子環侍請教言。曰：「徒言也不是，道滿前洋溢，俱是發育峻極。」左史萬賓蘭問疾，命具紙筆，手書曰：「此道炳然宇宙，不隔分塵，故人己相通，形神相入，不待言說，古今自直達也。後來見之不到，往往執諸言詮。善求一切放下，放下胸目中更有何物可有耶？願無惑焉。」自是絕筆。（聖學宗傳卷一八） 九月、應天府丞許孚遠揭辨李材；廣東道試御史管九皐劾孚遠，命降二級調外。（國榷卷七四） 羅汝芳出堂端坐，命諸孫次第進酒，各各微飲，隨拱手別諸生曰：「我行矣！」諸生懇留盤桓一日，許之。翌日而卒。（聖學宗傳卷一八）	羅汝芳惟德卒，年七十四。（鄒子願學集卷六墓碑，聖學宗傳卷一六，明儒學案卷三四。）
十七年己丑 （一五八九）	高攀龍成進士。（高子遺書附年譜） 黃道周入小學，受論語。（漳浦黃先生年譜）	孟秋子成卒，年六十五。（國榷卷七

焦竑擧進士第一人，授翰林修撰。是歲、竑檢中秘書，始獲蘇氏論孟拾遺。（澹園集卷一八，明儒學案卷三五，明史卷二八八，澹園續集卷一。）
劉宗周從外大父往壽昌，讀書黌宮。（劉宗周年譜）
馮從吾成進士，改庶吉士，授御史。（明儒學案卷四一，明史卷二四三。）
耿定向再乞休，俱奉溫旨，不允。（澹園集卷三三）
祝世祿成進士，選知休寧。（澹園續集卷一五）
顧憲成、顧允成兄弟丁母憂。（高子遺書卷一一中）
郝敬成進士，知縉雲縣，調永嘉，入爲禮科給事中，改戶科。（明儒學案卷五五，明史卷二八八。）
劉永澄年十四，補諸生。（高子遺書卷一一中，劉職方公年譜。）
四月、呂坤有與吳伯與絕交書。（去僞齋集卷四）
七月、高攀龍丁艱歸。讀禮三年，孺慕如一日。（高子遺書附年譜）
十月、耿定向召爲戶部總督倉場尚書；至是凡九疏乞休。（澹園集卷三三）
十一月、總督倉場、戶部尚書耿定向致仕。（國榷卷七五）
十二月、耿定向奉旨歸里調治，暇時率輩從入天臺山，杖屨

五）
查鐸子警卒，年七十四。（毅齋查先生闡道集卷末尾附焦竑撰墓誌銘及查琪撰行實，澹園續集卷一三。）
顏鯨應雷卒，年七十五。（姜亮夫綜表）

	逍遙其間，學者稱天臺先生。（澹園集卷三二）	
十八年庚寅（一五九〇）	孫奇逢始入小學。（孫夏峯先生年譜） 鄒元標調任南比部，潘士藻亦量移至。相睎期年，莫逆於心。（鄒子願學集卷六） 楊東明予告家居，有曹縣社倉序、同善會序。（山居功課卷一） 周汝登謫官海上，得履王艮故里，並展拜祠下，有題一脈關情卷。（東越證學錄卷九） 春、劉宗周患足疾小瘳，侍外大父往壽昌。旋又病目，久不瘉。（劉宗周年譜） 仲夏、鄧元錫爲外舅一山翁八十壽序。（注七一） 秋、鄒元標赴銓曹，舟過池陽，登九華，謁陽明祠，乃爲之重修，有重修陽明先生祠記。（鄒子願學集卷五） 二月、鄒元標補吏部驗封司員外郎，疏推年餘始下。（國榷卷七五） 八月、高攀龍作武林遊記。（高子遺書卷一〇上，另一本作卷三。） 十一月、吏部驗封主事鄒元標言四事：杵頭之苦、虛糧之苦、由票之苦、積荒之苦，部覆行之。（國榷卷七五）	吳執御朗公生。（姜亮夫綜表） 王之士欲立卒，年六十三。（馮少墟集卷二二關學編卷四，明儒學案卷九。）

十二月、吏部驗封主事鄒元標再推文選員外郎，不報；吏部以職掌請，有旨切責，調南京刑部署員外郎主事添註。（同上）

王宗沐新甫卒，年六十九。（鄧定宇先生文集卷四、鄧以讚撰敬所王先生行狀。）

十九年辛卯（一五九一）

曹于汴舉鄉試第一。（仰節堂集卷首，明史卷二五四。）

楊東明爲廣仁會序。（山居功課卷一）

李材在獄中著哲範四卷、鞭後危言一卷、福堂稿一卷。（李見羅先生行略）

劉宗周在壽昌，目眚方瘉，從外大父受易。（劉宗周年譜）

馮應京登賢書。（仰節堂集卷五）

耿定向爲劉調甫述言序。（耿天臺先生文集卷一一）

王時槐詔起貴州參政；尋，陞南京鴻臚卿、太常卿，以新銜致仕。（明儒學案卷二〇）

劉永澄應應天鄉試，不售。被落後益攻苦，刺削經書，稿至千餘首。（劉職方公年譜）

焦竑有贈尊師少傅許公歸新安詩序。（澹園集卷一五）

黃道周父以事至會城，置通鑑綱目，躬負以歸，手爲點定。道周昕夕研閱，即知忠良邪正之辨，人治王道之大。（漳浦黃先生年譜）

楊起元作辛卯試筆詩云：「爲憐病目拋殘簡，並歇狂心罷遠人，臘月已隨寒律盡，春風應拂柳條新。客來欲問無奇字，酒至當呼有比隣，四十五年如一夢，當堪迷復不求眞。」（重刻楊復所先生家藏文集卷八）

十月、貴州布政司左參政王時槐爲南京鴻臚寺卿。（國榷卷七五）

十二月、顧憲成復司理福建泉州。（顧端文公年譜，高子遺書卷一一中。）

二十年壬辰（一五九二）

劉宗周始作日記。（劉宗周年譜）

曹于汴成進士，授淮安推官。（仰節堂集卷首，明史卷二五四。）

黃道周八歲，卽能爲比偶文。（漳浦黃先生年譜）

鄧元錫授翰林待詔。（明儒學案卷二四）

楊起元改建敦仁精舍於魁湖，更爲之記。（重刻楊復所先生家藏文集卷四）

馮應京成進士，觀吏部政。是秋、以母老假歸。（注七二）

高攀龍謁選於京師，上崇正學闢異說疏；尋，上今日要務疏。（高子遺書附年譜）

焦竑有狀元率進士謝恩表（代作），又撰上元縣志序、重修太倉銀庫記、和州重遷儒學記。（澹園集卷九、卷一四、卷二〇。）
顧允成又以抗疏謫光州判官。（高子遺書卷一一中）
焦竑奉使大梁，於中尉西亭所獲蘇轍詩與春秋解。（澹園續集卷一）
春、鄧以讚撰瀛海長春錄序。（鄧文潔公佚稿卷三）
夏、周汝登與鄒元標論學於留都，旋復別去。（東越證學錄卷六）
秋、顧憲成赴任北行至京，陞驗司員外郎。（顧端文公年譜）
仲秋、鄧元錫爲江右名賢編序。（潛學稿卷三）
冬、馮從吾臥病山齋，友人蕭輝之雪夜過訪，相與圍爐談學，有雪夜紀談。（馮少墟集卷一六）
正月、顧憲成學公廉寡欲天下推官第一，撰大學通考、大學質言。（顧端文公年譜）
馮從吾疏言朝政，上怒欲廷杖，以閣臣力解得免；尋告歸。（明史卷二四三）
四月、廣西按察副使許孚遠爲通政司右通政。（國榷卷七六）
顧憲成擢吏部考功司主事。（顧端文公年譜）
六月、高攀龍授行人司行人。（高子遺書附年譜）
十二月、高攀龍齎詔金陵，謁鄒南皋、朱虞葑、瞿洞觀諸先生。（同上）

二十一年癸巳（一五九三）	劉永澄年十八，著劉氏譜略。（劉職方公年譜） 鄧以讚爲刻張宮諭文集敍。是歲、請告歸，習靜金焦禪房。何士抑携所爲詩來訪，相與商榷，有何抑士詩草序。（張陽和先生不二齋文選卷首及鄧文潔公佚稿卷三） 許孚遠以中丞持節鎭撫八閩。（敬和堂集卷一二） 焦竑以開史局，條四議上之，又私成獻徵錄百二十卷。（明儒學案卷三五） 馮應京丁母憂，哀毁幾絕，苫塊蔬食，不入內者三年。（仰節堂集卷五） 鹿善繼試有司，以第一人籍於黌宮。（鹿忠節公年譜） 周汝登晤達觀大師於金陵賀氏園中，有達觀大師像贊（時汝登爲駕部郎）。（東越證學錄卷一三） 楊東明以河決大祲齊、梁、淮、徐之間，方數千里，人相食，請賑之疏日上，乃繪爲流民圖，申之以說，窮饑仳離之慘，宛在目前；疏入，神宗惻然。是歲、有敬老錄序。（理學宗傳卷二三，山居功課卷二。） 夏、許孚遠撰經筵講章序。（敬和堂集卷一二） 鄧元錫有引空上人別語。（潛學稿卷五下） 正月、高攀龍歸自金陵。（高子遺書附年譜）	鄧元錫汝極卒，年六十六。（明儒學案卷二四，明史卷二八三，馮先恕疑年錄釋疑。）

	二月、顧憲成奏爲建儲重典國本攸關事，調考功司。（顧端文公年譜） 三月、鄒元標降文選、浙江按察司知事。（國權卷七六） 呂坤撰呻吟語序。（去僞齋集卷三） 五月、巡撫山西、右僉都御史呂坤爲左僉都御史，回院。（國権卷七六） 六月、李材獲釋免死，發戍漳之鎮海，有正學堂稿及續稿凡四十四卷。（李見羅先生行略） 七月、顧憲成陞驗封司郎中。（顧端文公年譜） 八月、顧憲成調考功司。（同上） 九月、巡撫山西、右僉都御史呂坤請嚴薦舉連坐法等，上大是之。（國権卷七六） 十月、顧憲成調文選司。（顧端文公年譜） 十一月、顧憲成奏以病辭，不許。（同上） 十二月、高攀龍復命建言，謫廣東揭陽典史。（高子遺書附年譜）
二十二年甲午（一五九四）	孫奇逢始學作文。（孫夏峯先生年譜） 黃道周十歲，作古文詞，若有神授。（漳浦黃先生年譜） 章潢赴廬陵重九之會，與羅汝芳、鄒元標、王時槐等諸人聚

語，語爲學宗旨；以爲學明善誠身，只與人爲善，便是宗旨。（理學宗傳卷二三，明儒學案卷二四。）

劉宗周隨母氏立家於道墟，從魯念彬於章又玄宅。（劉宗周年譜）

焦竑簡爲東宮講官，取故事可爲勸戒者，繪圖上之，名養正圖解，復爲之序。（注七三）

是歲、高攀龍敍王文成年譜，又作陽明說辨，共四首。（高子遺書附年譜）

冬、高攀龍過清漳，見李材，其門人陳古池出所記李氏語，名尊聞錄示攀龍，並乞爲序，有尊聞錄序。（高子遺書卷一）

五月、顧憲成會推閣臣忤旨，降雜職；尋，革職爲民。（顧端文公年譜，國榷卷七六。）

七月、高攀龍赴任廣東。舟中立規程，以半日靜坐，半日讀書，反覆行之。（高子遺書附年譜）

八月、鹿善繼應順天鄉試，不第。（鹿忠節公年譜）

劉永澄舉賢書，同年召飲酒，有娼佐觴，卽謝不往。是歲、始與文震孟訂交。（高子遺書卷一一上及劉職方公年譜並參）

九月、顧憲成抵家有疾，始作小心齋劄記。（顧端文公年譜）

左僉都御史呂坤爲刑部右侍郎。（國榷卷七六）

十月、吏（刑）部右侍郎呂坤爲左侍郎。（同上）

	十二月、徵貢士鄧元錫爲翰林院待詔，元錫道卒。（同上。按鄧元錫卒萬曆二十一年，馮先恕疑年錄釋疑已詳言之，存參。）	
二十三年乙未（一五九五）	鹿善繼讀傳習錄，寢食其中。（鹿忠節公年譜） 楊東明有賀郭鴻洙歲薦序。（山居功課卷八） 孫愼行擧進士第三人。（劉子全書卷二二） 焦竑爲汪溪金氏族譜序。（澹園集卷一五） 祝世祿由進士考撰爲南科給事中。（明儒學案卷三五） 高攀龍爲薛守溪六十序。（高子遺書卷一二） 楊起元以遊學至粵東莞，應鄉人屬爲撰董公祠記。（重刻楊復所先生家藏文集卷四） 劉永澄年二十娶妻，家貧不能具新衣，母力爲經營，永澄曰：「休矣！吾意中自新，不必衣也。」（高子遺書卷一一上） 劉宗周應童子試，納卷者誤以字爲名，遂易名宗周。會稽知縣羅相拔置第二，以提學不按臨而罷。（劉宗周年譜） 春、顧憲成以積勞成疾，病幾殆，諸子環泣，憲成吟詩慰之曰：「茫茫大化任推遷，消息盈虛總自然，若欲箇中生去取，請觀四十六年前。」（高子遺書卷一一中） 冬日、馮從吾編次其與諸生講誦之語錄，題曰訂士編，有	李材孟誠卒，年七十七。（見注一四）

跋。（馮少墟集卷二二關學編卷四）
二月、劉永澄會試中乙榜。（劉職方公年譜）
高攀龍歸里。作三時記。（高子遺書附年譜，又同書卷一〇上；一本作卷三。）

二十四年丙申（一五九六）

劉宗周與章懷德交。（劉宗周年譜）
周汝登為楊母郭太夫人壽序。（東越證學錄卷八）
焦竑撰永新縣遷復廟學記。（澹園集卷二〇）
高攀龍連遭父母喪。（高子遺書附年譜）
陳龍正年十二，性喜仙佛，欲學長生，又欲出家，後以父聞而責之，自此不敢復言。（幾亭外書卷三）
馮應京除戶部主事，督餉薊邊，創戶部職掌及經武考諸編。（仰節堂集卷五）
楊東明會孟化鯉於新安，化鯉以孟秋墓表相囑。是歲、化鯉為楊氏撰興學會約序。（山居功課卷九、卷四。）
夏、孟化鯉倣虞城會約，編次興學會約以示學者，並為之序。（孟雲浦先生集卷四）
秋、馮從吾與朋輩立會講學於寶慶寺，又應諸友請為學會約以示諸生。（馮少墟集卷六）
九月、顧允成病不食者四旬。（高子遺書卷一一中）

杜越君異生。（清史列傳卷六六）
耿定向在倫卒，年七十三。（澹園集卷三三）

顧憲成作示兒帖。（顧端文公年譜）

二十五年丁酉（一五九七）

馮應京轉兵部主事。（仰節堂集卷五）

楊起元撰明德羅子祠堂記。（重刻楊復所先生家藏文集卷四）

劉永澄與文震孟會於虎邱，同上公車。（劉職方公年譜）

周汝登與鄒元標再會於鐵佛菴中，應元標請爲撰鄒子講義序。（東越證學錄卷六）

黃道周如平和，過王文成公廟而歎，見其湫側，爲之徘徊始去。（漳浦黃先生年譜）

顧憲成病始漸瘉，病中體究心性愈微，並爲劄記（劄記始於甲午）。是歲、撰還經錄、答門人書論學；課士於同人堂。（高子遺書卷一一中，顧端文公年譜。）

焦竑主順天鄉試，以舉子語涉險誕，謫福寧州同知。是歲、有刻兩蘇經解序。（明儒學案卷三五及明史卷二八八，澹園續集卷一並參。）

孫奇逢入邑庠，父命同仲兄季弟從伯兄學。是歲、與鹿善繼交。（孫夏峰先生年譜）

春、鄒元標撰明新書院記。（鄒子願學集卷五）

曹于汴撰修社學記、安定祠碑記。（仰節堂集卷四）

陸符文虎生。（南雷文定前集卷六、黃宗羲撰墓誌銘，清儒學案卷二。）

孟化鯉叔龍卒，年五十三。（孟雲浦先生集卷末尾附楊東明撰墓誌銘，又見山居功課卷九，國榷卷七七。）

	秋、焦竑爲順天府鄉試錄後序。（澹園集卷一五） 二月、劉宗周由會稽縣弟子員補紹興府學生。（劉宗周年譜） 四月、刑部左侍郎呂坤疾去。（國榷卷七七） 九月、翰林院修撰焦竑上皇長孫養正圖解。（同上） 十月、周汝登以量移至嶺表，公事之暇，與憨山上人時過相從，並識其徒覺音。（東越證學錄卷一三） 十二月、馮從吾爲關中士大夫會約。（馮少墟集卷五）	
二十六年戊戌（一五九八）	孫奇逢食廩餼於庠。（孫夏峯先生年譜） 鄒元標撰弋陽縣新建文廟並修儒學記。（鄒子願學集卷五。按原作嘉靖戊戌，誤。） 高攀龍作水居，爲靜坐讀書計。（高子遺書附年譜） 陳龍正年十四，學時藝，下筆頗殊，自以爲不朽之業在是矣。（幾亭外書卷三） 劉宗周始入都，應禮部試，下第而歸。病目者三年。（劉宗周年譜） 焦竑撰崇報祠記。（澹園集卷二一） 黃道周喜談黃白術，有棄家騰舉之意。（漳浦黃先生年譜） 劉永澄舉進士不第歸，築土室自鍵，並晝夜讀。（高子遺書卷一一上）	金聲正希生。（疑年錄彙編卷八） 萬泰履安生。（馮先恕疑年錄釋疑） 史桂芳景實卒，年八十一。（姜亮夫綜表） 唐伯元仁卿卒，年五十九。（明儒學案卷四二作卒年五十八，此據姜亮夫綜表。）

周汝登以入賀北上，憨山上人扁舟相送於曹溪，復爲其徒覺音乞語，有書覺音卷。時汝登爲廣東按察司簽事，以身病母老乞休，有乞休疏，又有題重刻評選楊太史公時義。（東越證學錄卷一三、卷二〇、卷九。）

五月、刑部侍郎呂坤，疏陳天下安危。（明通鑑卷七一）

八月、許孚遠爲兵部左侍郎。（國榷卷七八）

顧憲成會吳中諸同志於二泉之上，與管志道（字東溟）辯無善無惡之說，復作質疑編。（高子遺書卷一一中及顧端文公年譜並參）

二十七年己亥（一五九九）

馮應京轉副職方郎。（仰節堂集卷五）

楊東明撰塞決口記。（山居功課卷一）

周汝登以情苦病深乞辭新命，有再上乞休疏（時汝登爲雲南布政使司左參議）。（東越證學錄卷二〇）

焦竑撰繁昌縣重修儒學記。（澹園集卷二〇）

黃道周寓博羅，有貴族以女議配者，道周謝却之。（漳浦黃先生年譜）

秋、呂坤有大司空劉晉川序。（去僞齋集卷三）

季秋、周汝登與陶望齡共祭告陽明祠，定爲月會之期，務相發明陽明之遺教，有告陽明夫子文。（東越證學錄卷四、

韓孔當仁父生。（碑傳集卷一二七，宋學淵源記卷五，清儒學案卷二〇一，清史列傳卷六六。）

鄧以讚世德卒，年五十八。（見注一七）

楊起元貞復卒，年

	卷一六。） 七月、兵部左侍郎許孚遠致仕。（國榷卷七八） 八月、顧憲成會羡陽山中，作質疑續編。（顧端文公年譜）	五十三。（姜亮夫綜表）
二十八年庚子（一六〇〇）	劉永澄以會試北上，復與文震孟同公車。（劉職方公年譜） 焦竑爲幕府寺修造記。（澹園集卷二一） 馮應京擢僉憲湖廣（分巡武昌、漢陽、黃州三府），首創鄉約、保甲、社倉三事，有蓄艾編。（仰節堂集卷五，明史卷二三七。） 顧憲成作證性編。（顧端文公年譜） 劉元珍爲南職方。（高子遺書卷一一上） 高攀龍與吳子往等靜坐水居。日記云：「日逐只是顧諟明命爲工夫。」又云：「一日覺氣在胸膈稍滯，思調息。息最微，若有若無，誤認氣爲息，而調之大害事矣。次日，復多却調息一念；只是誠無爲，著些子不得也。」（高子遺書附年譜） 八月、孫奇逢舉順天鄉試。（孫夏峯先生年譜） 周汝登有不隔絲毫卷序。（東越證學錄卷六） 鹿善繼舉順天鄉試，不第。（鹿忠節公年譜）	潘士藻去華卒，年六十四。（姜亮夫綜表）
二十九年辛	黃道周始治律呂。（漳浦黃先生年譜）	惲日初仲昇生。（

丑（一六〇一）

顧憲成集五經餘。（顧端文公年譜）

春、孫奇逢舉進士，下第歸。（孫夏峯先生年譜）

馮應京以上疏劾稅監陳奉之不法九大罪，削籍逮繫。應京遣妻子還，單騎赴中都龍興寺候逮。在獄四年，與何楝如、王之翰、華鈺等，講學著述不輟。著經世實用編成。（仰節堂集卷五，明儒學案卷二四及明史卷二三七並參。按明史作正月。）

仲秋、周汝登與友生五十餘人，宴於天泉橋，並語及昔年陽明與門人證道之事，因勉諸生切勿蹉跎歲月，辜負此生焉。（東越證學錄卷四）

臘月、周汝登撰立命文序（同上卷七）

二月、周汝登會講於惠安寺，有剡中會語。（同上卷五）

三月、劉宗周成進士；甫釋褐，即誓不妄交與。非同志士，雖邂逅相遇，必趨而避之。識者以是覘其操持之堅。（劉宗周年譜）

劉永澄成進士，選讀中秘書，以善病告歸，授順天教授，北方學者稱淮南夫子。（高子遺書卷一一上。又年譜云：成進士，觀政都察院，改順天府儒學教授。可並參。）

七月、楊東明撰平羅記。（山居功課卷一）

八月、高攀龍偕四郡同志會講於樂志堂。（高子遺書附年譜。顧端文公年譜作九月，可參。）
曹于汴撰遊西山記。（仰節堂集卷四）
十月、顧憲成以册立皇子恩詔復還原職。（顧端文公年譜）

三十年壬寅（一六〇二）

黃道周作疇象。（漳浦黃先生年譜）
楊東明撰施粥記。（山居功課卷一）
孫奇逢應父命從季父學。（孫夏峯先生年譜）
焦竑撰花巖志序，又爲先師天臺耿先生祠堂記。（澹園集卷一五、卷二〇。）
顧憲成撰桑梓錄。（顧端文公年譜）
來知德以司馬王象乾、中丞郭子章交薦，除翰林院待詔；疏辭，令以原銜致仕。（明儒學案卷五三，明史卷二八三。）
高攀龍輯朱子節要成。（高子遺書附年譜）
孟秋、鄒元標應張元忭子請爲編次選定張氏文選，復爲之序。（見張陽和先生不二齋文選卷首）
正月、劉永澄以覃恩授登仕郎。（劉職方公年譜）
六月、顧憲成爲高氏撰朱子節要序。（顧端文公年譜）
九月、周汝登會講於婺之霞源書院，有新安會語。（東越證學錄卷二）

顧樞所止生。（姜亮夫綜表）

三十一年癸

高攀龍張子正蒙註成。（高子遺書附年譜）

刁包蒙吉生。（碑

卯（一六〇三）

呂坤著交泰韻成，凡例總目，自五月至八月，凡四閱月。（去僞齋集卷三）

劉永澄遷國子監學正，上晉江李公書，作邸中雜記。（劉職方公年譜）

周汝登有題陽和張先生文選序。（張陽和先生不二齋文選卷首）

冬、楊時喬召拜吏部左侍郎。（明儒學案卷四二，明史卷二二四。）

三月、顧憲成撰朱子二大辨序（按朱子嘗有海內學術之弊，不過兩說，江西頓悟與永康事功，若不竭力爭辨，此道無由得明。顧允成讀之有感，遂取朱子集中，與象山龍川往復之書，輯而行之，名曰朱子二大辨）。（顧端文公年譜）

楊東明爲義田記。（山居功課卷九）

劉宗周以饔飧不給，自道墟徙廡溪，力耕自贍。是月、如德清納贄於許孚遠。（劉宗周年譜）

七月、黃道周獻時事策以干藩臯，不用而去。（漳浦黃先生年譜）

八月、鹿善繼應順天鄉試，又不第。（鹿忠節公年譜）

九月、顧憲成議復東林書院。（顧端文公年譜）

十月、焦竑主講新安還古書院。（澹園集卷四八）

傳集卷一二七）

邵元長長孺生。（清儒學案卷二〇一）

陳嘉謨世顯卒，年八十三。（明儒學案卷二二）

年代	事件	人物
	十一月、劉宗周始自廨溪還居城中水澄舊里。（劉宗周年譜）	
三十二年甲辰（一六〇四）	高攀龍與顧憲成葺東林書院成。（高子遺書附年譜） 馮應京奉詔釋還，杜門簡出。（仰節堂集卷五，明儒學案卷二四。明史卷二三七作九月。） 周汝登撰重修曹溪志序。（東越證學錄卷七） 顧憲成著毘陵人物志。（顧端文公年譜） 焦竑撰毛詩古音考序。（澹園集卷一四） 黃道周之平和，居大朋山。是春、欲往闕下上書，不果。（漳浦黃先生年譜） 二月、孫奇逢下第歸，鹿善繼以王守仁語勸勉。（鹿忠節公年譜） 三月、曹于汴撰遊龍門記。（仰節堂集卷四） 四月、顧憲成作東林書院，重建道南祠祀宋儒楊龜山先生。（顧端文公年譜） 焦竑撰書畫墁錄。（澹園續集卷九） 六月、劉宗周以服闋起補，除行人司行人。與永澄一見而莫逆於心，遂定交。（劉宗周年譜及劉職方公年譜） 八月、曹于汴撰平陸縣創鑿興文渠碑記。（仰節堂集卷四）	陳確乾初生。（陳乾初先生年譜，清儒學案卷二。） 來知德矣鮮卒，年八十。（姜亮夫綜表） 許孚遠孟仲卒，年七十。（見劉宗周年譜。明儒學案卷四一作萬曆二十二年卒，誤。）

	十月、顧憲成大會吳越士友於東林書院，相約一以考亭白鹿洞規爲教。作東林會約、東林商語。（顧端文公年譜）	
三十三年乙巳（一六〇五）	高攀龍撰異端辨。（高子遺書附年譜） 劉元珍與顧憲成講學東林。（同上卷一一上） 黃道周復游於粵，數月而還。（漳浦黃先生年譜） 顧憲成撰重刻萬曆丙子南畿同年錄序。（涇臯藏稿卷七） 劉宗周日記自此年以後，至於乙酉，完備無缺。（劉宗周年譜） 春、劉永澄送劉宗周歸養，臨行贈詩有云：「暇日有懷西北望，浮雲一片帝鄉深。」又云：「時事只今難著眼，扁舟容爾獨南征。」又有三上相國沈公書。（劉職方公年譜） 秋、劉永澄予告歸里。（同上） 正月、鄒元標爲周汝登東越證學錄序。（見東越證學錄卷首） 三月、顧憲成課士於麗澤堂。（顧端文公年譜） 劉宗周自京師歸途，弔許孚遠於德清，哭奠盡哀。（劉宗周年譜） 九月、顧憲成會東林，著麗澤衍。（顧端文公年譜） 十月、周汝登聖學宗傳成，陶望齡序之。（見聖學宗傳卷	陳宏緒士業生。（清儒學案卷二一。姜亮夫綜表作萬曆二十五年生，存參。） 郭鄖惟藩卒，年八十八。（馮少墟集卷二二關學編卷四，明儒學案卷八，國榷卷八〇。） 王時槐子植卒，年八十四。（明儒學案卷二〇）

	首） 十一月、前左諭德陶望齡為國子祭酒。（國榷卷八〇） 十二月、顧憲成撰學蔀通辨序。（顧端文公年譜）	
三十四年丙午（一六〇六）	孫奇逢居父憂。（孫夏峯先生年譜） 焦竑澹園集刊行，耿定力為序。（澹園集卷首） 黃道周移坑。（漳浦黃先生年譜） 楊東明撰助工修學記。（山居功課卷一） 高攀龍實信孟子性善之旨，與顧憲成會於虞山書院，有虞山書院商語小引。（顧端文公年譜） 秋、焦竑門人謝與棟銓次竑講會語錄，名古城答問；又佘永寧銓次金陵講會語錄，為明德堂答問。（澹園集卷四八、卷四九。） 正月、前翰林院修撰焦竑為廣東都司斷事，竑察處八年，添註福寧州同知，始實補。（國榷卷八〇） 二月、國子祭酒陶望齡省養。（同上） 五月、顧憲成撰虞山商語。（顧端文公年譜） 六月、劉永澄生日作書懷詩，又輯吾心亦涼（永澄於溽暑中，搜輯古人之放懷山水、寄情閒逸者，凡三十八則，並自為跋語以識之）。（劉職方公年譜）	王化泰省菴生。（二曲集卷二一） 朱鶴齡長孺生。（清史列傳卷六八） 馮應京大可卒，年五十二。（仰節堂集卷五墓誌銘，明史卷二三七。）

	八月、鹿善繼領順天鄉薦。（鹿忠節公年譜） 九月、馮從吾自序關學編。（馮少墟集卷二一） 顧憲成撰虞山商語二。（顧端文公年譜）	
三十五年丁未（一六〇七）	劉永澄養靜焦山。（劉職方公年譜） 劉宗周假館於大善寺，教授宗人戚屬。（劉宗周年譜） 高攀龍始實信程子鳶飛魚躍與必有事焉之旨。立家訓，析諸子產有量入約。又作常熟縣重建儀門記。（高子遺書附年譜，同書卷一〇上。） 仲春、鄧元錫潛學稿刊行，陶望齡爲序。（見潛學稿卷首） 馮從吾辨學錄成，涂宗濬序之。（馮少墟集卷一） 二月、鹿善繼會試不第。（鹿忠節公年譜） 四月、黃道周丁外艱。（漳浦黃先生年譜） 五月、顧憲成撰虞山書院記。（顧端文公年譜） 六月、顧憲成弟允成卒，憲成追述其生平爲事，定錄而哀痛之。（同上） 七月、顧憲成作寤言寐語。（同上）	張穆穆之生。（馮先恕疑年錄釋疑） 傅山青主生。（傅青主先生年譜） 白煥彩含章生。（二曲集卷二二） 胡承諾君信生。（注二〇） 許世卿伯勳卒，年五十六。（姜亮夫綜表） 顧允成季時卒，年五十四。（高子遺書卷一一中，明儒學案卷六〇。）
三十六年戊申（一六〇八）	黃道周館於盧司徒，日令從者給侍。（漳浦黃先生年譜） 楊東明撰施穀記。（山居功課卷一）	章潢本清卒，年八十二。（理學宗傳

八）

劉宗周遷居武勳坊。仍授徒於大善寺。（劉宗周年譜）
焦竑撰寧國府重修廟學記。（澹園續集卷四）
劉永澄入京候補，作離騷經纂註，補戶部主事。（顧端文公
　年譜）
顧憲成詔起南京光祿寺少卿。（高子遺書卷一一中）
高攀龍赴毘陵經正堂會，爲大水災條議救荒，爲同區設立役
　田。是歲、有龔舜麓六十序。（高子遺書附年譜，同書卷
　二。）
仲春、周汝登爲天眞講學圖序贈紫亭甘公。（東越證學錄卷
　七）
孟夏、馮從吾疑思錄刋行，周傳誦爲序。（馮少墟集卷二）
正月、顧憲成出遊作仁文商語。（顧端文公年譜）
二月、焦竑撰嘉善寺蒼雲崖記。（澹園續集卷四）
三月、顧憲成作虞山商語三，又爲南岳商語。（顧端文公年譜）
九月、南京太常寺卿唐鶴徵疾去。（國榷卷八〇）
十月、前吏部文選郎中顧憲成奉旨起陞南京光祿寺少卿。是
　月、著經正堂商語，著當下繹。（顧端文公年譜及國榷卷
　八〇並參）
十一月、劉永澄丁母憂。（劉職方公年譜）
十二月、焦竑撰和州儒學尊經閣記。（澹園續集卷四）

卷二三，明儒學案
卷二四，明史卷二
八三。）

三十七年己酉（一六〇九）	周汝登撰冏賢祠記。（東越證學錄卷一一） 黃道周服除。是歲、奉母僑居浦邑中。（漳浦黃先生年譜） 焦竑撰琴瑟合奏譜序（澹園續集卷二） 高攀龍赴金沙志矩堂，毘陵經正堂會。是歲、有默石翁劄記序。（高子遺書附年譜及同書卷二） 傅山三歲，父偶誦心經，問之，不覺應聲誦出下句，其後每能自誦，人知有宿慧。（傅青主先生年譜） 二月、顧憲成著經正商語二。（顧端文公年譜） 三月、顧憲成奏爲衰病交侵懇恩休致事。（同上） 六月、顧憲成作識仁答語。（同上） 十一月、顧憲成奏爲聞命亟趨屢牽宿疾事。（同上）	邵曾可子唯生。（清儒學案卷二〇一） 陶望齡周望卒，年四十八。（見注一八） 楊時喬宜廷卒。（明儒學案卷四二） 劉元卿調父卒，年六十六。（鄒子願學集卷六墓誌銘）
三十八年庚戌（一六一〇）	陳確七歲，始入小學。（陳乾初先生年譜） 曹于汴與孫承宗同試南宮。（理學宗傳卷二四） 焦竑撰晏氏家譜序。是歲、焦氏年七十壽慶，鄒元標爲序祝釐，有焦弱侯太史七十序。（鄒子願學集卷四及澹園續集卷三） 孫奇逢居母憂，邑學博士謝夢豹嘗過廬居論學。（孫夏峯先生年譜） 多、吳撝謙彙刻顧憲成小心齋劄記於金陵。（顧端文公年	金鉉伯玉生。（金忠潔年譜，明儒學案卷五七，疑年錄彙編卷八。） 彭士望躬庵生。（碑傳集卷一三七） 黃宗羲太沖生。（黃梨洲遺書附年

譜）
正月、顧憲成建燕居廟奉先師神位，刻涇皋八書。（同上）
二月、鹿善繼會試不第。（鹿忠節公年譜）
顧憲成推翰林院提督四彝館、太常寺少卿。（顧端文公年譜）
三月、馮從吾訂正薛敬之野錄三卷、遺稿數首、行實一帙，重刻行之，並自爲序。（思菴野錄卷首）
顧憲成著明道商語。（顧端文公年譜）
五月、顧憲成推都察院左僉都御史。（同上）
焦竑有書洛陽伽藍記後。（澹園續集卷九）
六月、高攀龍講學焦山，段幻然主會。又赴嘉禾天心書院會。（高子遺書附年譜）
八月、顧憲成會東林，刻以俟錄。（顧端文公年譜）

譜，結埼亭集卷一一、全祖望撰神道碑文，清儒學案卷二。）
錢一本國瑞卒，年七十二。（明史卷二三一）

三十九年辛亥（一六一一）

黃道周學邑試、郡試皆第一。（漳浦黃先生年譜）
曹于汴擢太常少卿。（明史卷二五四）
陳龍正年二十六，始有志經濟，搜剔史籍，未有眞得。（幾亭外書卷三）
高攀龍始實信大學知本之旨。訂古本大學。是歲、有俞毅夫先生七十序。（高子遺書附年譜及同書卷二）

祝淵開美生。（馮先恕疑年錄釋疑）
張履祥考夫生。（楊園先生全集附年譜，清儒學案卷五。）

秋、孫奇逢寓京師，館兵部郎杜詩家。（孫夏峯先生年譜）
高攀龍赴毘陵經正堂會。（高子遺書附年譜）
正月、焦竑澹園續集刋成，門人徐光啓爲序。是月、焦氏有李龍眠畫觀世音菩薩三十二相贊。（澹園續集卷首、卷八。）
顧憲成建宗祠，作家訓，集語孟說略。（顧端文公年譜）
三月、高攀龍講學於金沙矩志堂。顧憲成爲作志矩堂商語。（高子遺書附年譜及顧端文公年譜並參）
四月、劉永澄晤顧憲成於東林。（劉職方公年譜）
高攀龍講學於荊溪明道書院。（高子遺書附年譜）
五月、劉永澄訪文震孟於山中，復相偕同之錫山，過高攀龍水居。（劉職方公年譜）
六月、劉永澄訪道至杭，與書劉宗周邀會於西湖，各出證數年所學。尋，還焦山；暮冬歸里。（劉宗周年譜及劉職方公年譜並參）
八月、左諭德孫愼行爲左庶子。（國榷卷八一）
薛敬之野錄重刻，六世孫薛標爲跋。（恩菴野錄卷末）
顧憲成會東林，撰心學宗序。（顧端文公年譜）
十一月、顧憲成撰自反錄，又作萬曆奏議序。（同上）
十二月、顧憲成刻涇臯藏稿。（同上）

陸世儀道威生。（尊道先生年譜，清儒學案卷三，清史列傳卷六六。）
祝世祿無功卒，年七十二。（澹園續集卷一五。姜亮夫綜表作萬曆三十八年庚戌卒，恐誤。）
徐用檢克賢卒，年八十四。（明儒學案卷一四）

四十年壬子（一六一二）

黃道周補郡弟子員。（漳浦黃先生年譜）

馮從吾撰關中書院科第題名記。（馮少墟集卷一五）

高攀龍始實信中庸之旨。（高子遺書附年譜）

呂坤撰楊晉菴文集序。（去僞齋集卷三。按山居功課卷首作五月。）

孫奇逢寓京師，孝子賈三槐來受學；又晤曹于汴，舉仁體以告。（孫夏峯先生年譜）

焦竑撰明道書院重修記。（澹園續集卷四）

顧憲成置義莊錄、嘉言善行二編。（顧端文公年譜）

傅山六歲見父買黃精，云服之不死，輒出入取啖，不肯服穀食，強之乃復飯。（傅青主先生年譜）

冬、楊東明撰施棉襖記，又爲郡庠諸士約會序。（山居功課卷一、卷八。）

焦竑撰楊晉菴文集序。（見山居功課卷首）

正月、劉宗周赴京師，道過無錫，謁高攀龍，相與講學，有問學三書。一論居方寸，二論窮理，三論儒釋異同與主敬之功。自此益反躬近裏，從事治心之功。過寶應，訪劉永澄病，相與究養心之旨而別。（劉宗周年譜）

二月、馮從吾池陽語錄刊行，門人韓梅爲序。（馮少墟集卷一一）

張爾岐稷若生。（蒿菴集卷三自敍墓誌，碑傳集卷一三〇，清儒學案卷一六。）

錢澄之飲光生。（姜亮夫綜表）

劉永澄靜之卒，年三十七。（劉職方公年譜，高子遺書卷一一上，明儒學案卷六〇。）

顧憲成叔時卒，年六十三。（顧端文公年譜，高子遺書卷一一中，明儒學案卷五八。）

劉永澄補兵部職方司主事，未赴任而卒。（劉職方公年譜。按高子遺書卷一一上作春，未書何月。）
四月、劉宗周奉命副刑科給事中彭惟成册封益王。（劉宗周年譜）
湖廣布政司（？）參議周汝登爲南京尚寶司卿。（國榷卷八一）
顧憲成立義莊碑於宗祠。（顧端文年公譜）
五月、劉宗周奉命使過寶應，聞劉永澄卒甫踰一旬，登堂拊棺而哭之慟，三宿乃去。（劉宗周年譜）
七月、劉宗周與彭惟成等至江西建昌，行册封益王禮。（同上）
八月、劉宗周自建昌歸里省墓。（同上）

四十一年癸丑（一六一三）

孫奇逢下第，仍寓京師；與周景文論交；同鹿善繼讀王文成傳習錄。（孫夏峯先生年譜）
劉宗周有與陸以建年友書五通。（劉宗周年譜）
呂維祺成進士，除兗州推官，入爲吏部主事。（理學宗傳卷二四，明儒學案卷五四，明史卷二六四。）
傅山七歲就小學，凡所授書，傾注如宿通者。是歲、數得怪異之症，驚憂雙親。（傅青主先生年譜）
黃道周作大咸經，以形聲色九九相推，各得七百二十九，本河圖曲折之勢，兩其陰陽。以六因之，盡萬物之用。大要與太元同摹。其所差者，謂元會運，與歲月日時約略相等。（漳浦黃先生年譜）

王綱思齡生。（清儒學案卷三八）
陳瑚言夏生。（安道公年譜）
曹溶潔躬生。（清史列傳卷七八）
劉汋伯繩生。（見劉宗周年譜）
歸莊元恭生。（歸玄恭先生年譜，碑

	春、鹿善繼成進士，觀政兵部。（鹿忠節公年譜，明儒學案卷五四，明史卷二六七。） 夏、鄒元標撰匡山陽明先生書院記。（鄒子願學集卷五） 三月、高攀龍講學於金沙志矩堂。（高子遺書附年譜） 劉宗周回京復命，過寶應重訪劉永澄之里而弔哭之。撰文以祭，追敘生平交誼。復作淮南賦以誄之。私謚曰貞修先生。（劉宗周年譜） 四月、馮從吾太華書院會語刊行，張煇爲序。（馮少墟集卷九） 五月、少詹事孫愼行爲禮部右侍郎，署部事。（注七四） 九月、高攀龍靜坐武林弢光山中，著靜坐說。（高子遺書附年譜） 十月、劉宗周上修正學以淑人心以培 國家元氣疏，疏入不報。（劉宗周年譜） 十一月、高攀龍延錢一本講易東林。（高子遺書附年譜）	傳集卷三六。） 顧炎武寧人生。（顧亭林先生年譜，碑傳集卷一三〇，清儒學案卷六，清史列傳卷六八。）
四十二年甲寅（一六一四）	黃道周作師表。（漳浦黃先生年譜） 高攀龍赴荊溪明道書院會。（高子遺書附年譜） 周汝登創建陽明祠於南都，相與會講，論辨陽明之學。門人祁承㸁編次其記語，爲或問十條。（東越證學錄卷一） 孫奇逢在京師，周起元時過其邸舍。（孫夏峯先生年譜）	邱維屏邦士生。（碑傳集卷一三六） 俞汝言石吉生。（清儒學案卷二〇一）

春、高攀龍舉同善會以贍鰥寡孤獨，其節孝者，尤加惠之。（高子遺書附年譜）

仲夏、馮從吾撰聖學啓關臆說序。（馮少墟集卷一三）

三月、劉宗周告歸。（劉宗周年譜）

鄒元標撰許州新修儒學記。（鄒子願學集卷五）

七月、高攀龍作困學記。（高子遺書附年譜）

八月、禮部左侍郎孫愼行拜疏自去，東閣大學士葉向高致仕。（注七五）

十一月、高攀龍、劉元珍各撰祭練江兄文，以祭劉永澄。（見劉練江先生集卷八）

四十三年乙卯（一六一五）

張履祥從父授孝經。（楊園先生全集附年譜）

鹿善繼著認理提綱。（鹿忠節公年譜）

金鉉六歲出就外傅，一目數行下，師大奇之。（金忠潔年譜）

高攀龍著理義說、氣質說、未發說、朋黨說。是歲、有浦震宇先生七十序。（高子遺書附年譜及同書卷二）

黃尊素學於鄉。（黃梨洲遺書附年譜）

傅山九歲學書臨鍾元常體，自覺不似。（傅靑主先生年譜）

陳確始從伯兄問學。（陳乾初先生年譜）

顧炎武三歲患痘頗危，及脫痂，左目爲眇。（顧亭林先生年譜）

賈潤若水生。（清儒學案卷二）

李明性洞初生。（姜亮夫綜表）

應撝謙嗣寅生。（應潛齋先生年譜。清儒學案卷一七作萬曆四十七年卒，存參。）

春、粵之潮州守詹佐兩遣使致幣，迎黃道周居郡齋，命其子侍道周講論。（漳浦黃先生年譜）

秋、鹿善繼謁選，授戶部山東司主事、職鹽法。（鹿忠節公年譜）

冬、鄒元標撰星子縣新遷儒學記。（鄒子願學集卷五）

方學漸建卿卒，年七十六。（姜亮夫綜表）

四十四年丙辰（一六一六）

黃道周杜門著易象。（漳浦黃先生年譜）

曹于汴有賀馮少墟先生六袠序。（仰節堂集卷二）

高攀龍赴毘陵經正堂會。（高子遺書附年譜）

周汝登七十壽慶，鄒元標為序祝之，有壽海門周公七十序。（鄒子願學集卷四）

劉宗周授教於陳氏之石家池。著酒色財氣四箴示學者。（劉宗周年譜）

孫奇逢在京師，薛鳳祚、賈爾霖來從學。（孫夏峯先生年譜）

春、黃尊素成進士。（黃梨洲遺書附年譜）

夏、鄒元標撰正宗會館記。（鄒子願學集卷五）

二月、曹于汴復築仰節堂成，有記。（仰節堂集卷四）

四月、敕旌來知德孝行。（國榷卷八二）

史標顯臣生。（清儒學案卷二〇一）

王餘佑由之生。（注二一）

黃宗炎晦木生。（清儒學案卷二，結埼亭集卷一三、全祖望撰鷓鴣先生神道表）

謝文洊秋水生。（清儒學案卷一八，碑傳集卷一二七，馮先恕疑年錄釋疑。）

魏裔介石生生。（魏貞菴先生年譜，碑

		傳集卷一一墓誌銘及傳，清儒學案卷一九。）
四十五年丁巳（一六一七）	孫奇逢歸容城。（孫夏峯先生年譜） 陳龍正作暮春篇。（幾亭外書文錄卷三） 金鉉始應父命改今名字伯玉。（金忠潔年譜） 高攀龍赴荊溪明道書院會。（高子遺書附年譜） 黃尊素授寧國府推官，黃宗羲隨侍。（黃梨洲遺書附年譜） 張履祥以父命名履祥，亦欲其異日學金仁山。（楊園先生全集附年譜） 秋、鄒元標與會於青原，應少參吳氏屬爲撰康齋先生語略序。（鄒子願學集卷四） 三月、劉宗周著座右銘四則。（劉宗周年譜） 四月、劉宗周和楊時此日不再得詩，示學者。又撰表貞錄跋，叙母氏貞節坊豎立之經過。魏大中渡江來訪。馮從吾亦致書通問，以學業相勗勉。（同上）	沈昀朗思生。（碑傳集卷一二四） 于成龍北溟生。（注二二） 陳赤衷夔獻生。（注二三。） 陸元輔翼王生。（清史列傳卷六六） 魏象樞環極生。（注二四）
四十六年戊午（一六一八）	顧炎武六歲，嗣母授以大學。（顧亭林先生年譜） 高攀龍爲戊午吟，又有鳴陽伯兄六十序。（高子遺書附年譜及同書卷二）	耿介介石生。（碑傳集卷四三、竇克勤撰傳作卒年七十一

	督學岳和聲抵漳校士，拔黃道周第一。因極論喜怒哀樂未發之旨，相與講學於會城。（漳浦黃先生年譜） 多、孫奇逢同太僕楊茂讀書西張寺。（孫夏峯先生年譜） 八月、黃道周舉鄉試。（漳浦黃先生年譜） 十一月、黃道周如京師，作逆流序。（同上。）	；清史列傳卷六六作卒康熙二十七年，闕年壽，今與碑傳集合推得之。） 林時益確齋生。（清史列傳卷七〇） 施閏章尚白生。（施愚山先生年譜，清儒學案卷二一） 黃宗會澤望生。（南雷文定前集卷八、黃宗羲撰黃君壙誌） 呂坤叔簡卒，年八十三。（疑年錄彙編卷七，馮先恕疑年錄釋疑。）
四十七年己未（一六一九）	顧炎武七歲始就塾。（顧亭林先生年譜） 張履祥九歲丁父憂，哀毀如成人。（楊園先生全集附年譜，清史列傳卷六六）	王夫之之而生。（王船山學譜附年表） 申涵光孚孟生。

黃道周自燕都歸，復杜門著三易洞璣，未就。（漳浦黃先生年譜）

金鉉十歲善屬文，師喜，評其課曰：「認理眞切，措詞奇嬌，他年大作用人也。」（金忠潔年譜）

陳確從伯兄學於園花祝晉武家。是年、始應童子試。（陳乾初先生年譜）

六月、鹿善繼補戶部河南司主事，復署廣東司。（鹿忠節公年譜）

（申鳧盟先生年譜，清儒學案卷一，明史卷二六六。）

唐鶴徵天卿卒，年八十二。（明儒學案卷二六）

四十八年庚申（一六二〇）八月改元光宗泰昌元年。

胡承諾補諸生。（讀書說附年譜）

劉元珍起光祿少卿。（高子遺書卷一一上）

施閏章三歲丁母憂。（施愚山先生年譜）

曹于汴起太常少卿，改大理少卿，遷左僉都御史，進左副都御史。是歲、有張時庵先生八十壽册引。（明史卷二五四，理學宗傳卷二四，仰節堂集卷三並參。）

孫奇逢過任明臣雄縣署，留十日歸。是年、奇逢與魏大中定交。（孫夏峯先生年譜）

黃道周以三易洞璣未成，晝則布算，夜測分野，鍵戶無外交。有書與紹和云：「某寡特之生，與六親澹泛。自以一身飄泊塵海，獨守廬舍，無似人聲動二三月也。」（漳浦

毛騤雅黃生。（清史列傳卷七〇）

馬驌宛斯生。（碑傳集卷九一）

袁繼梓勝之生。（清儒學案卷二一）

劉漢中勃安生。（同上卷二五）

魏際瑞善伯生。（碑傳集卷七〇，清儒學案卷七〇。）

黃先生年譜）

八月、鄒元標爲大理寺卿，馮從吾爲尙寶司卿。（注七六）

高攀龍講學東林。（高子遺書附年譜）

十月、孫愼行爲南京禮部尙書。（國榷卷八四）

少司寇鄒元標疏薦高攀龍。（高子遺書附年譜）

十二月、鄒元標爲刑部右侍郎。（國榷卷八四）

以孫愼行任禮部尙書。（明通鑑卷七六）

焦竑弱侯卒，年八十。（見注一六）

熹宗天啓元年辛酉（一六二一）

楊東明與鄒元標、馮從吾會講於首善書院。（理學宗傳卷二三）

孫奇逢至京師，赴鹿善繼約。值左光斗督畿輔學，歸京師與晤於別墅。（孫夏峯先生年譜）

應撝謙七歲，從俞氏受業。（應潛齋先生年譜）

張履祥讀書錢店渡，受業於陸昭仲。（楊園先生全集附年譜）

傅山年十五應童子試，提學文翔鳳拔補博士弟子員。（傅青主先生年譜）

秋、黃道周公車北上，生平著經書制義，其刻行於世者曰逆流小草，其刻者亦不下千餘首。嘗有言曰：「戰場中拔父救兄，異鄉裏遇妻憐子，天下事都如做秀才赴科場時，則何事不可做也。」（漳浦黃先生年譜）

正月、高攀龍作壽戒。（高子遺書附年譜）

二月、鄒元標撰周訥谿（怡）傳贊（時鄒氏爲右司寇）。（

封濬禹成生。（碑傳集卷一三六）

曹本榮木欣生。（疑年錄彙編卷九，碑傳集卷四三、計東撰行狀。）

湯之錡世調生。（清史列傳卷四八六，碑傳集卷一二九。）

劉元珍伯先卒，年五十一。（高子遺書卷一一上，明儒

見周恭公年譜）
三月、詔起劉宗周爲禮部儀制司添註主事。（劉宗周年譜。）
高攀龍詔起光祿寺丞。（注七七）
顧炎武始讀周易。（顧亭林先生年譜）
四月、鄒元標還朝，進和衷之說。（明史卷二四三）
十月、劉宗周參劾宦官魏進忠保姆客氏。（劉宗周年譜）
十二月、鄒元標爲左都御史。（注七八）

學案卷六〇，明史卷二三一。）

二年壬戌（一六二二）

黃尊素考授御史懸缺假歸。黃宗羲自寧國回姚，赴郡城應童子試。（黃梨洲遺書附年譜）
吳執御成進士，除濟南推官。（明史卷二五八）
王夫之與次兄同入塾，從長兄受讀。（王船山學譜附年表）
錢澄之年十一，隨所親過浮山，因謁華嚴寺。（田間文集卷一二）
陳龍正在京師，與其師吳氏及梁溪某氏，朝夕相晤，始覺向來喜文章經濟之意，均屬可恥。（幾亭外書卷三）
黃道周成進士。是時魏璫虐焰方熾，文震孟、鄭鄤與道周約同盡言報國。（漳浦黃先生年譜）
陸世儀年十二能詩歌。（尊道先生年譜）
正月、高攀龍陞本寺少卿。是歲、著乾坤說、心性說、寅直說。又爲疏陳務學之要、致治之本等疏。（高子遺書附年譜）

張烈武承生。（清儒學案卷六六）
黃熙維緝生。（注二五）
李鄴嗣杲堂生。（清儒學案卷二，南雷文定前集卷七、黃宗羲撰李杲堂先生墓誌銘。）

顧炎武以大父命讀古兵家孫子吳子諸書，及左傳、國語、國策、史記。（顧亭林先生年譜）
二月、禮部尙書孫愼行及劉宗周上疏劾方從哲。宗周又上修學中興第一要義疏。（劉宗周年譜）
孫奇逢過山海關。（孫夏峯先生年譜）
三月、陳龍正有五言排律孟廟一首。（幾亭外書卷三）
四月、禮部尙書孫愼行追論紅丸事，劾方從哲庇李可灼。（明通鑑卷七八。）
劉宗周奉命賫壬戌會試錄往南京。（劉宗周年譜）
五月、劉宗周至南京，謁孝陵，焚會試錄，禮竣，經梁武墓，拜方孝孺衣冠，涉棲霞，登牛首，徧覽燕子磯，雨花臺，各有題詠。（同上）
六月、劉宗周陞光祿寺添註寺丞。（同上）
七月、劉宗周自南京歸里省墓，有丹陽道中詩。（同上）
禮部尙書孫愼行罷。（明通鑑卷七八，國榷卷八五。）
九月、高攀龍轉大理寺少卿。（高子遺書附年譜）
左都御史鄒元標上疏，以天下治亂，係於人心，人心邪正，係於學術爲言。（國榷卷八五）
十月、左都御史鄒元標、副都御史馮從吾罷。是月、元標在京師，與趙南星會於天寧寺，出其文稿存眞集請趙氏序，

有鄒爾瞻先生文集序。（注七九）
十一月、高攀龍晉太僕卿。（高子遺書附年譜）

三年癸亥（一六二三）

黃宗羲補仁和博士弟子員。（注八〇）
孫奇逢與鹿善繼商正四書說約。（孫夏峯先生年譜）
陸世儀年十三，隨父館顧東明家。（尊道先生年譜）
黃道周迎母至京就養。（漳浦黃先生年譜）
金鉉年十四應童子試，補京兆尹弟子員。（金忠潔年譜）
高攀龍周易孔義成；乞差歸。（高子遺書附年譜）
顧炎武從大父受資治通鑑。（顧亭林先生年譜）
陳確讀書菩提寺。（陳乾初先生年譜）
施閏章六歲入小學，父授以孝經。（施愚山先生年譜）
春、曹于汴仰節堂集刻行，戴任爲序後語。（仰節堂集卷末尾）
秋、黃宗羲侍父至京，見朱大典於李皇親園中。（黃梨洲遺書附年譜）
曹于汴授吏部右侍郎，四辭不得，乃引疾歸。（明史卷二五四，仰節堂集卷首。）
多、黃尊素授山東道監察御史。（見黃梨洲遺書附年譜）
鄒元標應馮從吾屬撰薛思菴先生野錄序。（見思菴野錄卷首）
四月、高攀龍抵家，復尋東林之社。（高子遺書附年譜）

甘京健齋生。（注二六）
郝浴冰滌生。（碑傳集卷六四、熊賜履撰碑銘、李呈祥撰行狀。）
費密此度生。（清儒學案卷二〇七）
毛奇齡大可生。（注二七）
張貞生幹臣生。（清史列傳卷六六）

五月、劉宗周陞尙寶司少卿。（劉宗周年譜）
九月、劉宗周陞太僕寺添註少卿。（同上）
十一月、高攀龍陞刑部右侍郎，疏辭不允。（高子遺書附年譜）

四年甲子（一六二四）

顧炎武始習科舉文字。（顧亭林先生年譜）
陸世儀年十四，與盛聖傳定交。（尊道先生年譜）
黃道周授翰林院編修、國史實錄。（漳浦黃先生年譜）
曹于汴起南京右都御史，辭不拜；逆閹劾以東林領袖，遂削籍。（仰節堂集卷首，明史卷二五四）
左光斗僉都，以忤璫去國，期晤孫奇逢於白溝。（孫夏峯先生年譜）
金鉉年十五，應順天鄉試，本房擬薦，以經文稍異列備卷。（金忠潔年譜）
馮從吾起南京右都御史，累辭未上；召拜工部尚書，會趙南星、高攀龍相繼去國，連疏力辭，予致仕。（注八一）
冬、傅山以父病傷寒瀕危，禱於神願以身代，得靈藥飲之獲痊，人謂孝通神明。（傅青主先生年譜）
劉宗周撰重刻尹和靖先生文集序。（劉宗周年譜）
正月、南京太僕寺卿周汝登爲通政使。（國榷卷八六）
陳瑚始應童子試。（安道公年譜）

汪琬苕文生。（碑傳集卷四五）
李柏雪木生。（清史列傳卷六六）
魏禧冰叔生。（魏叔子年譜，碑傳集卷一三七。）
鄒元標爾瞻卒，年七十四。（姜亮夫綜表）
楊東明啓修卒，年七十七。（明儒學案卷二九）

二月、山東道御史黃尊素請復午朝面奏；上以嚴旨尚不遵行，何又午朝面奏也。（同上）

陳瑚丁母憂，擗踊號泣，勺漿不入口；父憐之命食，始食。（安道公年譜）

三月、山東御史黃尊素言時事十失；上怒，奪俸三月。（同上）

高攀龍同門人華允誠啓行。（高子遺書附年譜）

六月、高攀龍進京。是月、爲曹于汴仰節堂集撰序。（仰節堂集卷首及高子遺書附年譜並參）

八月、左都御史孫瑋，以刑部右侍郎高攀龍代之。（明通鑑卷七九）

九月、鹿善繼陞本部員外郎。（鹿忠節公年譜）

高攀龍陞都察院左都御史。榜禁書儀，劾御史崔呈秀。（高子遺書附年譜）

劉宗周以方孝孺蚤師宋濂，接朱熹正傳。國朝理學，當以爲首。因節抄其集之粹者，爲正學錄三卷，爲異日從祀地。有序。（劉宗周年譜）

十月、高攀龍疏請挺擊案三臣謚廕，奉旨下部，不行。又有覆吉人及時宜用疏、具申嚴憲約疏，未及上罷歸。（高子遺書附年譜，明通鑑卷七九，國榷卷八六。）

劉宗周撰方遜志先生死事存疑。（劉宗周年譜）

	十一月、劉宗周撰陳思石先生八十序。（同上）	
五年乙丑（一六二五）	孫奇逢在北城。（孫夏峯先生年譜） 王夫之從長兄受讀，畢十三經。（王船山學譜附年表） 金聲撰房書序。（金正希先生文集輯略卷六） 劉宗周纂輯宗譜，撰族父學可公傳。（劉宗周年譜） 張履祥應童子試，補縣學弟子員，從諸董威受學，始交錢寅輩。（楊園先生全集附年譜） 施閏章八歲，父以其多病，而幸免於殤，手示太上感應篇。（施愚山先生年譜） 秋、馮從吾以魏忠賢黨張訥疏詆，削籍。（明史卷二四三） 陳確遊武林，與董爾立同寓湖上。（陳乾初先生年譜） 冬、劉宗周傷楊、左六君子之死，作弔六君子賦。（劉宗周年譜） 正月、前太僕少卿劉宗周削奪官誥，以矯情厭世也。時削籍者，並奪告身。是月、宗周聞丁元薦病，往長興視之。歸途過嘉興，訪魏大中，復遺書高攀龍。（國榷卷八七及年譜並參） 二月、高攀龍酌兌荒區漕米。（高子遺書附年譜） 三月、黃尊素以劾奄媪魏忠賢客氏，削籍歸里。（見黃梨洲遺書附年譜） 劉宗周聞丁元薦卒，往長興弔之。長興知縣吳鍾巒來問學。	許三禮典三生。（碑傳集卷一八墓誌銘）

（劉宗周年譜）
四月、高攀龍削籍爲民，追奪誥命。（年譜及國榷卷八七並參）
五月、高攀龍送別魏大中於高橋，有高橋別語。（高子遺書卷五）
七月、馮從吾爲曹于汴仰節堂集序。（見仰節堂集卷首）
八月、毀天下書院，削奪鄒元標、孫愼行、馮從吾官誥。（國榷卷八七）
九月、劉宗周始聞魏大中訃，西向再拜，哭之以辭。（劉宗周年譜）

六年丙寅（一六二六）

孫奇逢著北行日譜。（孫夏峯先生年譜）
金鉉應督學歲試，取一等，補增廣生。（金忠潔年譜）
張爾岐年十五，聞有所爲聖人之道者而悅之。（蒿菴集卷二）
黃道周丁母憂。（漳浦黃先生年譜）
陸世儀年十六，父勗之曰：「一飲一食，常維經義可以收放心；或坐或臥，如對聖賢可以却邪念。」世儀揭之座隅。（清史列傳卷六六）
魏裔介應童子試。（魏貞菴先生年譜）
張履祥讀書陋巷村之蔣菴。（楊園先生全集附年譜）
施閏章丁父憂。（施愚山先生年譜）
胡承諾食廩餼，讀史西塔寺。（讀書說附年譜）

李經世函子生。（碑傳集卷一二〇）
范鄗鼎漢銘生。（清儒學案卷二八）
高攀龍存之卒，年六十五。（高子遺書附錄朱國禎撰墓誌、錢士升撰神道碑、葉茂才撰行狀及華允誠撰年譜。）
黃尊素眞長卒，年

顧炎武年十四，爲諸生。耿介絕俗，與同里歸莊善，時有歸奇顧怪之目。是歲、讀資治通鑑畢，讀書詩春秋。麻城周提學邦基取入學二十二名，庠名繼紳；入復社有名。（顧亭林先生年譜及清史列傳卷六八並參）

歸莊年十四補諸生。（歸玄恭先生年譜）

傅山試高等，食廩餼。是歲、作秋海棠賦。（傅青主先生年譜）

二月、高攀龍奉六君子從祀道南祠。（高子遺書附年譜）

三月、鹿善繼陞武選司郎中。（鹿忠節公年譜）

黃尊素與高攀龍、周順昌、繆昌期、周宗建、李應昇、周起元先後被逮。黃宗羲送至郡城，劉宗周餞之蕭寺，尊素命宗羲從之游。（見漳浦黃先生年譜）

高攀龍謁道南祠。是月十七日，被逮，不辱赴水死之。（高子遺書附年譜）

五月、前御史黃尊素下鎮撫司。（國榷卷八七及清史列傳卷六八並參）

閏六月、黃尊素卒於詔獄。（國榷卷八七）

四十三。（馮先恕疑年錄釋疑，明儒學案卷六一，國榷卷八七。）

七年丁卯（一六二七）

刁包爲擧人。（清史列傳卷六六）

黃道周葬母氏於北山。（漳浦黃先生年譜）

毛騤八歲能詩。（清史列傳卷七〇）

李顒中孚生。（李二曲先生年譜，清儒學案卷二九。）

	金鉉舉鄉試第一。（明儒學案卷五七，明史卷二六六。金忠潔年譜作八月，並參。） 申涵光九歲入小學，從張斯受治毛詩，館於縣庠。（申鳧盟先生年譜） 孫愼行以公議戍得寧夏極邊。其秋，以熹廟大統，詔卹死事諸臣，愼行解戍復原官。（劉子全書卷二二。明通鑑卷八〇作七月，並參。） 陸世儀年十七，始爲主敬之學。與陳瑚（時年十五）定交，約同志爲文會。（尊道先生年譜，安道公年譜，清史列傳卷六六。） 正月、劉宗周五旬初度，有慨於孔子知命之學，作知命賦以自勉。（劉宗周年譜） 八月、鹿善繼起陞尙寶寺卿。（鹿忠節公年譜） 劉宗周輯皇明道統錄成，凡七卷。又撰做人說、讀書說，示其子汋。（劉宗周年譜）	湯斌孔伯生。（注二八） 朱用純致一生。（注二九） 馮從吾仲好卒，年七十二。（姜亮夫綜表）
毅宗崇禎元年戊辰（一六二八）	黃道周有援琴示諸知己之作。（漳浦黃先生年譜） 金鉉成進士，觀政刑部。以性好靜，喜讀書，請改廣文。（金忠潔年譜） 孫奇逢以督學御史李蕃舉孝行，得旨建坊。又表元義士魏敬益墓。（孫夏峯先生年譜）	魏禮和公生。（清史列傳卷七〇） 王錫闡寅旭生。（清儒學案卷三一，碑傳集卷一三三。）

金聲成進士，改庶吉士。（明儒學案卷五七，明史卷二七七。）
陸世儀與陳瑚同受經於趙自新之門。（尊道先生年譜及安道公年譜）
呂維祺起尙寶卿，遷太常少卿，督四夷館。（明史卷二六四）
王夫之從父受經義至數萬首。（王船山學譜附年表）
朱天麟成進士，授饒州府推官。（明儒學案卷五七，明史卷二七九。）
孫愼行以原官協理詹事召，三辭不允。（劉子全書卷二二）
曹于汴召拜左都御史，未幾，閹訟起，據法守經，力爲糾正；久之，以年老乞身。（注八二）
黃宗羲袖長錐草疏入京頌寃，過杭州遇華亭陳繼儒，宗羲出疏，繼儒隨筆改定。及至京，則魏閹已磔，卽疏請誅曹欽程、李實；又於對簿時，錐許顯純流血，毆崔應元胸，拔其鬚歸祭其父。（黃梨洲遺書附年譜及清史列傳卷六八並參
多、劉宗周往弔黃尊素，以袖拂棺塵，痛哭而去。（見黃梨遺書附年譜）
九月、劉宗周聞奄黨正法，黨禍已解，遂裹糧渡錢塘，徧弔死難諸友之喪。（劉宗周年譜）
十月、劉宗周撰曾氏家乘序。（同上）
十一月、劉宗周陞順天府尹。（同上。國榷卷八九作十二

田蘭芳梁紫生。（碑傳集卷一三九，清史列傳卷一六。）
姜宸英西溟生。（注三〇）
黃虞稷兪邵生。（注三一）
詹明章峩士生。（碑傳集卷一二六）
潘檉章聖木生。（同上卷三五）

	月，存參） 十二月、金鉉奉旨改授揚州府儒學教授。（金忠潔年譜，明儒學案卷五七，明史卷二六六。） 劉宗周撰正學名臣丁長孺先生墓表。（劉宗周年譜）	
二年己巳（一六二九）	毛騤年十歲，能屬文。（清史列傳卷七〇） 曹于汴以溫體仁等劾，乃謝事歸。（仰節堂集卷首） 劉宗周講學蕺山，獨標愼獨宗旨，黃宗羲隨侍焉。（劉宗周年譜） 施閏章始能屬文。（施愚山先生年譜） 鹿善繼陞太常寺少卿，管光祿寺寺丞事。（鹿忠節公年譜） 應撝謙年十五，從兩兄讀書於西湖之北。（應潛齋先生年譜） 黃道周三易洞璣書成，有料理三易稍已就緒之作。（漳浦黃先生年譜） 夏、劉宗周撰大學古記約義。（劉宗周年譜） 二月、金鉉赴維揚任，敎諭諸生，先行業而後文章。一時文風蔚起，從游者比於胡安定之門。（金忠潔年譜） 三月、劉宗周爲族叔玉宇先生八十壽序。（劉宗周年譜） 四月、呂維祺以廷議軍餉，陳奏十五事；復奏防微八事，帝	呂留良用晦生。（呂留良年譜） 朱彝尊錫鬯生。（碑傳集卷四五，清史列傳卷七一，曝書亭集詩注卷首、楊謙纂朱竹垞先生年譜。） 周汝登繼元卒，年八十三。（姜亮夫綜表）

嘉納之。（明史卷二六四）

六月、光祿寺丞鹿善繼加太常寺少卿。（國榷卷九〇）

黃宗羲之雲間訪陳繼儒於來儀堂精舍，留信宿而別。（黃梨洲遺書附年譜）

十月、金鉉以陞國子監博士回籍。（金忠潔年譜）

十一月、金聲召對平臺，改御史（時清兵逼都城）。明史卷二七七）

黃宗羲葬父於隱鶴橋。（黃梨洲遺書附年譜）

三年庚午（一六三〇）

張爾岐年十九學史。（蒿菴集卷二）

吳執御徵授刑科給事中。（明史卷二五八）

陸世儀拒復社之招，弗往。（尊道先生年譜）

陳龍正元旦聞鷄鳴，胸中曠然無一事，自是悟生生之旨。是春、撰定紅夷記，又有記去自喜之病。（理學宗傳卷二四及幾亭外書卷三、文錄卷又一）

鹿善繼里居，孫奇逢遣子姪就學江村。是歲、御史黃宗昌疏請徵聘孫奇逢。（見孫夏峯先生年譜）。

呂維祺陞南京戶部右侍郎、兼右僉都御史，總督糧儲。（明儒學案卷五四，明史卷二六四。）

應撝謙從兩兄讀書於孤山，習詩經，遷居東城。（應潛齋先

唐甄鑄萬生。（潛書卷末附事迹簡表，碑傳集補卷二一，清儒學案卷二二〇七。）

孫博雅君僑生。（清儒學案卷一）

陸隴其稼書生。（注三二）

生年譜）

申涵光年十二，從學趙士宏，館於鄭子茂家；初為舉子業，即通文理，時人異之。（申鳧盟先生年譜）

金聲自是年始歸田，讀書學道，日不暇給。嘗語門弟子，為學須反躬實踐。（金正希先生文集輯略卷九）

黃宗羲奉母之南京應天府經歷署，番禺韓上桂以南京國子監丞左遷照磨；其署與經歷署只隔一牆，宗羲昕夕過從，上桂始以詩法授之。（黃梨洲遺書附年譜）

三月、劉宗周輯保民訓要。（劉宗周年譜）

四月、黃道周至都。未幾，與科臣熊德陽同出典浙江鄉試。事竣還都，逢神宗實錄成，晉右春坊右中允。（漳浦黃先生年譜）

六月、順天府尹劉宗周上言天永命。（國榷卷九一）

九月、鹿善繼歸里，有臨河而歎退修六經之志，因自號曰江村漁隱。（鹿忠節公年譜）

劉宗周辭闕歸里。（劉宗周年譜）

十二月、劉宗周弔周應中。未幾，又往執紼送葬。（同上）

四年辛未（一六三一）

湯斌五歲，從母氏口授孝經。（潛庵全集附年譜）

孫奇逢在里，建邑前賢劉靜修墓祠成，議以李希直、張希古

蔣伊渭公生。（碑傳集卷五三、彭紹

二公，配饗靜修祠。（孫夏峯先生年譜）
黃宗羲以遺命發憤讀史，自明十三朝實錄上溯二十一史，每日丹鉛一本，遲明而起，鷄鳴方已，兩年而畢。（黃梨洲遺書附年譜）
張履祥從傳光受學，始交顏士鳳。（楊園先生全集附年譜）
毛奇齡五歲，始學爲文。（毛翰林文集、序卷二五。）
劉宗周撰重刊荷亭文集序。（劉宗周年譜）
施閏章應童子試。（施愚山先生年譜）
金聲撰程阿白書序、任澹公文序、任僊孟文序、還古書院會序。（金正希先生文集輯略卷六）
夏、張履祥丁母憂，居喪遵朱子家禮。（楊園先生全集附年譜）
冬、陳確始與祝淵定文。（陳乾初先生年譜）
正月、黃道周回奏三疏，始下，「已降三級調用矣」。而禮科又吹索浙闈事，數次不已。道周遂更三疏乞休。（注八三）
三月、劉宗周始與陶奭齡大會同志，講學於陶文簡公祠。著證人社約。（劉宗周年譜）
六月、金鉉陞工部都水清吏司主事。（金忠潔年譜）
九月、陳龍正編次幾亭外書成，有外書序；又爲高攀龍編次

升撰事狀。）
李因篤天生生。（關中三李年譜）
徐乾學原一生。（碑傳集卷二〇及有懷堂文藁卷一八、韓菼撰行狀。）
顧祖禹景范生。（注三三）
葉茂才參之卒，年七十二。（明儒學案卷六〇）

高子遺書爲十二卷，並爲之序。（幾亭外書卷首，高子遺書卷首。）

閏十一月、劉宗周撰沈貞烈女傳。（劉宗周年譜）

五年壬申（一六三二）

黃宗羲始與甬上陸符、萬泰定交。（黃梨洲遺書附年譜）

朱用純初就傅，讀小學。（朱柏廬先生編年毋欺錄）

顏士鳳之金華，張履祥作序送之。（楊園先生全集附年譜）

陸世儀入郡庠。（尊道先生年譜）

毛奇齡年十歲，見楊盈川詩誦而好之。是歲、始應童子試。（毛翰林文集、序卷二二、卷二五。）

應撝謙從潘氏受業，與葉大緯同學，誦習朱子小學諸書。（應潛齋先生年譜）

金聲撰爲諸生賀魯青海課最詩序、袁廣文課士序、劉用潛文序，又爲語錄上（自壬申至乙酉，十有四年）。（金正希先生文集輯略卷六、卷九。）

春、錢士升刻高子遺書，又爲之序。（見高子遺書卷首）

秋、黃道周至餘杭，諸同人畢集，因築書院於大滌山。（漳浦黃先生年譜）

張爾岐之濟南視鄧光玉，因得交王含九而讀其詩。（蒿菴集卷二）

徐世沐爾瀚生。（碑傳集卷一二七）

淩嘉印文衡生。（同上卷一二八，清儒學案卷一七。）

	冬、黃道周抵墓下，誦陶詩曰：「徘徊丘隴間，依依昔人居」。復走南靖諸山，二鼓乃歸。（漳浦黃先生年譜） 正月、劉宗周撰家塾規、小學約。（劉宗周年譜） 黃道周束裝將行，有放門陳事疏。（漳浦黃先生年譜） 二月、劉宗周輯劉氏家廟祀典成。（劉宗周年譜） 黃道周掛帽出都門。自濟寧過兗州，至曲阜，上孔林，謁周文公廟，下昌嶧，徘徊九龍山，孟林在焉。道周各繫以詩。乃買舟至留都，寄家城隅，自僦小舟泝江而上，遂歷黃山、白岳、九華、皖臺、匡廬之勝。（漳浦黃先生年譜） 五月、劉宗周建古小學成，撰重修古小學記。（劉宗周年譜） 十月、劉宗周著第一義等說，又為張伯樞撰四書解序。（同上）	
六年癸酉（一六三三）	孫奇逢在北城，申社約。（孫夏峯先生年譜） 黃宗羲讀書武南屏山下，與江濟月、張濟義同學。（黃梨洲遺書附年譜） 呂維祺拜南京兵部尚書，參贊機務。（明史卷二六四） 張履祥館顏士鳳家。（楊園先生全集附年譜）	胡渭朏明生。（德清胡朏明先生年譜，清儒學案卷三六，清史列傳卷六八，潛研堂文集卷三

黃宗會補博士弟子員。（見黃梨洲遺書附年譜）

魏裔介應順天鄉試不第，歸而讀書樸園。（魏貞菴先生年譜）

湯斌從伯父學。（潛庵全集附年譜）

李鄴嗣年十二三，能詩有秀句。（清史列傳卷七〇）

張爾岐繫濟南郡獄，鄧光玉、王含九時挾詩囊茗椀，視張氏於獄中。（蒿菴集卷二）

陳確補博士弟子員。（陳乾初先生年譜）

陸世儀延陳瑚於家，相與閉戶讀書。是歲、師事石敬巖習武事，作八陣發明。（尊道先生年譜）

應撝謙與沈昀、徐繼恩、吳百朋、陸培、陸堦同受知於學使黎元寬，補杭郡學弟子員；始與蔣志春、張氏兄弟交。是秋、始與葉大緯爲石交之會。（應潛齋先生年譜）

陳瑚科試補蘇州府博士弟子員，館於陸世儀家，又館王氏。（安道公年譜）

魏禧始學爲制舉文。（魏叔子年譜）

金聲撰友善會序。（金正希先生文集輯略卷六）

申涵光年十五，補邑庠生。（申鳧盟先生年譜）

惲日初爲副榜貢生，遂久留京師。（惲遜庵先生遺集卷首）

夏、劉宗周撰明德淵源錄跋語。（劉宗周年譜）

秋、陸世儀行袁了凡功過格。（尊道先生年譜）

八、錢大昕撰傳。）

毛際可會侯生。（清史列傳卷七〇）

張鵬翼翬子生。（同上卷六六）

梅文鼎定九生。（梅定九年譜，清儒學案卷三七。）

萬斯大充宗生。（碑傳集卷一三〇，清儒學案卷三四。）

三月、劉宗周輯鄉約小相編。（劉宗周年譜）

五月、鹿善繼刻輔仁社草，序之。（鹿忠節公年譜）

七年甲戌（一六三四）

王夫之始從里中和四聲者問韻學韻語，閱古今人所作詩不下十萬，經義亦數萬首（時年十六）。（船山遺書卷六四及卷六八並參）

湯斌八歲，始入塾。（潛庵全集附年譜）

錢澄之再過浮山，與友人游會聖巖。（田間文集卷一一）

陸世儀以父得中風疾，親侍臥起者幾五載。（尊道先生年譜）

黃虞稷七歲，能詩號神童。（碑傳集卷四五，清史列傳卷七一。）

張爾岐年二十三，始爲日記。（蒿菴集卷二）

胡承諾與吳驥選古文春汲成、三宜錄成，又撰西塔僧新置塔院記。（讀書說附年譜）

陳龍正成進士，授中書舍人。（理學宗傳卷二四）

朱彝尊六歲，始就家塾。（朱竹垞先生年譜）

魏禧補邑弟子員。（魏叔子年譜）

應撝謙年二十，讀書於南屏；周聖儀重刻小學集註，撝謙爲校定。（應潛齋先生年譜）

徐善敬可生。（碑傳集卷五九）

王士禎貽上生。（注三四）

徐元文公肅生。（有懷堂文藁卷一七、韓菼撰行狀，碑傳集卷一二行狀及神道碑。）

陳錫嘏介眉生。（南雷文定後集卷三、黃宗羲撰墓誌銘。）

曹于汴自梁卒，年七十七。（仰節堂集卷首附王鴻緒撰傳，又明史卷二五

黃宗羲仍與讀書社諸子讀書武陵。時宗羲講習律呂，與張濟義取餘杭竹管肉好均者，截爲十二律及四清聲吹之，以定黃鐘。（黃梨洲遺書附年譜）

黃道周抵家守墓，諸弟子相從講論，皆在浦之北山。道周談經之餘，屢屢勸人讀史。嘗於歷代史中，自漢迄宋，取十二人，人自爲傳。二傳爲卷，每卷各以行事相比，曰懿畜前編。又取明興以來，楊文貞而下，得二十四人，所附見者若干人，曰懿畜後編。（漳浦黃先生年譜）

是歲、劉宗周門人魏學濂葬其父大中，迎宗周題主。陳龍正謁於舟中，以高攀龍遺書爲贈。宗周在舟中閱之，每至禪門路徑，指以示門人黃宗羲。（劉宗周年譜）

春、孫奇逢下第。（孫夏峯先生年譜）

夏、劉宗周輯聖學宗要。（劉宗周年譜）

正月、劉宗周撰慥慥齋集序，又爲劉氏宗約。（同上）

二月、劉宗周撰胡松菴先生錄序。（同上）

三月、孫奇逢視弟啓美於武成署，刻孝友堂家乘，鹿善繼爲序。（孫夏峯先生年譜，並見鹿忠節公年譜。）

五月、黃道周應曹惟才，始卽漳郡紫陽學堂爲講舍，定於四仲之月，雅集課藝，因文證聖，併分紙一張，隨所疑難，先經後傳，先籍後史，自近溪、敬齋而上，周、程、羅、

四，馮先恕疑年錄釋疑。）

	李而下，不妨兼舉，以印身心。久之，道周自次所條答，為榕壇問業以行世。臘月乃還北山守墓。（漳浦黃先生年譜） 八月、劉宗周著證人小譜。（劉宗周年譜） 孫奇逢同鹿太公（善繼父）謁孔林。（孫夏峯先生年譜） 九月、鹿善繼刊認眞草。（鹿忠節公年譜）	
八年乙亥（一六三五）	張爾岐為日記序。（蒿菴集卷二） 魏象樞應童子試（時年十九）。（魏敏果公年譜） 孫愼行為禮部尚書。（劉子全書卷二二） 張履祥館甑山錢濤家，始讀小學、近思錄。（楊園先生全集附年譜） 魏裔介與趙漁讀書樸園，閱四書大全，錄其要者。（兼濟堂集卷四） 李顒九歲，始入小學從師發蒙，讀三字經。（二曲集卷四五、歷年紀略；李二曲先生年譜。） 許三禮年甫十歲，母卒，即能撫棺號慟，擗踊中節，屏除酒葷，識者異之。（碑傳集卷一八、墓誌銘。案：是年先生應十一歲矣，玆作「年甫十歲」，恐誤，存參。） 陸隴其六歲，入小學，師彭元瑞見其端重不佻，即以大器卜	顏元易直生。（顏習齋先生年譜，清儒學案卷一一。） 李良年武曾生。（碑傳集卷一三八） 崔蔚林夏章生。（清儒學案卷一，碑傳集卷四四。） 熊賜履敬修生。（注三五） 孫愼行聞斯卒，年七十二。（見注一九）

之。（稼書先生年譜）
李因篤五歲，性穎異，從外祖父塾，受大學、中庸、論語、
孟子、尚書、孝經，過目成誦。（關中三李年譜）
應撝謙仍讀書南屏，時張岐然構小樓其旁。柴紹炳亦隱居南
屏書屋，黃宗羲、江浩、江之浙，兄弟皆共相講習焉。（
應潛齋先生年譜）
春、金聲起山東僉事，復兩疏力辭。（明史卷二七七）
夏、鹿善繼刻說約。（鹿忠節公年譜）
冬、劉宗周有靜坐述意詩。（劉宗周年譜）
正月、呂維祺歸洛陽，立伊洛會，及門二百餘人，著孝經本
義，上之。（明史卷二六四）
劉宗周輯孔孟合璧、五子連珠。（劉宗周年譜）
五月、黃道周復會於榕壇。（漳浦黃先生年譜）
六月、陳龍正撰幾亭文錄卷又一小引。（幾亭外書文錄卷
首）
十一月、前順天府尹劉宗周以十月傳召見朝，因引咎乞歸；
上問其傳自何人，據實奏聞。（國榷卷九四）
十二月、前禮部尚書孫慎行應召至京，疾甚，免陛見。（同
上）

九年丙子（一六三六）

湯斌年十歲，卽有志聖賢之學。（潛庵全集附年譜）

黃道周以有司敦促上道，臘月乃至京師。（漳浦黃先生年譜）

呂留良八歲能文，造語奇偉，迥出天表。（呂留良年譜）

申涵光應鄉試下第。（申鳧盟先生年譜）

陳瑚始與陸世儀、江士韶、盛敬等約爲聖賢之學，里中有四君子之稱。是歲、有江升書勸學。（注八四）

施閏章補博士弟子，隸縣庠。（施愚山先生年譜）

劉宗周官工部左侍郎；旋告歸，以直陳時事落職。是歲、始以大學誠意、已發未發之說，示學者。（劉宗周年譜）

應撝謙讀書東城，與葉大綍、虞異羽，三人相砥礪，爲正誼明道之文，嘗作君子貴自勉論。是秋、贈異羽詩有云：「開簡坐北牕，渺然懷古深，勵志從正學，與君同此心。」（應潛齋先生年譜）

是歲、金鉉有宋大儒四子合刻行於世。（金忠潔年譜）

春、錢澄之訪左碩人於龍眠山。（田間文集卷一八）

魏裔介入西山桃源洞讀書，每靜坐巖岫中，觀心體澄然處。空山無人，水流花開，大有會悟。（魏貞菴先生年譜）

秋、魏裔介應順天鄉試，以謄有訛字，弗售。（同上）

黃儀子鴻生。（見德清胡朏明先生年譜）

冉覲祖永光生。（碑傳集卷四六）

閻若璩百詩生。（潛研堂文集卷三八錢大昕撰傳，閻潛邱先生年譜，清儒學案卷三九。）

鹿善繼伯順卒，年六十二。（鹿忠節公年譜）

冬、陳確移居泥橋之西，許元五爲作移居圖。（陳乾初先生年譜）
二月、劉宗周撰辛復元先生集序。（劉宗周年譜）
黃宗羲赴偕仲弟宗炎、叔弟宗會應解試。（黃梨洲遺書附年譜）
三月、工部右侍郎劉宗周痛憤時艱，疏上不報。是月、有祭宗伯孫淇澳先生文。（劉宗周年譜）
五月、鹿善繼著黃帝鑄鼎說。（鹿忠節公年譜）
六月、劉宗周有薦陶奭齡公揭，同具名者爲王業浩、金蘭。（劉宗周年譜）
七月、定興失守，鹿善繼殉難死之。（鹿忠節公年譜，並見孫夏峯先生年譜。）
十月、前工部右侍郎劉宗周上言，疏上不報。（國榷卷九五）
十二月、黃宗羲遷葬父於化安山。（見劉宗周年譜）

十年丁丑（一六三七）

歸莊與楊彝訂交。（歸玄恭先生年譜）
金聲撰李兩公文序、鄭超宗文序。（金正希先生文集輯略卷六）
李因篤七歲母出，父遺書勉以父志，嗚咽受命。（關中三李年譜）
張爾岐以友人之說，肆力於時文，又因時文而學周禮。（蒿菴集卷二）
魏禧受學於同里楊文彩。（魏叔子年譜）

韓菼元少生。（碑傳集卷二一墓碑，清儒學案卷五一。）

李鄴嗣年十六，隨父宦嶺外，張孟奇歎異之，爲忘年交。（清史列傳卷七〇）

胡承諾公車不第，自白下歸，撰余君誌銘。（讀書說附年譜）

毛騤年十八，著白榆堂詩，陳子龍見而奇賞之，遂從之游。（清史列傳卷七〇）

陳瑚始作日記。是歲至己卯，有日記一卷，原名經義錄。（安道公年譜）

春、陸世儀定歲會禮，作紀考德課業錄。始著思辨錄、讀史筆記，又有與陳確菴論動靜書。（尊道先生年譜）

秋、黃宗羲偕宗會之杭。（黃梨洲遺書附年譜）

正月、劉宗周作苫次說，示其子汋。（劉宗周年譜）

二月、黃道周分校會試，得士二十一人。（漳浦黃先生年譜）

劉宗周有與錢牧齋少伯書。（劉宗周年譜）

四月、黃道周具疏乞休，凡再上不允。（漳浦黃先生年譜）

劉宗周撰紹興府鄉賢考次。（劉宗周年譜）

五月、黃道周陞諭德，掌司經局。（漳浦黃先生年譜）

六月、黃道周具疏辭職，自劾臣有三罪、四恥、七不如之語。（同上）

九月、孫奇逢刻取節錄成。（孫夏峯先生年譜）

十月、黃道周有申明掌故一疏。（漳浦黃先生年譜）

十一月、劉宗周辯太極解之誤。（劉宗周年譜）
十二月、中書舍人陳龍正鐫二級，降南京國子監丞。（國榷卷九六）
黃道周陞少詹事，協理府事，兼管玉牒。（漳浦黃先生年譜，國榷卷九六。）

十一年戊寅（一六三八）

李因篤八歲，通制義。（關中三李年譜）
黃宗羲注謝翺西臺慟哭記、多青引。（黃梨洲遺書附年譜）
陳瑚科試補增廣生，講學全規成。（安道公年譜）
金聲撰洪簡臣文序、歐陽節庵文序、賀定齋集序、司李生祠記。是歲、著語錄下成。（金正希先生文集輯略卷六、卷八、卷九。）
湯斌爲古文詩歌，旋屏去。（潛庵全集附年譜）
徐乾學八歲能文，爲尚書顧錫疇所知。（碑傳集卷二〇）
黃尊素集刻於金陵，楊廷樞過訪，宗羲遂請爲序。（黃梨洲遺書附年譜）
陳確讀書邵灣山中。（陳乾初先生年譜）
陸世儀爲考德課業之會，輯城守全書。（尊道先生年譜）
是歲、黃道周始屬稿孝經大傳。（漳浦黃先生年譜）
春、魏裔介入眞定恒陽書院讀書。（魏貞菴先生年譜）

萬斯同季野生。（注三六）
蕭企昭文超生。（清儒學案卷三八。姜亮夫綜表作崇禎八年卒，存參。）
吳執御朗公卒，年四十九。（姜亮夫綜表）

秋、孫奇逢同諸友入五峯山，結茅雙峰，爲避地講習之計。（孫夏峯先生年譜）

冬、孫奇逢聞警與兄弟携家至雙峰，諸友相依而至者數百家。（同上）

十二年己卯（一六三九）

正月、陳龍正進天心揆職四疏。（理學宗傳卷二四）

二月、劉宗周始幅巾野服，示無仕意。（劉宗周年譜）

黃道周侍經筵，隨班召對。（漳浦黃先生年譜）

三月、劉宗周著劉氏宗譜成，凡七卷。（劉宗周年譜）

七月、禮部擬黃道周鐫三級，何楷、林友蘭疏救道周；奪歲俸，有旨降道周六級。（國榷卷九六，明通鑑卷八六。）

十月、劉宗周答秦履思書，論儒佛相謗之無聊，謂「學者須是見道分明，爲坐下第一義。」（劉宗周年譜）

黃宗羲赴南京應解試。（黃梨洲遺書附年譜）

顧炎武始撰肇域志。（顧亭林先生年譜）

于成龍成進士，擧副榜。（碑傳集卷六五）

張爾岐從俗學，學兵，又學易；尋，又棄去。（蒿菴集卷二）

呂維祺以洛陽大饑，勸福王散財餉士，以振人心，王不省。（明史卷二六四）

申涵光應鄉試下第，留京師。及冬食餼。是歲、刻清詒堂制

陳廷敬子端生。（注三七）

郝敬仲輿卒，年八十二。（疑年錄彙編卷七）

義稿。始學爲詩。（申鳧盟先生年譜）

應撝謙讀書張公港，與虞鈖、陳廷會交。廷會極崇姚江之學，撝謙時與往復辯論。（應潛齋先生年譜）

陳瑚初講學淮雲寺。是歲。有日記一卷，原名治事錄。（安道公年譜）

黃道周復還山守墓。以前疏批旨有「朋串」之語，乃於巨養山中，塋廬之下，別構數椽，以列大雅。左曰十朋軒，右曰九串閣。（漳浦黃先生年譜）

春、孫奇逢自雙峰歸，過百樓，耿氏掃別墅居之，命其子弟受學；又擬爲鹿善繼建祠於定興殉難處。（孫夏峯先生年譜）

夏、陸世儀講學淮雲寺。（尊道先生年譜）

秋、張履祥應浙江鄉試，始錄願學記，始與門講呂氏鄉約。（楊園先生全集附年譜）

毛奇齡以童年應臨安鄉試。（毛翰林文集、序卷一七）

正月、劉宗周作自訟，兼示諸生。（劉周宗年譜）

四月、劉宗周撰重刻王陽明先生傳習錄序。（同上）

八月、張爾岐删風角書爲八卷，錄而藏之，有序。（蒿菴集卷二）

十月、中書舍人陳龍正請正郊期，章下閣部。（國榷卷九七，理學宗傳卷二四。）

王夫之與郭鳳躚、管嗣裘、文之勇初集匡社。（王船山學譜附年表）

十一月、中書舍人陳龍正上郊期攷辨；尋，申奏至月上章之義。（國榷卷九七）

劉宗周撰禮經考次序。（劉宗周年譜）

十二月、中書舍人陳龍正遵旨詳奏郊廟。（國榷卷九七）

劉宗周學古人經籍，訂定目錄，名曰經籍考。（劉宗周年譜）

十三年庚辰（一六四〇）

陳瑚再講學淮雲寺，淮雲問答成。（安道公年譜）

應撝謙始與丁文策、陸圻交。（應潛齋先生年譜）

張履祥館菱湖丁友聲家，作喪祭雜說。（楊園先生全集附年譜）

黃道周在北山守墓，謝絕一切。未幾，江西巡撫解學龍以薦剡聞，而逮命下矣。道周辭墓就道至京。（漳浦黃先生年譜）

黃宗羲往來臺越間，以其暇遊天臺、雁宕諸名勝，作臺宕記。（黃梨洲遺書附年譜）

陸隴其年十一，四子五經俱卒業，塾師因授以左氏內傳節文，即私覓全本悉讀之。（陸稼書先生年譜）

魏象樞與社友閻之秀、張晅登玉泉山社讀書，互相切劘，一年之間，所學大進。（魏敏果公年譜）

胡承諾公車不第，自襄陽歸，丁嗣母憂。（讀書說附年譜）

李因篤年十歲，作雲臺諸將論，爲外祖公激賞。（關中三李年譜）

金聲撰蒲圻曾成西父母文序，又爲唐中丞傳、重建南漳魯侯永慕祠記。（金正希先生文集輯略卷六、卷八。）

湯斌手錄太極圖說、通書、定性書、東西銘，沈思熟玩。（潛庵全集附年譜）

朱彝尊年十二，讀時藝目二十餘篇，每發一題，下筆千言立就，於詩藝尤工，五經進士譚貞良以國士目之。（朱竹垞先生年譜）

傅山爲學始務博綜。（傅青主先生年譜）

歸莊有孔廟兩廡位次考。（歸玄恭先生年譜）

王士禎七歲，始入小學。（漁洋山人自撰年譜）

孟春、陸世儀有書淮雲問答後。（陸子遺書、文集卷六。）

春、陸世儀講學蒔藥山房，作桑梓五防，又輯宗祭禮。（尊道先生年譜）

正月、劉宗周重修古小學成，撰古小學約。（劉宗周年譜）

閏正月、劉宗周作古小學附錄，期有人重修稽山書院。（同上）

四月、顧炎武與葉奕荃、歸莊修葺邑中文廟，重新兩廡木主而正其位次。（顧亭林先生年譜）

七月、陸世儀著治鄉三約，作避地三策。（尊道先生年譜）

八月、黃道周、解學龍逮至，廷杖，下刑部。（國榷卷九七）

十二月、劉宗周創社倉於所居之里，書其事於昌安社倉記。（劉宗周年譜）

十四年辛巳（一六四一）

湯斌應童子試第一。（潛庵全集附年譜）

陳龍正乞休不允。（理學宗傳卷二四）

閻若璩六歲，入小學，讀書千遍，不能背誦。（閻潛邱先生年譜，漢學師承記卷一。）

陸世儀以年饑約同志爲同善會。（尊道先生年譜。）

張爾岐年三十，始著儀禮鄭注句讀。初名儀禮鄭注節釋，越二十九年而成書。（漢學師承記卷一）

呂留良約同里孫爽組徵書社，始與之定交（呂留良年譜）

陸隴其年十二，更師朱雲曾。朱父一見，決其異時必以大儒名世，遂以女許之。（陸稼書先生年譜）

傅山染疾幾殆，兄庚調護之，獲痊。（傅青主先生年譜）

李因篤年十一，應縣試，拔置第一，取入邑庠。（關中三李年譜）

黃宗羲之南中，主黃居中家。千頃堂之書，繙閱殆遍。朝天

梅文鼎爾素生。（梅定九年譜）

呂維祺介孺卒，年五十五。（理學宗傳卷二四，明儒學案卷五四，明史稿卷二五一。）

宮有道藏，宗羲自易學以外有涉及山川者，悉手鈔之。（黃梨洲遺書附年譜）

春、王夫之構瀞濤園，種竹雜植花卉。（王船山學譜附年表）

夏、陸世儀赴京口，挽留州牧錢希聲。是夏、陳瑚陳以條議，上當事。（尊道先生年譜，安道公年譜。）

秋、陸世儀撰常平權法及救荒五議，上當事。（尊道先生年譜）

二月、黃道周、解學龍獄上，下鎭撫司。（國榷卷九七）

顧炎武居承重憂。（顧亭林先生年譜）

陳瑚有題庚辰紀事，與如臯吳白耳論學。（安道公年譜）

四月、劉宗周作張自菴八十序。（劉宗周年譜）

五月、劉宗周撰布衣周仲繩懼言序、宜興堵氏家乘序、嵊邑荒政序。（同上）

八月、金鉉忽集生平著作，付其弟鏡，命爲選刪，編次爲若干卷。是月、批評楞嚴成。（金忠潔年譜）

九月、起侍郎劉宗周爲吏部左侍郎。是月、作鳳山改葬記，始輯古小學通記。（明通鑑卷八七，劉宗周年譜。）

十二月、黃道周謫戍辰陽。（漳浦黃先生年譜）

十五年壬午

陳龍正復進三疏。（理學宗傳卷二一四）

喬萊子靜生。（遂

（一六四二）

魏禧讀書蓮花山。（魏叔子年譜）

胡承諾服闋入京師。（讀書說附年譜）

張履祥館苕溪吳子琦家，讀濂溪集，求所謂主靜之說。（楊園先生全集附年譜）

金聲撰范子詩志序、夏京三文序、建陽令黃侯生祠碑記。（金正希先生文集輯略卷六、卷八。）

王士禎九歲能作草書，工屬對。（碑傳集卷一八）

魏象樞舉鄉試。（魏敏果公年譜）

呂留良始見黃宗會於東寺。（呂留良年譜）

黃宗羲入京應試，客司寇徐石麒家，與陸符讀書於萬附馬北湖園中。（黃梨洲遺書附年譜）

陳瑚食餼廩，舉鄉薦，以荒政全書上當事。是歲至丙戌，有日記一卷，原名求道錄。（安道公年譜）

申涵光鄉試下第。是冬、病絕復甦。（申鳧盟先生年譜）

顏元八歲，從吳持明學。（顏習齋先生年譜）

王夫之與兄赴武昌應鄉試，以春秋第一中式第五名。（王船山學譜附年表）

春、陸世儀以大饑，與陳瑚商避地之計。（尊道先生年譜）

秋、魏裔介舉順天鄉試。（碑傳集卷一一）

張履祥如杭州應鄉試，始遇黃道周於靈隱寺。（楊園先生全

初堂文集卷一四、潘耒撰墓誌銘，碑傳集卷四五、朱彝尊撰墓表。）

李光地晉卿生。（李文貞公年譜，又碑傳集卷一三墓碣及事狀。）

集附年譜）
冬、王夫之自武昌歸，父命與兄同赴公車北上。（王船山學譜附年表）
二月、劉宗周撰陶石梁今是堂文集序，又與黃石齋（道周）書。（劉宗周年譜）
黃道周出京，將適楚取道，復至大滌。（漳浦黃先生年譜）
六月、劉宗周著原旨與治念說。（劉宗周年譜）
黃道周行至九江西林寺，病瘧初瘳，亟覓紙筆，取易象正更定之。（漳浦黃先生年譜）
七月、金鉉有讀邵子。（明儒學案卷五七）
劉宗周陞都察院左都御史。（劉宗周年譜）
八月、黃道周獲赦，復少詹事。（國榷卷九八，明通鑑卷八八。）
傅山撰兩漢書人姓名表成，自為之敍。（傅青主先生年譜）
十一月、都察院左都御史劉宗周言六事，上是之。（國榷卷九八）
黃宗羲自京回越，約諸弟遊四明；及歸，宗炎為賦，宗會為遊錄，宗羲則為四明山志。（黃梨洲遺書附年譜）
閏十一月、劉宗周以直言落職。（注八五）
十二月、董標作心意十問，相叩於劉宗周，宗周舉經書中與

誠意相發明者，爲誠意筌蹄示標。（劉宗周年譜）

十六年癸未（一六四三）

張履祥館甑山錢氏，令門人讀小學、近思錄、顏氏家訓，始交海昌祝淵。（楊園先生全集附年譜）

惲日初應詔上備邊五策，不報；乃攜書三千卷，隱居於天台山中。（惲遜庵先生遺集卷首）

王夫之以楚中亂自南昌歸，刻漧濤園詩集。（王船山學譜附年表）

徐乾學年十三通五經，嘗賦蘇臺懷古及寶劍篇、丙魏優劣論，伯父亟賞之，置之几案，以勉羣從子弟。（碑傳集卷二〇）

施閏章過石湖，與邢孟貞游。（施愚山先生年譜）

朱用純補博士弟子員。（朱柏廬先生編年毋欺錄）

金聲以馬士英劾奏，有旨逮問，遂於途中疏辨；尋，召復原官；會母卒，未上而國變。是歲、有巖鎮暇修社引、黃石義防引，告郡邑人。（明史卷二七七，金正希先生文集輯略卷八。）

胡承諾自白門歸，避地三臺湖，始爲詩。（讀書說附年譜）

陸隴其年十四，丁母憂，擗踊哀痛，不異成人。（陸稼書先生年譜）

陳瑚舉鄉試。陸世儀作格致篇，首提敬天二字，瑚由此用

黃百家主一生。（見黃梨洲遺書附年譜）

力，遂得要領。（淸史列傳卷六六）

王士禎年十歲，避兵長白山之魯泉。（漁洋山人自撰年譜）

魏裔介公車入京都，上二疏；旋以省親歸，復讀書於柳莊。

（魏貞菴先生年譜）

湯斌隨父往衢州奔喪。（潛庵全集附年譜）

黃虞稷入縣學。（碑傳集卷四五）

應撝謙授讀長橋，與虞鈖、張允炤、蔣志春爲猥社，月一會。是歲、明鼎革，撝謙與諸處士多絕意進取，而撝謙隱於卜。

（應潛齋先生年譜）

是歲、張爾岐食餼於庠；李因篤食廩餼。（蒿菴集卷末附錄盛百二撰蒿菴遺事；關中三李年譜。）

春、陸世儀著治通。如臯吳白耳來聘，謝之。（尊道先生年譜）

夏、顧炎武釋承重服，循例入成均。自是年始讀經史有筆記。

（顧亭林先生年譜）

秋、李顒始得茅厦於邑西新莊堡，遂定居焉。（二曲集卷四五、歷年紀略。）

黃宗羲與宗會之崇德，寓東寺。義士孫爽聞宗羲至，即來訪。翌日，過爽家，遂要之出京口，泝長江，至金陵而別。（黃梨洲遺書附年譜）

冬、張履祥始輯經正錄。取朱子訓學齋規、白鹿洞規、司馬

溫公居家雜議、朱子增損呂氏鄉約四種，以爲此錄。（楊園先生全集附年譜）
正月、劉宗周著讀易圖說。（劉宗周年譜）
二月、劉宗周復李二河翰編（士淳）書，言格物之義。（同上）
三月、黃道周拏舟至蓬萊峽，將營講堂其間。未幾，復還北山守墓。（漳浦黃先生年譜）
八月、陳確與祝淵同遊西湖，渡錢塘，入剡稟學於劉宗周。（陳乾初先生年譜）
陳瑚下第，與何元長書爲保障計。（安道公年譜）
黃道周孝經集傳成。（漳浦黃先生年譜）
九月、陳確又與祝淵、吳蕃昌至山陰；尋，以淵病作，同告別而歸，有謝別山陰詩句云：「千秋大業眞吾事，臨別叮嚀不敢忘。」（陳乾初先生年譜）
十月、張獻忠陷衡州，王夫之父被執，索夫之與長兄。夫之剺面傷腕，舁示賊，因與父俱得脫。（王船山學譜附年表）
史孝復駁劉宗周心意十答，宗周作十商復之。（劉宗周年譜）
黃道周坊記、表記、集傳成。（漳浦黃先生年譜）
李自成陷西安，僭僞號。李因篤遂棄衣冠，屏舉業，一意經學，旁通左國史漢及宋諸大家，專力古文辭，尤好爲詩歌。（關中三李年譜）

十一月、劉宗周著大學誠意章句、良知說。（劉宗周年譜）

十二月、黃道周出江東，登逃雨岩墜崖，即事賦詩八章，因名崖曰「捨身崖」。（漳浦黃先生年譜）

劉宗周著證學雜解二十五則。（劉宗周年譜）

金鉉伯玉卒，年三十五。（金忠潔年譜，明儒學案卷五七，疑年錄彙編卷八。）

十七年甲申（一六四四）清世祖順治元年。

顧炎武編年詩始是年。（顧亭林先生年譜）

毛奇齡爲殉難錄引。（毛翰林文集、引卷全。）

黃虞稷父聞國變不食死，虞稷遂家上元爲上元人。（清史列傳卷七一）

湯斌讀書衢州山中。（潛庵全集附年譜）

金聲撰陳青雷詩序。（金正希先生文集輯略卷六）

封濬年二十四教授里中，生徒且百人。（清史列傳卷六六）

閻若璩九歲，從母避地吳越。（閻潛邱先生年譜）

傅山自壬午服冠衲及經國變，遂不復釋，號石道人，師事郭還陽。（傅青主先生年譜）

胡渭年十二丁父憂，母沈氏携之避寇山谷間。雖遭顚沛，猶手一編不輟。（漢學師承記卷一）

李顒始矢志讀書，以家貧不能具束修，惟取學庸論孟，逢人問字正句。由是識字漸廣，書理漸通，熟讀精思，意義日融，鄉人聞而詫異之。（二曲集卷四五、歷年紀略。）

春、李自成犯京，孫奇逢携家復入雙峰。（孫夏峰先生年譜）
夏、陸世儀著匡時臆論、籌改折義，又有與張受先先生論出處書。是夏、吳白耳寄書論道。（尊道先生年譜）
正月、黃道周有在山乞致仕疏。（漳浦黃先生年譜）
陳龍正左遷南監左，聞變絕意世事，閉門整輯遺書。（理學宗傳卷二四）
二月、金鉉起補兵部車駕清吏司主事，巡視皇城。（金忠潔年譜，明儒學案卷五七，明史卷二六六。）
張履祥偕錢寅如山陰，受學劉宗周之門。（楊園先生全集附年譜）
三月、魏禧丁國變，謀起兵勤王，不果。（魏叔子年譜）
陳瑚作逐僧徒檄。開江書成，上當事。時京師陷，瑚焚衣冠，爲避地計，欲遷他居，以父不樂，遂不果。（安道公年譜）
四月、金鉉以城陷赴井死之。（金忠潔年譜）
顧炎武率家人侍母遷居常熟之唐市。（顧亭林先生年譜）
張履祥始記言行見聞錄。（楊園先生全集附年譜）
黃宗羲聞京師失守，即從劉宗周之杭，寓吳山海會寺，與章正宸、朱大典、熊汝霖爲召募義旅計。已而福王監國之詔至，宗羲之南中上書闕下。時阮大鋮以定策功驟起，思修

報復。遂廣揭中人姓名，共一百四十人。造蝗蝻錄，以東林爲蝗，復社爲蝻，欲一網殺之。（黃梨洲遺書附年譜）
劉宗周貽書浙江巡撫黃鳴俊，倡義勤王。（劉宗周年譜）
五月、起劉宗周南京都察院左都御史。是月、起黃道周南京吏部右侍郎、兼翰林院侍讀學士。（國榷卷一〇三，劉宗周年譜。）
張履祥聞京師變，縞素不食去館，携書麓步歸楊園。（楊園先生全集附年譜）
清兵入京。王夫之聞國變，悲憤不食者數日，作悲憤詩一百韻，吟已輒哭。（王船山學譜附年表）
陳瑚聞變約同志會哭於公所，復作條議。（安道公年譜）
六月、魏禧文集內篇一集成。（魏叔子年譜）
陳瑚作續條議、與魯載馨書邀避亂。（安道公年譜）
七月、陳龍正南京禮部祠祭司員外郎。（國榷卷一〇三）
九月、南京都御史劉宗周致仕。宗周初入京，內臣聞之，皆曰：「劉先生眞君子也，但在位不能久耳！」果然。（同上，明通鑑附編卷一上，劉宗周年譜。）
黃道周爲南京禮部尚書、兼翰林院學士、協理詹事府。（國榷卷二〇三）
孫奇逢薦以地方人才，敦促就道，以病辭。（孫夏峯先生年譜）

十月、顧炎武歸千墩被劫。（顧亭林先生年譜）

十二月、顧炎武復遷居常熟之語濂涇。是月、南都詔爲兵部司務。（同上）

福王弘光元年乙酉（一六四五）

朱彝尊曝書亭集編年始此。（朱竹垞先生年譜）

湯斌奉父由南昌泛鄱陽湖歸里。（潛庵全集附年譜）

顧炎武撰軍制論、形勢論、田功論、錢法論。（顧亭林先生年譜）

應撝謙與弟奉母避兵於獨山之東，依張岐然以居。（應潛齋先生年譜）

金聲撰唐太尊擢徽寧憲副序。（金正希先生文集輯略卷六）

閻若璩從兄洄以商籍入淮安學。（閻潛邱先生年譜）

許三禮補博士弟子試，輒冠同儕。（碑傳集卷一八）

施閏章避兵山居。（施愚山先生年譜）

陸世儀作制科議。（尊道先生年譜）

顏元年十一，始學時文。（顏習齋先生年譜）

黃道周陞禮部尙書。（漳浦黃先生年譜）

李顒始借讀春秋公穀左氏、性理大全、伊洛淵源錄，見周程張朱言行，掩卷嘆曰：「此吾儒正學，而不如此非夫人也！」自是步趨遂定，枵腹忍凍。人見其居恒，饑色如

彭定求勤止生。（南畇老人自訂年譜，碑傳集卷四四，清儒學案卷四二。）

魏世傑興士生。（碑傳集卷一三七）

金聲正希卒，年四十八。（疑年錄彙編卷八）

祝淵開美卒，年三十五。（馮先恕疑年錄釋疑）

劉宗周起東卒，年六十八。（劉宗周年譜，明儒學案卷六二，南雷文定三

棻，咸呼為李棻。（二曲集卷四五、歷年紀略。）
魏裔介應寧昌高柱河之邀，束裝東行，路出臨清、博平、鄒滕、濟寧、徐州、宿遷、淮安、揚州、鳳陽、滁州、和州，攬其山川人文及志、古蹟、風土、人物，有南遊紀略之篇。（魏貞菴先生年譜）
彭士望、林時益自南昌至，魏禧與定交焉。（魏叔子年譜）
春、史孝咸至崑山，歸莊始得獲侍左右。是春、顧炎武應楊永言薦至京口。（歸玄恭先生年譜，顧亭林先生年譜）
夏、張履祥携家避亂吳興水鄉。是夏、陸世儀移居任陽，復入城為守禦計；姚江史孝咸過訪。（楊園先生全集附年譜，尊道先生年譜。）
抄秋、王夫之有洞庭秋詩三十首。（王船山遺書卷五六、夕堂戲墨卷四。）
正月、陳確復與祝淵至山陰，謁劉宗周。是月、張履祥聞劉宗周歸，欲往就教，宗周答書止之。（陳乾初先生年譜，楊園先生全集附年譜。）
黃道周入都，見用事諸臣措置乖方，不欲久厠朝班，即疏請奉勅祭禹陵。比抵會稽，致齋七日。（漳浦黃先生年譜）
二月、劉宗周輯中興金鑑錄成。（劉宗周年譜）
南京禮部尚書黃道周祭禹陵，奏用太牢，從之。（國榷卷一

集卷末尾附黃宗羲撰子劉子行狀。）

〇四）
三月、劉宗周考訂大學參疑成。（劉宗周年譜）
四月、顧炎武偕從叔赴南京，寓朝天宮，因拜先兵部侍郎公祠，拜畢卽歸語濂涇。（顧亭林先生年譜）
黃道周至禹廟，行禮祀事。旣竣，還具疏乞歸。（漳浦黃先生年譜）
五月、劉宗周改訂人譜成。（劉宗周年譜）
黃宗羲返杭晤行人熊開元，感慨時事，嗚咽而別。（黃梨洲遺書附年譜）
魏禧作制科、限田、奄宦三策。（魏叔子年譜）
顧炎武將復詣闕下，未旬日而南都陷，乃從軍至蘇州。是月、顧氏嗣母六十壽慶，歸莊與吳其沆等登堂謁拜，退而飲，旦日始別。（顧亭林先生年譜）
六月、陳瑚奉父避亂吳中。（安道公年譜）
祝淵以劉宗周手書及所記錄授陳確，確泣受而藏之。（見陳乾初先生年譜）
黃宗羲徒步二百里至劉宗周家。時越城已降，宗周避居楊堋，宗羲遂自繞門山支徑入楊堋。宗周臥匡牀，手揮羽扇，勺水不進者已二十日矣。宗羲不敢哭，淚痕承睫，自敍其來。宗周頷之，乃復徒步而返，奉母避居中村。（黃

梨洲遺書附年譜）

閏六月、劉宗周絕食而死。（劉宗周年譜）

張履祥哭劉宗周。（楊園先生全集附年譜）

是月、祝淵卒。陳確聞祝氏訃，走哭哀慟，並親視含歛。（見陳乾初先生年譜）

七月、大學士黃道周出師江西。（明通鑑附編卷二下）

清兵復下常熟。顧炎武嗣母絕食三十日，遺命勿事二姓，唐王遙授兵部職方司主事。（注八六）

朱用純父卒，用純以遺命棄儒冠，授徒贍母，下撫弟妹，備歷艱辛。（朱柏廬先生編年毋欺錄）

歸莊以清兵破崑山城，僧裝亡命，號普明頭陀，始不應試，不爲時文，館外族祖秦氏家（自訂時文篇目止於此年）。（歸玄恭先生年譜）

八月、黃道周在延平，聞上意決策親征，乃上疏諫之。（漳浦黃先生年譜）

九月、黃宗羲爲職方主事。（明通鑑附編卷二下）

十月、甬上陸符訪黃宗羲，因相與歎息浙東之事。（黃梨洲遺書附年譜）

黃道周至廣信，聞徽州已破，道周卽遣將守馬銓嶺。（漳浦黃先生年譜）

陳確避亂徐聖儀家，手輯劉宗周與祝淵遺書。是歲、晤黃宗羲。（陳乾初先生年譜）

十一月、黃道周在廣信，聞休婺二師俱潰，方招集逃散，召募鄉衆，以圖再舉。未幾，而收復撫州三師又潰。（明通鑑附編卷二下作十二月，此據年譜。）

唐王隆武元年丙戌（一六四六）

魏禧奉父居翠微峯。（魏叔子年譜）

孫奇逢應門人請錄問答語自此年始。（孫夏峯先生年譜）

魏裔介舉會試，選庶吉士。（碑傳集卷一一，清史列傳卷五。）

王夫之居續夢菴，始注周易。（王船山學譜附年表）

梅文鼎始入學。（梅定九年譜）

應撝謙與弟奉母隱居於河渚，並授讀於此。（應潛齋先生年譜）

湯斌州試府試俱第一，補州學生員。（潛庵全集附年譜）

冉覲祖年十一，父卒，號慟依柩旁，昏夜獨居無懼色。（清史列傳卷六六）

李光地入幼學。（李文貞公年譜）

張履祥館鑪鎮，與邑人邱雲交。是年、有讀易筆記。（楊園先生全集附年譜）

張鵬翼年十四，熟讀四書大全，忽悟曰：「心當在身內，身當在心內。」（清史列傳卷六六）

潘耒次耕生。（馮先恕疑年錄釋疑）

陸符文虎卒，年五十。（南雷文定前集卷六、黃宗羲撰墓誌銘，清儒學案卷二。）

黃道周幼元卒，年六十二。（漳浦黃先生年譜，明儒學案卷五六，明史卷二五五，明通鑑附編卷三。）

魏象樞成進士，選授內翰林國史院、庶吉士教習。是歲、賦詩，著有瀛洲草。（魏敏果公年譜）

李顒借讀小學、近思錄、程氏遺書、朱子大全書。邑宰樊嶷聞其好學，遣吏敦延，相與論學，不覺心折，退而扁表其門曰：「大志希賢」；又題詩以自慶。（二曲集卷四五、歷年紀略。）

春、陸世儀輯書鑑、詩鑑，友人文翼過訪論易。是春、陳瑚復移居任陽。（尊道先生年譜及安道公年譜並參）

秋、陳瑚復移蔚村。（安道公年譜）

正月、黃道周至新安西橋，見演燈甚盛，爲魚龍百戲，羣趨帳下。又念世事不競，遂使民至此。始絕粒而死。自識云：「防風雖倒，猶留一節以問尼父。」自是潦倒餘生，不能執筆也。（漳浦黃先生年譜）

二月、監國以黃宗羲爲兵部職方司主事。宗羲請援李泌客從例，以布衣參軍；不許。尋，以柯夏卿與孫公交薦，改監察御史，仍兼職方。（黃梨洲遺書附年譜）

是月、督師大學士黃道周殉節於江寧。報至，唐王痛哭輟朝。（注八七）

三月、孫奇逢移居新安，寓薛氏別墅，額其齋曰雲宿舍。（孫夏峯先生年譜）

六月、黃宗羲奉母徙居化安山丙舍（次年返故居）。（黃梨洲遺書附年譜）

八月、清兵下汀州，唐王被執。王夫之聞變，續悲憤詩一百韻。受父命編春秋家說。又成蓮花峯志五卷。（王船山學譜附年表）

施閏章舉鄉試，遊吳，有敬亭山贈別錢聖月（光繡）。（施愚山先生年譜）

十月、顧炎武將往閩中赴職方詔，以母喪未葬不果行。（顧亭林先生年譜）

永明王永曆元年丁亥（一六四七）

魏禧棄舉子業，始爲古文辭。（魏叔子年譜）

張履祥復館顏氏，交淩克貞；始輯農書。（楊園先生全集附年譜）

黃宗羲居山中，注授時曆，侍御王正仲自郡城來受之而去。（黃梨洲遺書附年譜）

魏裔介散館，授工科給事中。（碑傳集卷一一）

王士禎自長白歸里。（漁洋山人自撰年譜）

胡渭年十五爲縣學生，遊於庠。篤志經義，精輿地之學。（德清胡朏明先生年譜，清史列傳卷六八，漢學師承記卷一。）

姚際恒立方生。（見閻潛邱先生年譜補正）

魏象樞散館，授刑科給事中，具有剔蠹釐荒等疏。（魏敏果公年譜）

徐元文年十四，爲諸生。（碑傳集卷一二）

顏元從賈金玉學。（顏習齋先生年譜）

陳瑚躬耕潭上，請同學諸子入村講學；又約村人爲遷善改過之學。著典禮會通成，治綱成。是歲、有日記二卷。（安道公年譜）

李顒以母氏連年多疾，力不能延醫，朝夕惟禱神籲天而已。是年、借讀九經郝氏解、十三經注疏，駁瑕糾謬，未嘗盡拘成說。（二曲集卷四五、歷年紀略。）

春、陸世儀講學蔚村。（尊道先生年譜）

施閏章赴禮部試，以病未終闈而歸。（施愚山先生年譜）

四月、陳確具呈本學，求削儒籍。始更名確，字曰乾初。（陳乾初先生年譜）

歸莊以執友顧天逵、天遴兄弟，藏匿陳子龍死難，皆各爲之傳。（歸玄恭先生年譜）

桂王至武岡州，王夫之與夏汝弼由湘鄉間道奔赴，淫雨彌月，困車架山，不果往。清兵克衡州，夫之與夏汝弼避購索於上湘，借書遣日。（王船山學譜附年表）

五月、孫奇逢訂高陽孫文正公年譜成，始纂輯理學宗傳。

	（孫夏峯先生年譜） 六月、魏禧始編次文集外篇。（魏叔子年譜） 十月、魏禧文集內篇二集成。（同上） 十二月、顧炎武移家語濂涇廬墓。送歸莊往吳興。哀執友松江陳子龍、同邑顧咸正、吳縣楊廷樞及咸正二子，先後死難，各以詩弔之。（顧亭林先生年譜）	
二年戊子（一六四八）	魏裔介著聖學以正心爲要論。（兼濟堂集卷一一） 湯斌舉河南鄉試。（碑傳集卷一六，潛庵全集附年譜。） 張履祥避亂邑城，作儆居本邑城中。（楊園先生全集附年譜） 李因篤有秋興詩八首。（關中三李年譜） 申涵光與殷子岳同訪白抱一於林慮山，白氏削髮披緇，隱居山中，以理學自任。（申鳧盟先生年譜） 曹本榮舉湖廣鄉試。（碑傳集卷四三） 黃宗會被捕得免。（見呂留良年譜） 應撝謙授讀於城東華藏寺凡四年。始與翁世庸、薛文潞交。（應潛齋先生年譜） 顏元閱寇氏丹法，遂學運氣術（時年十四）。（顏習齋先生年譜）	王源崑繩生。（清儒學案卷一一） 邵廷采念魯生。（邵念魯年譜，碑傳集卷一二八。） 張雲章漢瞻生。（望溪先生文集卷一〇，清儒學案卷一〇。） 陳厚耀泗源生。（清史列傳卷六八） 劉獻廷繼莊生。（劉繼莊先生年譜

陳確館於洄塘。（陳乾初先生年譜）

李顒借讀資治通鑑、通鑑綱目、通鑑紀事本末。（二曲集卷四五、歷年紀略。）

傅山寓汾陽，胡款與弟庭、同並從之游。是歲、作明李公御史傳。（傅青主先生年譜）

春、孫奇逢修新安縣志。（孫夏峯先生年譜）

毛奇齡作吳江泊蘆菴碑記。（毛翰林文集、碑記卷五。）

王夫之居蓮花峰，講求易理。（王船山學譜附年表）

夏、王士禎應童子試，被落。（漁洋山人自撰年譜）

五月、陸世儀、盛敬訪陳瑚於蔚村。（安道公年譜）

七月、魏象樞陞工科右給事中。（魏敏果公年譜）

十月、王夫之與管嗣裘舉兵衡山，戰敗軍潰，走肇慶。（王船山學譜附年表）

初藳，碑傳集卷一三〇，清史列傳卷七〇。）

華允誠汝立卒，年六十一。（姜亮夫綜表，明儒學案卷六一。）

三年己丑（一六四九）

魏禧編救荒策成。（魏叔子年譜）

朱彝尊移居梅會里，輯樵李先生詩。（朱竹垞先生年譜）

李顒借讀大學衍義、文獻通考、通典、通志、二十一史。（二曲集卷四五、歷年紀略。）

施閏章成進士，授刑部主事。（注八八）

魏裔介轉吏科給事中，以丁母憂歸。（清史列傳卷五）

徐善建孝標生。（清史列傳卷六七）

湯斌舉會試。（潛庵全集附年譜）

胡承諾卜居七里沔，觀察周荃以荒城吟索和，欲置幕下，弗往。（讀書說附年譜）

張履祥始一意爲程朱之學。與淩克貞、何汝霖、沈磊切劘講習，專務躬行。（楊園先生全集附年譜，清史列傳卷六六。）

郝浴成進士，授刑部主事。（清史列傳卷七）

熊賜履銳意爲學，自經史以及外氏六通五覺十秘九府之書，靡不悉心參究。（碑傳集卷一一、年譜。）

曹本榮成進士，選授翰林院庶吉士。（清史列傳卷六六，碑傳集卷四三。）

錢澄之年三十八，與四方之士，大會於羊城，始識張穆之（鐵橋時年四十一），時酒狂詩興，雲湧飈發，甚相得。（田間文集卷二〇）

春、陳瑚講學於尉遲廟。（安道公年譜）

夏、陳瑚創周急法、私社倉法，以救村人饑。是夏、有與顧伊人書勵學，又著頑潭詩話成。（同上）

秋、陸世儀送陳瑚之隱湖。是秋、陳瑚館隱湖毛氏。（尊道先生年譜及安道公年譜並參）

冬、歸莊在虞山，主陳氏館，始與蔣遵路訂交。（歸玄恭先

生年譜）
正月、陸世儀講易蔚村。（尊道先生年譜）
八月、黃宗羲四十初度，有句云：「先公殉國餘三載，孔子懸弧易一辰。」因命是年所作詩名窮島集。山中亂，奉母徙居邑城（明年返故居）。（黃梨洲遺書附年譜）
陳確遊黃山。姪爰立集同志八人於東垞，爲省過之社。大要本諸證人修身立行之法，爲之簿錄戒約，相與砥礪廉隅。確自泥橋至黃山，與諸子歙相晤，爲省過錄序。（陳乾初先生年譜）
十月、黃宗羲有日本乞師紀、海外慟哭記。（黃梨洲遺書附年譜）
十一月、孫奇逢同李艾蘭謁橫渠張子祠。是年、始爲日記。（孫夏峯先生年譜）

四年庚寅（一六五〇）

應撝謙初訂性理大中。（應潛齋先生年譜）
顧炎武以怨家構禍陷之，乃僞作商賈，由嘉禾竄京口，遂至金陵謁孝陵，變姓名爲蔣山傭。（顧亭林先生年譜作正月，此據漢學師承記卷八。）
朱用純爲祝巨濤伯七十壽序。（朱柏廬先生編年毋欺錄）
陸隴其館蔣文琢家，訓其子讀書。（陸稼書先生年譜）

臧琳玉林生。（碑傳集卷一三一，清儒學案卷四四。）
查愼行初白生。（查他山先生年譜）

熊賜履充博士弟子員。（碑傳集卷一一）

胡承諾遊汚遇黃文旦，得青玉軒詩叙，作元闢傳。（讀書說附年譜）

張爾岐薦貢入太學，以母老不行，及門艾尚書諷之仕，不出，題其室曰蒿菴，義取蓼莪之詩。（蒿菴集卷末尾）

閻若璩年十五，多夜讀書，扞格不通，憤悱不寐，漏四下，寒甚，堅坐沈思，心忽開朗，自是穎悟異常。是歲、補學官弟子。（注八九）

王士禎再應童子試，縣、府、道皆第一。是年、讀書水月禪寺，寺在大明湖東北。（注九〇）

彭定求六歲入塾，族伯祖世昌授以句讀。（尊聞居士集卷六，南畇老人自訂年譜。）

夏、陳瑚講學隱湖，有復王周臣端士却社事。（安道公年譜）

秋、陸世儀偕文翼過汲古閣，爲陳瑚尊人壽。（尊道先生年譜）

冬、黃宗羲自西園移居柳下，故次庚寅至乙未之詩爲老柳集，猶昔人傷心於枯樹也。（黃梨洲遺書附年譜）

陳瑚以漕兌議上督兌吳氏。（安道公年譜）

正月、陳瑚自隱湖歸築村堤。（同上）

四月、魏象樞陞刑科左給事中。（魏敏果公年譜）

八月、清兵逼桂林，王夫之挈眷走永福，自十一月至十二月，幽困永福水岩，臥而絕食者四日。（王船山學譜附年表）

九月、陳確爲父忌日作感懷詩，有「廿年回首不勝情」之句；又作女訓，黃宗羲嘗於陸圻案頭見之而嗟歎，圻曰：「此海寧陳乾初先生所著也，某家奉爲金科玉律。」（陳乾初先生年譜）

五年辛卯（一六五一）

耿介舉於鄉。（碑傳集卷四三）

應撝謙初訂性理大中成。（應潛齋先生年譜）

顧炎武至金陵，初謁孝陵。（顧亭林先生年譜）

王士禎舉順天鄉試。（碑傳集卷一八）

張履祥居鑪鎭教授，作初學備忘，以訓兄子及里中來學者。（楊園先生全集附年譜）

毛奇齡避讎，初出遊淮上。（見閻潛邱先生年譜）

顧祖禹年二十九，始屬稿讀史方輿紀要。（清史列傳卷七〇）

曹本榮授秘書院編修。（碑傳集卷四三，清史列傳卷六六。）

陸隴其主李荊璞家，館設於危樓下，因作危樓文以見志。（陸稼書先生年譜）

湯溥元博生。（姜亮夫綜表）

李光坡耜卿生。（同上）

張伯行孝先生。（張清恪公年譜；碑傳集卷一七神道碑、行狀，又藍鼎元撰傳；清儒學案卷一二。）

吳鍾巒巒稺卒，年

	郝浴遷湖廣道御史，奉命巡按四川。（清史列傳卷七） 魏象樞授爲徵仕郎。是歲、奉詔雲晉，與平城徐雲門相識，甚相得。自後二十餘年，往復辨難，各有所益，有雲門全集序。（寒松堂集卷五） 春、施閏章始移居東郊，赴官比部，補刑部湖廣司主事。（施愚山先生年譜） 錢澄之爲問西山上人住院記。（田間文集卷一〇） 秋、歸莊始與陳瑚晤言，有訪陳確菴一首。（見安道公年譜） 施閏章奉使廣西，有廣西記、宋荔裳詩集序。（施愚山先生年譜） 陳瑚講學淮雲寺，屠闇伯、俞右吉、張白方、潘美含、陸冰修來訪。（安道公年譜） 六月、劉汋撰先君子蕺山先生年譜成。（劉宗周年譜） 八月、顧炎武至淮安，與山陽王起田，徐州萬壽祺定交。（顧亭林先生年譜） 十二月、魏裔介丁憂服闋。（魏貞菴先生年譜）	七十五。（明儒學案卷六二）
六年壬辰（一六五二）	應撝謙授讀於孫園。（應潛齋先生年譜） 冉覲祖年十七，補博士弟子員。（正誼堂文集續集卷六） 胡承諾青玉軒詩刻成、南聰日知錄成。（讀書說附年譜）	馮景山公生。（道古堂文集卷三三、杭世駿撰傳。）

顧炎武自唐市返千墩，世僕陸恩叛投里豪葉方恆。（顧亭林先生年譜）

湯斌成進士，改宏文院庶吉士。（碑傳集卷一六，潛庵全集附年譜。）

曹本榮應詔上聖學疏千言。（清史列傳卷六六）

黃宗羲著律呂新義，侍御王正中來受而去。（黃梨洲遺書附年譜）

陸世儀撰毛氏伯仲具吹稿序。（陸子遺書、文集卷四。）

王士禎會試不售。（漁洋山人自撰年譜）

郝浴以欺罔冒功論死，免死，流徙奉天。（清史列傳卷七）

呂留良有書舊本朱子語類。（呂留良年譜）

耿介成進士，選庶吉士，由檢討出為福建巡海道。是歲、在館中，與湯斌共處一室，以澹泊寧靜相砥礪。（碑傳集卷四三及清史列傳卷六六）

夏、陳確以書約張履祥同為越中之行，既而不果。（陳乾初先生年譜）

冬、李顒製履無本，絕糧幾殆，友人貽之以豆，食之始有起色。（二曲集卷四五、歷年紀略。）

張履祥如山陰，祭劉宗周，肖像以歸。（劉宗周年譜）

正月、張爾岐撰先君遺事。（蒿菴集卷三）

朱天麟震青生。（姜亮夫綜表）

三月、陳瑚訪同年黃陶菴殉節所，與同年徐枋書，索其尊人勿齋先生遺書入續正氣集。（安道公年譜）

五月、魏裔介補吏科右給事中。（碑傳集卷一一，魏貞菴先生年譜。）

七月、施閏章以桂林陷，從平樂經江西而歸。丁祖母憂，哀毀成疾，幾殆。（施愚山先生年譜）

十月、孫奇逢移居夏峯。（孫夏峰先生年譜）

陳瑚著聖學入門書成。（安道公年譜）

十二月、魏象樞陞吏科給事中。（魏敏果公年譜）

七年癸巳（一六五三）

魏禧始授徒於水莊。（魏叔子年譜）

張履祥作日省錄訓門人。（楊園先生全集附年譜）

薛鳳祚從穆尼閣（西洋人）著天步眞原。（見梅定九年譜）

呂留良始出就試，爲邑諸生。（呂留良年譜）

曹本榮陞右春坊右贊善；尋，陞國子監司業。以正學爲六館，倡刊白鹿洞規以敎士。（碑傳集卷四三，淸史列傳卷六六。）

朱用純有祭王誠履表兄文。（朱柏廬先生編年毋欺錄）

應撝謙仍授讀於東華藏寺。（應潛齋先生年譜）

陳瑚拒見州守三韓白林九；有復三宋論學；往鹿城講同善

毛乾乾用九生。（見梅定九年譜）

戴名世南山生。（戴南山先生年譜）

竇克勤敏修生。（碑傳集卷四六、湯右曾撰墓誌銘。）

會；著小學三字經養蒙故事成；留文祖堯滇南之歸。（安道公年譜）

顏元從賈珍學。是歲、爲諸生。（顏習齋先生年譜）

春、顧炎武至金陵。（顧亭林先生年譜）

吳白耳過婁，與陸世儀談道。尋，歸莊過訪；顧炎武過訪，會陸氏赴唐市不值。（見尊道先生年譜）

冬、張履祥舉葬親社約於清風里。（楊園先生全集附年譜）

魏裔介讀易、性理大全及二程諸儒等書，有所得則錄之，書成名曰約言錄，分內外二篇。又讀薛文清讀書錄，摘其要者刻之，曰讀書錄纂要。（魏貞菴先生年譜）

正月、施閏章遊天都，有天都夢遊。（施愚山先生年譜）

陳確與吳蕃昌至山陰，校劉宗周遺書於古小學，並與諸同學修春祀。是月、嘗偕劉汋、吳蕃昌等，再游雲門寺。（陳乾初先生年譜）

二月、魏裔介內轉工科左給事中。（碑傳集卷一一，魏貞菴先生年譜。）

顧炎武再謁孝陵，並謁太祖御容於靈谷寺。（顧亭林先生年譜）

四月、孫奇逢讀朱子晚年定論。（孫夏峰先生年譜）

歸莊過太倉訪陸世儀，叙爲兄弟，有思辨錄序、與陸桴亭書。（歸玄恭先生年譜）

五月、萬壽祺至崑山聘歸莊，往淮陰教其子。（同上）
十月、陳確著大學辨。（陳乾初先生年譜）
顧炎武三謁孝陵，並作圖。（顧亭林先生年譜）
孫奇逢讀羅念菴集。（孫夏峰先生年譜）

八年甲午（一六五四）

王夫之由南嶽移居常寧之西莊源。（注九一）
惲日初拜劉宗周墓於下蔣，纂刻劉子節要十四卷。（清史列傳卷六六）
查慎行始入小學。（查他山先生年譜）
湯斌授國史院檢討。（碑傳集卷一六，潛庵全集附年譜。）
顧炎武僑居神烈山下，通游沿江一帶，以觀山川之勝。（注九二）
魏裔介爲曹厚菴居學錄序。（兼濟堂集卷四）
熊賜履貢入成均。（碑傳集卷一一、年譜。）
曹本榮陞中允。（碑傳集卷四三，清史列傳卷六六。）
施閏章是年夏秋間嘗之浙中，著有越遊草。（施愚山先生年譜）
徐元文舉於鄉。（碑傳集卷一二）
冉覲祖赴鄉試之百泉，書賈會集，因購得五經四書大全並諸家文集，遂不應試歸，發所購書讀之，殆忘寢食。（正誼

李來章禮山生。（清史列傳卷六六）
張自超彝歎生。（注三八）

堂文集續集卷六）

彭定求以次受易、詩、禮記、左傳。（南畇老人自訂年譜）

元夕、陳瑚集同人於尉遲廟，請文祖堯講蔚村三約。以明大學士瞿式耜與門人張同敞，就義於桂林，至是瞿氏之喪至，遂拜而輓之以詩。（安道公年譜）

秋、王夫之避兵零陵北洞鈞竹源、雲臺山等處。（王船山學譜附年表）

應撝謙校定文公家禮，附以家塾祀規。始與張次仲交，過天長精舍訪之。（應潛齋先生年譜）

正月、顧炎武四謁孝陵，自金陵還崑山。（顧亭林先生年譜）

陸世儀偕文翼入蔚村講鄉約。（尊道先生年譜）

四月、陳瑚講學印溪。（安道公年譜）

五月、顧炎武投僕陸恩於水，叛黨訟之歸莊，炎武營救於錢謙益。（顧亭林先生年譜）

六月、魏裔介陞兵科給事中。（碑傳集卷一一，魏貞菴先生年譜。）

傅山寓平定，以飛語下太原郡獄，忻州張中宿同繫。山抗詞不屈，絕粒九日，病甚，陽曲陳謐治之而瘉。在獄中講論語游夏問孝二章。（傅青主先生年譜）

七月、魏象樞降補詹事府主簿。（魏敏果公年譜）

十月、歸莊與錢謙益等十人會於張奕之假我堂，游宴詠詩，有多夜假我堂文宴詩。（歸玄恭先生年譜）

十一月、張履祥與湖州友沈尹同書論學。（楊園先生全集附年譜）

九年乙未（一六五五）

張履祥館甑山錢本一家，定門人日課格。（楊園先生全集附年譜）

彭定求年十一，父授以太上感應篇，即知敬重端拱，持念有常，即知警省。（尊聞居士集卷六）

顏元閱通鑑，忘寢食，遂棄舉業。（顏習齋先生年譜）

曹本榮充日講起居注官。（碑傳集卷四三）

查愼行六歲通聲韻，工屬對。（查他山先生年譜）

汪琬成進士，授戶部主事。（清史列傳卷七〇）

邵廷采八歲，始記周敦頤、程顥、程頤、張載、邵雍、朱熹及陳獻章、王守仁、徐愛、錢德洪、鄒守益、王艮諸君子姓名。（邵念魯年譜）

陳廷敬年十六七，始識韓崇樸，一見以爲異人，杯酒訂交而去。（午亭文編卷四七）

閻若璩年二十，讀尚書至古文二十五篇，即疑其僞。（漢學師承記卷一，閻潛邱先生年譜。）

汪份武曹生。（姜亮夫綜表）

胡煦滄曉生。（清儒學案卷四七）

勞史麟書生。（碑傳集卷一二八，清儒學案卷四六，清史列傳卷六七。）

徐元夢善長生。（注三九）

胡承諾部銓縣職。（讀書說附年譜，清史列傳卷六六。）

李顒究心經濟，謂「天地民物，本吾一體，痛癢不容不關。故學須開物成務，康濟時艱。」（二曲集卷四五、歷年紀略。）

魏裔介內陞吏部補太常寺少卿，提督四譯館；未幾，陞都察院左副都御史。（碑傳集卷一一，魏貞菴先生年譜。）

王士禎中會試，欲專攻詩古文詞，不殿試而歸。（注九三）

魏象樞是年取明諸儒分爲四類：曰大儒、醇儒、名儒、通儒，擇其語錄之切實醒透者，手自論定，名曰儒宗錄。（魏敏果公年譜）

春、孫奇逢集晦菴文鈔。（孫夏峰先生年譜）

王夫之客遊興寧山中，寓於僧寺，有從遊者，爲說春秋。始著周易外傳。（王船山學譜附年表）

陸世儀刋論學書。是春、陳瑚館李清家，有贈熊魚山先生詩、復晉錫公辭主講會。（尊道先生年譜及安道公年譜並參）

施閏章服闋，補刑部廣西司員外郎。北上，宿青州官舍，夢有持半刺署愚山道人四字。至京師，遂以是相告，因呼曰愚山子。公暇，與同舍郎相倡爲古文歌詩，稱燕臺七子。（施愚山先生年譜）

夏、張爾岐撰王明臺先生集序。（蒿菴集卷二）

秋、陳確輯先世遺事紀略。是歲、輯山陰先生語錄。（陳乾初先生年譜）

冬、應撝謙卜居臨平，依沈謙南園以居者，凡四年。（應潛齋先生年譜）

三月、魏象樞陞光祿寺珍羞署署正。（魏敏果公年譜）

五月、顧炎武與葉氏搆訟，歸莊爲之營救。是月、歸氏授經嘉定，訂甲戌至乙酉時文一百六十篇，以授門人，有自訂時文序。（歸玄恭先生年譜）

七月、傅山以事白自太原郡釋歸。是月、有山寺病中、望村偶感，不死三詩。（傅青主先生年譜）

八月、王夫之老子衍成。（王船山學譜附年表）

陳瑚講學玉峰。辭白林九使君薦舉。有報李廷尉書，論明哲之義。是歲、有日記一卷。至丙申詩有玉山集。（安道公年譜）

九月、魏象樞陞本寺寺丞。（魏敏果公年譜）

十二月、除夕，黃宗羲季子壽殤，宗羲最鍾愛之，集中有壙志，故括丙申年之詩爲杏殤集。（黃梨洲遺書附年譜）

鹿善繼四書說約重刻於楚，孫奇逢序之。（見孫夏峰先生年譜）

十年丙申（一六五六）

應撝謙重訂性理大中書成，自是歲有修改。（應潛齋先生年譜）

魏裔介疏劾大學士陳之遴心術不端，營私植黨。（清史列傳卷五）

顧炎武撰方月斯詩序。（顧亭林先生年譜）

張履祥館溆浦吳袞仲，作溆湖塾約。（楊園先生全集附年譜）

朱用純著徐太史兩闈雜記小序。（朱柏廬先生編年毋欺錄）

王士禎省伯兄於東萊學舍，晨夕唱和，有作成囊。（注九四）

李顒目擊流寇劫掠之慘，始究心兵法。是歲、門人張密來謁於里塾，退而錄其答語，名曰盩厔問答。（二曲集卷四五、歷年紀略；李二曲先生年譜並參。）

曹本榮陞秘書院侍講；尋，陞左春坊左庶子、兼侍讀。（碑傳集卷四三，清史列傳卷六六。）

胡承諾撰張太夫人行述、書嚴先生祠堂記後。（讀書說附年譜）

陸隴其補邑弟子員；尋，食餼。是歲、陸氏始博觀宋元明諸大儒書，參互反覆，疏證孔孟之旨，而一以朱子爲宗（時年二十七）。（碑傳集卷一六及二林居集卷一五並參）

顏元以家貧養老計，始習醫。（顏習齋先生年譜）

王敔虎止生。（注四〇）

王心敬爾緝生。（碑傳集卷一二九）

湯斌授整飭潼關兵備，分巡關內道、陝西按察使司副使。
（潛庵全集附年譜）

邵廷釆九歲，從祖父至半霖義學，見沈國模、史孝咸，國模謂曰：「孺子治何經？」對曰：「方受尚書。」國模摩其頂曰：「孺子識之，在知人？在安民？」祖父呼廷釆拜受，至老不忘斯言。（邵念魯年譜）

春、陸世儀講學於明倫堂。又延陳瑚與文翼講學於靜觀樓。
（尊道先生年譜）

傅山門人戴庭請刻其詩，不許曰：「我非詩人。」（傅青主先生年譜）

秋、施閏章奉使督學山東，有遊西山記。（施愚山先生年譜）

二月、陳瑚講學於諸庸夫草堂，再講學於靜觀樓。是歲至己亥有日記一卷。（安道公年譜）

是月、王夫之著黃書成。（王船山學譜附年表）

黃宗羲遭名捕脫死，弟宗炎被捕，亦得免。（黃梨洲遺書附年譜）

閏五月、顧炎武至鍾山舊居，遭刺客擊傷首，遇救得免。是月、五謁孝陵。（顧亭林先生年譜）

歸莊至虞山，為族祖母壽；又訪錢謙益於紅豆莊。（歸玄恭先生年譜）

六月、魏象樞辭朝歸省。（魏敏果公年譜）
十月、陸世儀寫婁東形勝古蹟圖。（陸子遺書，文集卷六。）

十一年丁酉（一六五七）

呂留良創社邑中。（呂留良年譜）

熊賜履以詩經舉鄉魁。（碑傳集卷一一、年譜）

韓菼入縣學，嗣是試卷無一落者，中以詿誤，不試於場屋者十餘年。（有懷堂文藁卷五）

張伯行七歲入小學，恂恂恪恭，有儒者氣象。是歲、從秦明弼學，（碑傳集卷一七及張清恪公年譜並參）

崔蔚林舉鄉試。（午亭文編卷四七）

竇克勤五歲受四子書，能解句讀。（碑傳集卷四六）

陸世儀以大水，陳開江十二事於巡撫某氏不聽。（尊道先生年譜）

查愼行始受學於家庭。（查他山先生年譜）

唐甄歸四川於閬中鄉試，中舉人。（注九五）

顏元見七家兵書悅之，遂學兵法。（顏習齋先生年譜）

蕭企昭爲副榜貢生。（清史列傳卷六六）

史孝咸等建姚江書院於餘姚半霖，與劉宗周證人社對峙。（見劉宗周年譜）

施閏章築獨軒，有記。又有祭閔子廟文、重修伏生祠記、魯

萬泰履安卒，年六十。（馮先恕疑年錄釋疑）

兩先生祠記、七忠祠記諸篇。（施愚山先生年譜）

是歲、李顒以夏秋之交，患病靜攝，深有感於默坐澄心之說。於是一味切己，自反以心觀心。久之，覺靈機天趣，流盎滿前，徹首徹尾，本自光明。自是屏去一切，時時返觀默識，涵養本源。（二曲集卷四五、歷年紀略。）

秋、錢澄之與海寧查逸遠，同客長干塔寺，比鄰而居，時相過從。述故國之交游，感河山於疇昔。澄之心灰學易，思以賣卜；逸遠則聞鷄起舞。（田間文集卷一五）

申涵光遊百泉，作歲晏詩。是年、與殷子岳謁孫奇逢於夏峰，執弟子禮，留數日別去。（申鳧盟先生年譜）

冬、陸世儀應學使張氏聘之澄江；尋，假歸。（尊道先生年譜）

正月、魏裔介上修憲綱以明職疏。（魏貞菴先生年譜）

陳確復至山陰訪劉汋，汋病不寢踰年，時稍得假寐。是歲、著性解、禪障。（陳乾初先生年譜）

顧炎武六謁孝陵，自金陵仍返崑山避讎。將北游，同人餞之，歸莊爲文送之。至萊州，與趙士完、任唐臣定交；從唐臣假吳才老韻譜校讀之。過即墨，游勞山；由青州至濟南，與徐夜、張爾岐定交。（顧亭林先生年譜及歸玄恭先生年譜並參）

二月、魏裔介擢左都御史。（碑傳集卷一一）
八月、曹本榮爲順天鄉試主官。（清史列傳卷六六，碑傳集卷四三。）
魏象樞復入都門補官。（魏敏果公年譜）
王士禎遊歷下，集諸名士於明湖，舉秋柳社，賦秋柳詩四章，詩傳四方，和者數百人。（漁洋山人自撰年譜）
九月、曹本榮充經筵講官。（碑傳集卷四三，清史列傳卷六六。）
十一月、曹本榮失察同考官作弊，吏部議革職；上以其侍從講幄日久，宥之。（清史列傳卷六六）
十二月、孫奇逢中州人物考成。（孫夏峰先生年譜）

十二年戊戌（一六五八）

黃宗羲集丁酉戊戌兩年詩名金罍集。（黃梨洲遺書附年譜）
王夫之自去年夏自西莊源徙歸衡陽，居蓮花峯下續夢菴。（王船山學譜附年表）
陳瑚離憂集成。（安道公年譜）
張貞生成進士，改翰林院庶吉士。（清史列傳卷六六）
朱用純毋欺錄始於是年。（朱柏廬先生編年毋欺錄）
唐甄自四川經陝西、河南赴北京應試，不售，詮選得分往山西。（潛書附事迹簡表）

陸隴其始爲舊本四書大全。（三魚堂全集、文集卷八。）
熊賜履成進士，授國書庶吉士，讀書館中。（碑傳集卷一一、年譜。）
施閏章校士山左，有海岱人文總序。（施愚山先生年譜）
毛際可成進士，授河南彰德府推官，改知城固縣，調祥符。（清史列傳卷七〇）
戴名世六歲，始從塾師受學，凡五年而讀畢四書五經。（南山先生年譜）
崔蔚林成進士，改翰林院庶吉士。時熊賜履倡明理學，蔚林與之游，遂究諸儒書，曰：「道在是矣！」（清史列傳卷六六，午亭文編卷四七。）
申涵光作家誡詩、賀丹陽應旌，又刻聰山詩集。（申鳧盟先生年譜）
王士禎成進士，觀政兵部，與汪琬、程可則以詩倡和。（注九六）
張伯行八歲，經飲泉書院，問何居，告之曰：「此讀書人講道論德之所也。」輒欣然曰：「吾他日必讀書於此！」（碑傳集卷一七）
黃熙成進士，官臨川教諭，以親老乞養歸。（清史列傳卷六六）

顏元始開家塾，訓子弟，王之佐、彭好古、朱體三來從游。名其齋曰思古。（顏習齋先生年譜）

邵廷采年十一，從祖父講學於皇山翁氏莊，受先正制義。晨夕出望原野，平步林皋，訓以孝弟忠信；夜則共臥，寬嚴得中，誦說有法；又爲作蒙說以課之。是歲、丁祖父憂。（邵念魯年譜）

春、陸世儀輯儒宗理要書成，復至澄江。（陸子遺書、文集卷三，尊道先生年譜。）

顧炎武至泰安登泰山；旋赴兗州，至曲阜，往鄒縣，過鄒平，與邑人馬驌交；抵章邱，訪張光啓；至長山，主劉孔懷家；復至濟南，訪徐夜；入都，至薊州，歷遵化、玉田，抵永平。（注九七）

夏、魏裔介以上命作楞嚴會解序，具稿進呈。（魏貞菴先生年譜）

祝淵子鳳師攜祝氏遺集過陳確，確愴然，爲作長夏篇以贈之。（見陳乾初先生年譜）

秋、張履祥補農書。（楊園先生全集附年譜）

冬、王餘佑、魏一鼇等葺孫奇逢西山舊廬爲雙峰書院。（見孫夏峰先生年譜）

錢澄之與錢謙益抵足長干僧舍，相與論詩。（田間文集卷一

	六） 正月、張履祥返居楊園故廬。與何汝霖定交。（楊園先生全集附年譜） 二月、孫奇逢畿輔人物考成。（孫夏峰先生年譜） 七月、彭定求丁母憂（時年十四）。（南畇老人自訂年譜） 孫奇逢輯兩大案錄。（孫夏峰先生年譜） 九月、陸世儀講學廣福山房。（尊道先生年譜） 王夫之家世節錄成。（王船山學譜附年表） 十一月、朱彝尊客粵，居梅里荷花池上，注歐陽修五代史記，又輯嶺外詩一卷。（朱竹垞先生年譜）	
十三年己亥（一六五九）	顧炎武再謁十三陵。（注九八） 張履祥家居，作近鑑。（楊園先生全集附年譜） 黃宗炎奉母寓三溪口，宗羲間日往來定省(明年冬返故居)。（黃梨洲遺書附年譜） 胡承諾營城居構菊佳軒，撰竟陵水患論、與陳廣文書、記家乘後。（讀書說附年譜） 湯斌陞分守嶺北道、江西布政使司參政、轄贛州南安二府。（潛庵全集附年譜） 馬驌成進士，謁選京師，除淮安府推官。（清史列傳卷六	李塨剛主生。（李恕谷先生年譜） 萬經授一生。（鮚埼亭集卷一六全祖望撰九沙萬公神道碑銘） 邵曾可子唯卒，年五十一。（清儒學案卷二〇一）

八，漢學師承記卷一。）

魏象樞以母老請乞終養，再辭朝出都門，諸縉紳贈以詩文甚夥，歸彙而存之，曰贈言集。（魏敏果公年譜，清史列傳卷八並參。）

傅山南游浮淮渡江，至金陵，復過江而北，至海州。（傅青主先生年譜）

查慎行年十歲，作武侯論。（查他山先生年譜）

徐元文成進士，除翰林院修撰。（碑傳集卷一二，清史列傳卷九。）

陳瑚從游集成，自丙申至此年，有日記二卷。（安道公年譜）

呂留良與黃宗會定交。（呂留良年譜）

熊賜履授翰林院檢討。（碑傳集卷一一、年譜）

李光地始講性理之學。（李文貞公年譜）

王士禎謁選，授揚州府推官。（注九九）

邵廷采年十二，從外祖父受左傳、國語、史記、漢書。外祖陳氏嗜佛，時與廷采談說禪學。（邵念魯年譜）

韓菼始識蔡鶴舫。（注一〇〇）

崔蔚林散館，授翰林院檢討，遷宏文院侍讀，晉侍讀學士，轉翰林院侍讀學士。（清史列傳卷六六）

是歲、應撝謙選時文成，並自爲之序。（應潛齋先生年譜）
春、臨安駱鍾麟宰邑，始下車即竭誠造謁李顒，再往乃見，長跪請誨，嚴奉師事。自是政暇，必趨其廬，從容盤桓，竟日乃去。（二曲集卷四五、歷年紀略。）
三月、魏裔介加太子太保。（魏貞菴先生年譜，清史列傳卷五。）
孫奇逢四書近指成。（孫夏峰先生年譜）
顏元之易州歲試，與王徵（孫奇逢門人）交。（顏習齋先生年譜）

十四年庚子（一六六〇）

魏禧編次童鑑成。（魏叔子年譜）
黃宗羲居龍虎山堂。是年、爲匡廬之遊，有匡廬行脚、匡廬遊錄。（黃梨洲遺書附年譜）
張履祥館半邏錢福徵家，始記備忘。又有與何商隱書論學。交呂璜、屠安道。（楊園先生全集附年譜）
王夫之徙居湘西金蘭鄉高節里，卜築於茱萸塘，造小室名曰敗葉廬。（王船山學譜附年表）
呂留良與黃宗會、高斗魁、黃復仲、朱聲，始相約賣藝，留良作賣藝文。（呂留良年譜）
熊賜履充順天鄉試副總裁。（碑傳集卷一一、年譜。）

焦袁熹廣期生。（姜亮夫綜表）
楊名時賓實生。（注四一）
鄭元慶子餘生。（碑傳集卷一二三）

閻若璩始從同里吳太易學。（閻潛邱先生年譜）
魏裔介退居私寓，研究經學，刻所輯四書大全纂要。（魏貞菴先生年譜）
施閏章自山左得代歸里，集自山左數年以來詩文，刻爲觀海集。（施愚山先生年譜）
封濬年四十，始師事謝文洊，執禮恂恂如未成人。（清史列傳卷六六）
毛奇齡復出游淮上。（見閻潛邱先生年譜）
徐乾學舉順天鄉試。（碑傳集卷二〇）
湯斌侍父家居。（潛庵全集附年譜）
李光地纂四書解一部。（李文貞公年譜）
顧炎武寓淮上，潘檉章刻國史考異三卷寄之。（顧亭林先生年譜）
申涵光作五言律詩百首，遂止不復作詩。（申鳧盟先生年譜）
彭定求年十六習制藝，諸先生交口器誦之。定求溫溫自克益謹，治業益勤。（尊聞居士集卷六）
魏象樞著六諭集解。（魏敏果公年譜）
竇克勤八歲受易學，爲文輒得驚人句。（碑傳集卷四六）
胡承諾撰萬子頤莊序。（讀書說附年譜）

顏元得性理大全讀之，知周程張朱學旨，屹然以道自任，期於主敬存誠。是年、入京科考。（顏習齋先生年譜）
春、陸世儀復毛卓人書，辭主會講。（尊道先生年譜）
夏、朱用純有題李忠毅公獄中敎子書後。（朱柏廬先生編年毋欺錄）
秋、顧炎武南歸過六合，抵金陵七謁孝陵。（顧亭林先生年譜）
陸世儀應諸生之請，講學東林書院及荊川大儒祠。（尊道先生年譜）
冬、陳瑚之楚中學使王登善幕。是歲、自正月至三月，詩有鄧尉集；四月至九月，詩有淮南集。自是歲至辛丑，有日記二卷。（安道公年譜）
正月、陳瑚訪徐枋於鄧尉。（同上）
二月、顧炎武至昌平，再謁天壽山，入都。（顧亭林先生年譜）
三月、孫奇逢考蘇門遺事。（孫夏峯先生年譜）
四月、陸世儀補注虛齋格致傳。（尊道先生年譜）
五月、陳瑚講學於水繪園。（安道公年譜）
十月、孫奇逢書孝友家規。（孫夏峯先生年譜）
十一月、朱彝尊客山陰觀察宋琬幕中，與宋氏遊雲門山，又

偕王猷定至蕺山訪劉汋。（朱竹垞先生年譜）
十二月、同州孝子黨湛年八十餘，冒雪履冰，徒步至李顒所居，就正所學。（二曲集卷四五、歷年紀略。）

何焯屺瞻生。（義門先生集卷末尾及果堂集卷一一、沈彤撰何先生行狀。）

十五年辛丑（一六六一）

黃宗羲仍居龍虎山堂，著易學象數。（黃梨洲遺書附年譜）
張履祥有與曹射侯書論水利。（楊園先生全集附年譜）
呂留良始謝去社事及選事，攜子姪門人，讀書城西家園之梅花閣。（呂留良年譜）
顏元始謁刁包，得其所輯斯文正統。（顏習齋先生年譜）
曹本榮補翰林院侍講學士；尋，轉侍讀學士，改國史院侍讀學士。（碑傳集卷四三，清史列傳卷六六。）
王士禎在揚州，始自號漁洋山人。（漁洋山人自撰年譜；碑傳集卷一八墓誌銘作順治十五年，恐誤。）
李光地補諸生，纂周易解一部。（李文貞公年譜）
顧炎武回蘇至杭州，渡江謁禹陵，弔宋六陵。是歲、爲餘姚呂章成作呂氏千字文序。（顧亭林先生年譜）
許三禮成進士。（碑傳集卷一八）
申涵光送母如京師。是年、貢入國學。（申鳧盟先生年譜）
魏裔介仍掌都察院事。是歲、復訂正四書大全纂要，以付刻刊。（魏貞菴先生年譜）

于成龍以明經謁選，授粵西柳州之羅城令（時年四十）。（碑傳集卷六五）
歸莊造訪陸世儀於桴亭。（陸子遺書、文集卷四。）
李因篤作清涼遊記、太舅白石先生詩序。（關中三李年譜）
胡承諾撰譽宮頌。（讀書院說附年譜）
陸隴其作告子陽明辨，語載衛濱日鈔（時年三十二）。（陸稼書先生年譜）
陳龍正有五言古詩斜蕩泛飲一首。（幾亭外書、外錄卷三。）
彭定求應童子試，入長洲學第三。（南畇老人自訂年譜）
朱用純有贈金孝章六十壽序。（朱柏廬先生編年毋欺錄）
陳瑚在楚中，爲登善校士。陸世儀寓詩曰：「廿年學道共艱辛，一夕風塵盡隱淪。何意鵝湖登座客，半爲蓮幕捉刀人。」（陸子遺書卷首）
劉獻廷年十四，始讀南華，便有放翻宇宙之眼界。（劉繼莊先生年譜初稿）
應撝謙授讀鐵冶嶺之張園。是歲、秦開地紫陽大旨書成，撝謙爲之序。（應潛齋先生年譜）
春、陸世儀送江士韶之新安。（尊道先生年譜）
夏旱、陳確憫農夫之勞，作蒼天詩以哀之。（陳乾初先生年譜）

秋、施閏章奉命分守西湖，作就亭，有記。（施愚山先生年譜）
陳瑚自楚歸，病至明歲始痊。自庚子十月至是歲八月，詩有楚江集，日記有一卷。（安道公年譜）
陸世儀之安義令毛如石幕，著支更法。（尊道先生年譜）
冬、錢澄之始構田間別業於其先人墓前。（田間文集卷一〇）
陳確過祝淵墓，弔之以詩，有曰：「當年攻僞學，此日憶眞儒。」自注云：「年來辨學多先友意中言，今更默然，輒自媿耳！」（陳乾初先生年譜）
陸世儀刊思辨錄於安義署。（尊道先生年譜）
正月、孫奇逢輯聖學錄成。（孫夏峯先生年譜）
魏象樞以世祖哀詔至，隨地方官哭臨成禮。集杜八首志哀，曰春懷草。又訂魏氏家譜成。（魏敏果公年譜）
二月、陸世儀送文翼歸滇南。（尊道先生年譜）
十月、熊賜履特改授秘書院檢討。（碑傳集卷一一、年譜。）
孫奇逢成述祖德詩。（孫夏峰先生年譜）
十二月、顧炎武輯山東考古錄成。（顧亭林先生年譜）

清聖祖康熙元年壬寅

張履祥寫寒風佇立圖並自題。（楊園先生全集附年譜）
王夫之居敗葉廬，聞明桂王被執，續悲憤詩一百韻。（王船

馮濂周溪生。（清儒學案卷二三）

山學譜附年表）

（一六六二）

閻若璩始游京師，合肥龔鼎孳爲宗伯，相知最深，頗爲延譽，由是知名。是年、改歸太原故籍，補廩膳生。（漢學師承記卷一，清史列傳卷六八，閻潛邱先生年譜。）

魏禧始出游吳越，訪黃鳴岐於高郵，爲忘年交。（魏叔子年譜）

李塨四歲，父抱提口授孝經、古詩及內則少儀；祖父彎小弓引之學射。（李恕谷先生年譜）

應撝謙典書室於深柳堂，居二年。（應潛齋先生年譜）

李光地讀書妙峰山，譜太極、通書相表裏圖。（李文貞公年譜）

耿介轉江西湖東道，因改官制，除直隸大名道。（碑傳集卷四三，清史列傳卷六六。）

陸隴其年三十三，纂輯明季四書講義（按陸氏晚年有志於困勉錄之作而未就，後及門因卽以此書當困勉錄，以償其素願也）。（陸稼書先生年譜）

顧炎武有欑宮文、郡國利病書序、北嶽辨。（顧亭林先生年譜）

魏象樞應郡紳主講願學堂。自四書五經始，每講畢，錄而存之，曰願學堂講書。是歲、又撰重修蔚州東嶽廟碑記。（魏敏果公年譜，寒松堂集卷五。）

邵廷采通易、詩、書及左氏春秋（時年十五）。（邵念魯年譜）

春、申涵光奔母喪如京師。（申鳧盟先生年譜）
夏、呂留良仍課兒讀書於家園之梅花閣。息交絕遊，於選社一無所與。（呂留良年譜，呂晚村先生文集附錄行略。）
梅文鼎始獲從明逸民竹冠道士倪觀湖受臺官通軌大統曆算交食法，歸與兩弟依法推步，疑信相參，乃相與晨夕討論，然後於氣朔發斂之由，纏離朓朒之序，黃赤道差變之率，交食起虧復滿之算，稍稍闚見藩籬。（梅定九年譜）
秋、施閏章作愚樓成。（施愚山先生年譜）
陸世儀遊白鹿洞諸勝，遙哭文翼。（尊道先生年譜）
元夕、甬上萬言來訪黃宗羲，越數日郡中劉汋亦來訪。（黃梨洲遺書附年譜）
正月、孫奇逢書經近指成。（孫夏峯先生年譜）
顧炎武由山東入都。（顧亭林先生年譜）
三月、顧炎武至昌平，三謁天壽山，謁懷宗欑宮。出古北口往薊州，仍至昌平。（同上）
五月、顧炎武誕辰，有致餽者作書辭之。是月、至眞定之新樂，抵曲陽，謁北嶽恒山，至井陘。（同上）
六月、傅山登北嶽恒山，游五臺山，至張龍池家，爲其所著五芒堂四書正義及易注題端。有五臺山詩八首。（傅青主先生年譜）

七月、陳瑚丁父憂。自此廬墓時多。（安道公年譜）
九月、黃宗羲徙往藍溪市，約是年詩爲露車集，誌不安也。
是月、始著明夷待訪錄。（黃梨洲遺書附年譜）
魏裔介奉命往薊州鳳臺山，相視世祖山陵。（魏貞菴先生年譜）
十月、顧炎武至大同之渾源州，度汾河至平陽府。（顧亭林先生年譜）
彭定求歲試列二等，學使爲孫氏。（南畇老人自訂年譜）

二年癸卯（一六六三）

張履祥作遺安堂訓語。（楊園先生全集附年譜）
冉覲祖舉鄉試第一。（正誼堂文集、續集卷六，清史列傳卷六六。）
魏象樞著知言錄成。（魏敏果公年譜）
湯斌始學醫。（潛庵全集附年譜）
李光地補廩膳生。（李文貞公年譜）
陸隴其撰舊本四書大全成，歷時六年而始畢。（三魚堂全集、文集卷八。）
閻若璩返太原過松莊，與傅山論學相問答。（見傅青主先生年譜，閻潛邱先生年譜。）
胡承諾菊佳軒詩刻成，又撰峽寇論、熊蓌源逸事。（讀書說附年譜）
顏元始交王養粹，作文社規，勉會友共力聖道。（顏習齋先

李鍾倫世德生。（清史列傳卷六七）
陸奎勳聚侯生。（碑傳集卷四八）
陳鵬年北溟生。（二林居集卷一七彭紹升撰事狀）
黃宗會澤望卒，年四十六。（南雷文定前集卷八黃宗羲撰黃君壙誌）
潘檉章聖木卒，年

生年譜）
顧炎武作五臺記、裴村記、復庵記、貞烈堂記、朱子斗詩序。（顧亭林先生年譜）
彭定求年十九，塾師宋君卒，旦夕親臨盡哀，遵古弟子禮，執心喪。（尋聞居士集卷六）
喬萊舉鄉試。（遂初堂文集卷一四，碑傳集卷四五。）
王錫闡撰曉庵新法六卷。（見梅定九年譜）
張伯行年十三，始作文。（張清恪公年譜）
李因篤在代州，適顧炎武游五臺，經代州，遂訂交。炎武入秦，至富平，館李氏家。（關中三李年譜）
陳瑚述父莊介公行實，又有記貞道先生祠。（安道公年譜）
申涵光遊太原，言於曲周王顯祚爲傅山捐俸買宅，山堅謝之，傳爲佳話，是歲、劉佑重刻其聰山詩集。（傅青主先生年譜及申鳧盟先生年譜並參）
邵廷采始從父旅居石門，讀書以性近史，遂交陳聲大，稱平生三友之一。（邵念魯年譜）
是歲、魏禧始至金陵，登雨花臺，有詩紀事。客游杭州，訪汪渢於湖，遂爲兄弟交。又交應撝謙。（魏叔子年譜及應潛齋先生年譜並參）
秋、潘耒以事入都，路經淮陰，得謁王略，周旋款洽，恩若平

三十六。（碑傳集卷三三五）

生。及還，再淹留旬日，遂申婚姻之約。（遂初堂文集卷一）
冬、黃宗羲著明夷待訪錄成。（黃梨洲遺書附年譜）
正月、顧炎武自平陽登霍山，游女媧廟。至太原，訪處士傅山。至代州，游五臺，與平富李因篤遇，遂訂交。在汾州，聞執友吳炎、潘檉章遭湖州莊氏私史之難，遙祭於旅邸。由汾州歷聞喜縣，取道蒲州入潼關，游西嶽太華，過訪王宏撰於華陰。（顧亭林先生年譜）
二月、魏裔介循例考滿，著加太子太保，復補授吏部尚書。（魏貞庵先生年譜）
四月、黃宗羲至語溪，館於呂留良家之梅花閣，有水生草堂唱和詩，並共選宋詩鈔。（黃梨洲遺書附年譜，並見呂留良年譜。）
傅山至輝縣訪孫奇逢於百泉，乞為母貞髦君作墓誌銘。（傅青主先生年譜）
熊賜履陞國子監司業。（碑傳集卷一一、年譜）
七月、徐乾學至汀州，會有嶺南之行，遂取道上杭州，並為紫金之游，有游南塔寺記。（憺園文集卷二五）
八月、孫奇逢四書近指刻於大梁。（孫夏峯先生年譜）
黃宗羲母七十壽辰，有句云：「白首有兒仍向學，浙河此母尚安全。」是年詩名心斷集，用孟襄陽心斷脊鴒原之句。

是月、劉汋問律呂於黃宗羲，宗羲以書答之。（黃梨洲遺書附年譜）

十月、顧炎武過訪處士李顒於盩厔，遂訂交。往驪山訪明宗室存杠，存杠命子烈及甥王太和受業門下。（注一〇一）

十一月、熊賜履陞秘書院侍讀。（碑傳集卷一一、年譜）

三年甲辰（一六六四）

李顒是年謝絕人事，杜門不接。（二曲集卷四五、歷年紀略。）

李光地始注洪範，又著卜書補義。（李文貞公年譜）

顧炎武與李因篤同謁欑宮，爲文以祭。（漢學師承記卷八）

陸隴其纂輯性理大全、大學衍義補、文獻通考等書。（陸稼書先生年譜）

呂留良至杭，爲友人經紀喪事。（呂留良年譜）

胡承諾有與黃慈雲書。（讀書說附年譜）

崔蔚林遷侍講學士，乞假歸，時年甫三十。（清史列傳卷六六）

薛鳳祚撰曆學會通。（見梅定九年譜）

熊賜履請假回籍遷葬。（碑傳集卷一一、年譜。）

邵廷采始受業韓孔當之門，講王守仁之學。韓氏責望甚厚，示以入門梯級，謂聖人可學而至。（邵念魯年譜）

魏裔介入贊機政。（碑傳集卷一一）

劉汋伯繩卒，年五十二。（劉宗周年譜，清史列傳卷六六。）

曹本榮木欣卒，年四十四。（碑傳集卷四三計東撰行狀，疑年錄彙編卷九。按清史列傳卷六六云：「康熙四年、以病乞歸，卒於揚州，年四十四。」則與此相差一年，存參。）

梅文鼎以仲弟文鼐入城讀書，送之以序。是歲、纂修家譜。（梅定九年譜）

張伯行年十四丁母憂，哀毀如成人。（碑傳集卷一七。按年譜作九月。）

李鄴嗣以南屏之難，大帥搜得其與中土薦紳往還筆札，按籍欲殺之，鄴嗣以奇計使中止。（清史列傳卷七〇）

魏象樞與都門孫承澤、陽城白允謙、祁州刁包、應州左光圖、容城孫奇逢、柏鄉魏裔介、溧陽成性、代州馮雲驤稱道義交，走書往來，商榷學問，多所取益焉。（魏敏果公年譜）

夏、李因篤遊太原，旋還代州。（關中三李年譜，李天生先生年譜。）

陳瑚如虞邑，避暑破山寺。自壬寅至是歲四月，詩有蟻橋集；五月至閏六月，詩有破山集。（安道公年譜）

張履祥有答孫爾大書論學。其大旨：一曰辨心術、一曰明義理、一曰治性情，己上敬以直內事；一曰正容體、一曰謹言語、一曰愼事爲，己上義以方外事。（楊園先生全集附年譜）

秋、李因篤省弟病還里。（關中三李年譜，李天生先生年譜）

施閏章入覲，暫過里門，有歲朝登愚樓詩，有「元日占年逢甲子，平生知我是江山」之句。（施愚山先生年譜）

仲秋、朱用純有題道德經帖。（愧訥集卷一二，朱柏廬先生編年毋欺錄。）
正月、顧炎武至蒲州之榮河，游后土祠。適汾州，自大同至西口入都。（顧亭林先生年譜）
二月、黃宗羲、宗炎兄弟至語溪，與呂留良同赴虞山，訪錢謙益。（黃梨洲遺書附年譜）
三月、顏元與王養粹相約爲日記。（顏習齋先生年譜）
四月、顏元約王養粹訪孫奇逢，以事不果。（同上）
五月、歸莊赴虞山哭錢謙益，有祭牧齋先生文。（歸玄恭先生年譜）
六月、黃宗羲返里，甬上門士萬斯選來謁，見詩稿零落，許寫淨本，因汰其三之二，取蘇文忠行記之意，曰南雷詩歷。是年詩繫之吳艇集。（黃梨洲遺書附年譜）
閏六月、朱用純丁母憂。（朱柏廬先生編年毋欺錄）
七月、顧炎武至昌平，四謁天壽山，奠懷宗櫕宮。至河南輝縣，訪孫奇逢；返至泰安州度歲。（顧亭林先生年譜）
九月、顏元偕王養粹訪王餘佑問學。（顏習齋先生年譜）
十月、王士禎內遷禮部主客司主事。是月、與宋犖定交於京師。（漁洋山人自撰年譜）
魏禧編次文集刊行於世。（魏叔子年譜）

四年乙巳（一六六五）

王夫之重訂讀書說。（王船山學譜附年表）
閻若璩始過維揚，謁方拱乾未值。（閻潛邱先生年譜）
魏裔介著聖學知統錄。（注一〇二）
陳瑚遊苕溪，次子遫及門人吳歷從。是歲、詩有苕溪集。（安道公年譜）
毛奇齡客廬陵，偕施閏章講學白鷺洲，已而去游淮西。（見閻潛邱先生年譜）
熊賜履入都，補宏文院侍讀。（碑傳集卷一一、年譜。）
李光地輯曆象要義。（李文貞公年譜）
顧炎武由泰安至德州，復回濟南，置田舍於章邱之大桑家莊。（顧亭林先生年譜）
王夫之取乙未春僑居晉寧山中，吟寫瀟湘小八景詞，冠於所作大八景詞之前，名曰瀟湘怨詞。又作和梅花百詠詩。（王船山遺書卷六二及卷五五、夕堂戲墨卷七及卷三。）
呂留良至平湖，迄八月始還家。（呂留良年譜）
胡承諾撰賦役年圖頌，與吳氏兄弟書。（讀書說附年譜）
湯斌始學堪輿。（潛庵全集附年譜）
朱用純有贈馬君房七十壽序。（朱柏廬先生編年毋欺錄）
魏象樞奉旨建坊旌表蔚州烈女節婦，復彙諸君子所爲詩歌付

朱軾若瞻生。（碑傳集卷二三神道碑及墓誌銘）

梓，曰蔚羅雙烈集。（魏果公年譜）

傅山游關中，登華嶽，猶子仁侍行。過富平訪李因篤，手植梅於距城七十五里之月明山下之尙友齋。（傅青主先生年譜）

是歲，魏禧與宋之盛、謝文洊會講於南豐程山。（魏叔子年譜）

春、甬上萬斯大、萬斯同、陳錫嘏、陳赤衷、仇少鰲等二十餘人，同受業於黃宗羲。是春、黃宗羲兄弟之語溪。及秋八月，呂留良自平湖來會。（黃梨洲遺書附年譜）

陸世儀講易毘陵，著七政辨、月道疏、月道辨、山河兩戒圖、雲漢升沈圖分野說。（尊道先生年譜）

李因篤從陳上年展覲，取道大同，經易州、淶水，涿州、良鄉抵都，叩謁十三陵。出都，經保定返代。是年、有獨鶴亭詩王徵君山史一首、復朱太史山煇書。（關中三李年譜）

秋、朱彝尊再度雁門關至太原，輯吉金貞石志、粉墨春秋、風庭掃葉錄等書。（朱竹垞先生年譜）

顧炎武至曲阜，再謁孔林，游闕里，與顏修訂交。（顧亭林先生年譜）

二月、施閏章有重刻旌陽會紀跋。（施愚山先生年譜）

歸莊寓西寺，晤潘用微；尋，拜爲師；旋悔之，遂改爲友。（歸玄恭先生年譜）

顏元訪李明性，作婦人常訓三章。（顏習齋先生年譜）

三月、魏禧始授徒於新城。（魏叔子年譜）

五月、李顒丁母憂，哀毀幾絕。（二曲集卷四五、歷年紀略。）

七月、顏元訪張羅喆問學。（顏習齋先生年譜）

十月、黃宗羲建續鈔堂於南雷。（黃梨洲遺書附年譜）

魏禧作紀夢詩。（魏叔子年譜）

五年丙午（一六六六）

陸世儀仍講易毘陵，著性善圖說。（尊道先生年譜）

唐端笏來游王夫之門下。（王船山學譜附年表）

胡承諾檄徵入都。（讀書說附年譜，清史列傳卷六六。）

彭定求應鄉試被落。（南畇老人自訂年譜）

孫奇逢自序理學宗傳，湯斌亦有序。（理學宗傳卷首）

呂留良棄諸生，以不應試除名。與張履祥、何汝霖、張嘉玲發明洛閩之學。（呂留良年譜）

朱用純有贈張永暉六十壽序。（朱柏廬先生編年毋欺錄）

熊賜履充順天武鄉試總裁。（碑傳集卷一一、年譜。）

顧炎武至訪李因篤於代州道署，李氏有壽亭林先生詩一首。（見關中三李年譜）

張烈舉順天鄉試。是歲、陸隴其、蔣伊俱舉鄉試。（碑傳集卷一六、卷五，三魚堂全集、文集卷八。）

劉獻廷年十九，復寓吳，自是居吳者三十年。（清史列傳卷

王承烈遜功生。（碑傳集卷一二三墓誌銘及神道碑，清儒學案卷二九。）

朱澤澐湘陶生。（朱止泉先生文集卷末尾附王箴傳撰行狀，碑傳集卷一二九。）

姜兆錫上均生。（清儒學案小識卷一三，清儒學案卷一九七，清史列傳卷六七。）

七〇）
閻若璩歸太原應鄉試。（閻潛邱先生年譜）
李塨八歲入小學，父教學幼儀，讀經書。（李恕谷先生年譜）
陳瑚移居虞城，州守陳鹿屛屢訪不報，簡以詩。是歲、詩有山樓集。（安道公年譜）
黃宗羲仍館語溪，之海昌同陸嘉淑往訪陳確。又偕至朱朝瑛家，讀其所記五經，劇談徹夜。（黃梨洲遺書附年譜）
春、李因篤自代返，過太原，與秀水朱彝尊定交。（關中三李年譜）
申涵光視弟京師，在都晤少宰孫承澤，孫氏勉以學道，自此年始發憤學道（時年四十八）。（申鳧盟先生年譜）
顧炎武游太原，朱彝尊客晋過訪，因與訂交。南海屈紹隆自關中來會。出雁門，重過大同，訪李因篤，遂與因篤等二十餘人，鳩貲墾荒於雁門之北。入京師，復往山東游泰山。（顧亭林先生年譜）
夏、李光地始明律呂之學。（李文貞公年譜）
四月、魏禧上書益陽郭天門，述爲學之志。（魏叔子年譜）
五月、屈大均至長安，與李因篤定交。復偕大均返富平，登堂拜母。（關中三李年譜）
六月、張履祥有答張佩葱問喪禮書。（楊園先生全集附年譜）

黃叔璥玉圃生。（清史列傳卷六七）

七月、顏元入京秋試，拜尋遼東人，求傳尋父報帖。（顏習齋先生年譜）
八月、李光地擧福建鄉貢。（李文貞公年譜）
九月、湯斌至夏峰，問學於孫奇逢（湯氏時年四十）。（孫夏峯先生年譜）
十月、顧炎武著韻補正成並序，至兗州守署度歲。（顧亭林先生年譜）
孫奇逢理學宗傳刻於內黃，奇逢命湯斌與子博雅校訂。（孫夏峰先生年譜）
十二月、魏裔介與孫奇逢書論學。（同上）

六年丁未（一六六七）

申涵光作性習圖說。（申鳧盟先生年譜）
邵廷采從角聲苑解齊上人爲禪坐。（邵念魯年譜）
張履祥輯近古錄。（楊園先生全集附年譜）
熊賜履充世祖實錄纂修官，著閑道錄成。（碑傳集卷一一、年譜）
湯斌自夏峰歸。（潛庵全集附年譜）
顧棟高成進士，官內閣中書。（清史列傳卷六八）
胡承諾告歸，刻檄遊草。（讀書說附年譜）
馬驌選授淮安府推官。閻若璩與馬驌相識當在是年。（見閻

徐文靖位山生。（清史列傳卷六八）
陳萬策對初生。（清儒學案卷三七）

潛邱先生年譜）
梅文鼎家譜纂成。（梅定九年譜）
喬萊賜進士，除內閣中書。（遂初堂文集卷一四，碑傳集卷四五，清史列傳卷七〇。）
陳確有論書潘烈婦碑後。（陳乾初先生年譜）
魏裔介充纂修世祖章皇帝實錄總裁官，遇恩詔加一級。是歲、盧爾唱携其師曹氏遺著書紳錄，來謁魏裔介乞序，有曹厚菴書紳錄序。（清史列傳卷五及兼濟堂集卷四並參）
毛奇齡有書圖繪寶鑑後。（毛翰林文集、書後卷全。）
陳鵬年五歲，授唐詩即成誦。（切問齋集卷七）
彭定求爲學使梁氏拔科試一等，補增廣生。（南畇老人自訂年譜）
于成龍遷四川合州知州。（清史列傳卷八）
魏裔介相國、王敬哉宗伯，致書陸世儀招見；陸氏命門人沙一卿、周鼎新、郁植、曹禾受學於魏裔介相國。是歲、陸氏修宗祭禮成。（見尊道先生年譜。）
范鄗鼎成進士。（清史列傳卷六六）
春、顧炎武留兗李署，删訂近儒名論甲集。南歸至山陽，主王略家。刻音學五書於淮上，張弨文子任校寫之役。（顧亭林先生年譜）
陳瑚徙居婁之西郊，衢州葉敦艮來訪。（安道公年譜）

李因篤過蔚州入都，是秋返居雁門數年，益發憤讀六經，及關閩諸大儒書，所著詩文益高古精邃，名播海內，一時騷人詞客，趨之若鶩，邸舍不能容。（關中三李年譜）
多、歸莊在吳門，遇笻在禪師，知蔣遵路卒，往弔之，有祭蔣路然文。（歸玄恭先生年譜）
正月、孫奇逢訂家禮酌成。（孫夏峰先生年譜）
三月、魏禧授徒新城，編左氏兵法。（魏叔子年譜）
四月、魏禧晤藥地大師於新城天峯寺。（同上）
六月、陳上年重刻李因篤所得廣韻於淮上。（關中三李年譜）
八月、朱彝尊至京，始與王士禎會。又訪孫承澤於北平。靜志居琴趣成。（朱竹垞先生年譜）
九月、黃宗羲與姜希轍、張應鰲等，復證人書院講會於紹興古小學，毛奇齡、邵廷采與焉。（黃梨洲遺書附年譜，劉周宗年譜。）
陳上年裁決，李因篤攜家歸秦，屈大均為詩及序送之。（關中三李年譜）

七年戊申（一六六八）

湯斌著學言一篇。（潛庵全集附年譜）
胡承諾構石莊於西邨，始自號石莊老人。（注一〇三）
邵廷采見毛奇齡於紹興古小學。是歲、毛氏游睢州，已復歸淮西。（邵念魯年譜及閻潛邱先生年譜並參）
方苞靈臯生。（碑傳集卷二五雷鋐撰行狀，清儒學案卷五一，方望溪先生

黃宗羲始選明文案，仍與同門會講於證人書院。（黃梨洲遺書附年譜）

熊賜履陞授秘書院侍讀學士。（碑傳集卷一一、年譜）

申涵光荆園小語成，孫奇逢序之。（申鳧盟先生年譜）

于成龍遷知合州，時年四十七。（碑傳集卷六五）

查愼行讀書武林吳山，從慈谿葉伯寅學。（查他山先生年譜）

陳瑚始出周易傳義合闡示學者。自丁未至是年詩，名西郊集。（安道公年譜）

王源與閻若璩書問左傳。（見閻潛邱先生年譜）

朱用純有贈葉廷玉之母李太孺人五十壽序、記崑山縣吏何振溪順溪昆仲乙酉殉難事。（朱柏廬先生編年毋欺錄）

王士禎遷儀制司員外郎。（漁洋山人自撰年譜）

春、顧炎武在都寓慈仁寺，聞來州黃培詩獄牽連，即星馳赴鞫，下濟南府獄。是春、李因篤至三原弔杜蒼舒之喪。旋出關赴晉，過稷山，經代州入都，寓慈仁寺。至昌平，謁懷宗欑宮。出都，由山西返里。得顧炎武濟南獄中求救書，復冒暑入都，由德州至濟南。（顧亭林先生年譜及關中三李年譜並參）

秋、毛奇齡從江上謁周氏，周氏出畫册命讀，有讀畫樓藏畫記。（毛翰林文集、碑記卷一。）

年譜。）

王澍若林生。（注四二）

王懋竑予中生。（白田草堂存稿卷末尾附王箴聽等撰行狀，清儒學案卷五二。）

顧樞所止卒，年六十七。（姜亮夫綜表）

宋之盛未有卒。（清儒學案卷一七，清史列傳卷六六。）

二月魏禧授經勺庭。（魏叔子年譜）

三月、孫奇逢叙鹿江村年譜。（孫夏峯先生年譜）

黃宗羲授徒於寧波萬氏，謂「學問必以六經爲根柢」。於是甬上始有講經會。萬斯大、萬斯同、鄭梁等蔚然興起。（黃梨洲遺書附年譜，又見劉宗周年譜。）

六月、白奐彩聞李顒倡道盩厔，與黨湛、李士璸、王四服、王化泰等迎顒於家。諸人皆年長於顒，折節北面請教；奐彩錄顒語，題曰學髓。（注一〇四）

七月、王夫之成春秋家說、序之。（王船山學譜附年表）

李顒歸，語門人趙之俊東行所聞；之俊記其語始末，曰東行述。（李二曲先生年譜）

八月、魏禧鈔左傳經世成，凡二十三卷。（魏叔子年譜）

十月、顧炎武獄解得釋。（顧亭林先生年譜）

毛奇齡有題秉鑑圖。（毛翰林文集、題卷全。）

十一月、顏元居朱媼喪，一遵朱子家禮。著居喪別記，遂悟宋學之非，毅然以明行周孔之道爲己任。（顏習齋先生年譜）

十二月、張履祥作百自箴贈別門人，明年季秋復爲說。（楊園先生全集附年譜）

陳確聞同門友海鹽彭觀民之喪歸自江西，病中爲作歸骨記。（陳乾初先生年譜）

八年己酉（一六六九）

孫奇逢再訂讀易大旨。（孫夏峯先生年譜）

張履祥館語水，館主屢請固辭，主人虛席待二年，今始就。（楊園先生全集附年譜）

魏裔介修知統續錄。（魏貞菴先生年譜）

湯斌與州中同志訂志學會。（潛庵全集附年譜）

徐元文起補國史院修撰，主試陝西；尋，進秘書院侍讀。（碑傳集卷一二及清史列傳卷九並參）

王夫之輯戊子以來所作古近體詩爲五十自定稿。（王船山學譜附年表）

彭定求應鄉試被落。（南畇老人自訂年譜）

陳確著病夫前編。（陳乾初先生年譜）

陸世儀赴丹陽，館荆氏家。（尊道先生年譜）

陳廷敬遷國子監司業，洊陟侍講學士。（清史列傳卷九）

張履祥館語溪，勸呂留良刻二程遺書、朱子遺書、語類及先儒諸書數十種。（呂留良年譜）

詔舉隱逸，知州白登明將以陳瑚名薦，瑚力辭乃已。是歲、陳瑚耕墓田病痁幾殆。本年詩有後蟻橋集，一名墓田集。（清史列傳卷六六及安道公年譜並參）

張伯行年二十讀書蘭陽。（張清恪公年譜）

蔣廷錫揚孫生。（清儒學案卷一九七）

魏廷珍君璧生。（同上卷四一）

刁包蒙吉卒，年六十七。（碑傳集卷一二七。按清史列傳卷六六作康熙六年卒，年六十六，存參。）

王綱思齡卒，年五十七。（清儒學案卷三八）

應撝謙選同文錄，有答張用維論性理書。（應潛齋先生年譜）

于成龍遷湖廣黃州府同知。（清史列傳卷八）

李塨始學作文。（李恕谷先生年譜）

詔舉山林隱逸，郡守程啓朱上孫博雅名，博雅以父老年八十辭。（湯子遺書卷七）

梅文鼎與方以智子中通晤言籌算之善，然尙未見其籌算書。（梅定九年譜）

邵廷采往石門省親，乃籍桐鄉補諸生第一。旋應舉不售，遇遠道人，道人令觀安身立命之宗。廷采此後遂喜龍谿語錄及張子韶論語頌諸書。是歲、韓孔當主講姚江書院，廷采亦往肄業（自沈國模、史孝咸歿後，姚江書院輟講十年）。（邵念魯年譜）

春、惲日初以所著劉子節要寄黃宗羲求序。（黃梨洲遺書附年譜）

顧炎武入都寓七聖菴，旋往山東，已復入都寓文閣。（顧亭林先生年譜）

仲夏、朱用純應姜宸英索題，有題王丹麓聽松圖。（愧訥集卷一二，朱柏廬先生編年毋欺錄。）

潘耒自吳至淮陰，省丈人王氏，居未旬月，而王氏以疾卒，耒爲懷舊賦弔之。（遂初堂文集卷一）

秋、姚瑚、姚璉兄弟因王錫闡來謁張履祥問學。（楊園先生全集附年譜）

冬、王夫之構草菴開南窗，題曰觀生居。編續春秋左氏博議。（王船山學譜附年表）

顧炎武抵平原，潘耒來從學。（顧亭林先生年譜）

正月、顏元著存性篇，更思古齋曰習齋（時年三十五）。（顏習齋先生年譜）

李因篤由霍州經靈石抵保定，與顧炎武會，遂入都。尋，顧炎武亦自山東至清明，同謁懷宗欑宮。（李天生先生年譜、關中三李年譜。）

三月、顧炎武偕李因篤往昌平，五謁天壽山及懷宗欑宮，回都移寓甥徐元文邸。（顧亭林先生年譜）

六月、魏象樞丁母憂，居喪一準家禮。（魏敏果公年譜）

八月、魏禧客南州。（魏叔子年譜）

九月、朱用純遊天平山，遊靈岩山，遊西金山，各有記。（朱柏廬先生編年毋欺錄）

駱鍾麟量移常州，李顒祖餞於長樂坡，遂遊驪山，浴溫泉，因與同遊，發明洗心藏密之旨。復便道東遊太華，張珥聞而迎至同州，朝夕親炙，錄其答語爲體用全學；李士瓆錄其答語爲讀書次第。（二曲集卷四五、歷年紀略。）

十月、魏禧客新城，聞門人李作謀死，至程山哭於其家。（

魏叔子年譜）

十一月、顏元著存學編共四卷。（顏習齋先生年譜）

十二月、顏元與邑諸生游，爲孔林會。（同上）

九年庚戌（一六七〇）

孫奇逢再訂書經近指。（孫夏峰先生年譜）

韓孔當復主講姚江書院，以倡明理學自任。（清史列傳卷六六）

張履祥作儆老篇。（楊園先生全集附年譜）

顧炎武初刻日知錄八卷。是年、在山東度歲。（顧亭林先生年譜）

魏裔介爲會試主考官。是科、李光地、徐乾學、陸隴其、張烈等皆舉進士。是歲、裔介杜門謝客，爲兒輩說書，始爲四書精義彙解。（魏貞菴先生年譜及兼濟堂集卷四並參）

黃宗羲爲高斗魁題主事至烏石山。（黃梨洲遺書附年譜）

徐乾學舉進士第三人，授內宏文院編修。（清史列傳卷一〇，碑傳集卷二〇。）

邵廷采丁父憂。（邵念魯年譜）

陳瑚館嘐城。是歲至壬子，詩有東野集。（安道公年譜）

陸隴其成進士，廷對極論時弊，剴切治本。（碑傳集卷一六）

任啓運翼聖生。（清儒學案卷五三）

萬承勳開遠生。（姜亮夫綜表）

蕭企昭文超卒，年三十三。（清史列傳卷六六作康熙八年卒，此據清儒學案卷三八。）

陳確久抱風疾，動止常須人扶掖。元日詩有云：「終歲未離兒僕手，百年又過父兄關。」是年、著葬經，並自爲注。（陳乾初先生年譜）

徐元文以廷推選國子監祭酒；尋，充經筵講官。（清史列傳卷九，碑傳集卷一二。）

戴名世年十八，丁曾祖父憂。（戴南山先生年譜）

童煒歸里，與毛奇齡邂逅於淮西客舍，出其所爲文，乞序於奇齡，有童煒行稿序。是歲、毛氏又有新刻聖訓演說序。（毛翰林文集、序卷八及卷一六。）

應撝謙授讀於吳山承天觀前，凡五年。自編潛齋文集，又爲范道原作籌算序。（應潛齋先生年譜）

張烈成進士，授內閣中書。（三魚堂全集、文集卷八及清史列傳卷六六並參）

是歲、彭定求以父被吏議牽累，辭母入廣東省難，水陸四千餘里，不四日而至。（尊聞居士集卷六）

春、錢澄之撰重修漢陽縣儒學記。（田間文集卷一一）

夏、陸世儀以大水作水沒頭歌，又爲蘇松浮量考上當事。（尊道先生年譜）

秋、毛奇齡再遊汝南，息名士曹鑄、王復旦各遺書來請，爲縣丞作廳事記，有息縣丞廳壁勒石記。（碑傳集卷一）

冬、黃宗羲取平日之文自娛，因爲選定，題曰庚戌集，以生於庚戌，今編次又適庚戌故也。（黃梨洲遺書附年譜）
呂留良爲高斗魁葬事至甬上。（呂留良年譜）
二月、湯斌再過夏峰，留兼山堂與孫奇逢講學。（注一〇五）
魏禧如南豐哭門人李作謀墓。（魏叔子年譜）
顏元與孫奇逢書論學。（顏習齋先生年譜）
三月、李光地成進士。（碑傳集卷一三）
四月、李光地選翰林院庶吉士。（同上）
熊賜履陞國史院學士。（同上卷一一、年譜。）
彭定求科試列二等，學使爲簡氏。（南畇老人自訂年譜）
五月、顏元著會典大政記。（顏習齋先生年譜）
六月、毛奇齡爲重建息縣儒學大成殿碑記。（毛翰林文集、碑記卷一）
八月、熊賜履充世祖實錄副總裁。（碑傳集卷一一、年譜。）
十月、魏一鼇三過夏峰。（見孫夏峰先生年譜）
李顒赴襄城爲覓父骨。（二曲集卷四五、歷年紀略。）
熊賜履充武殿試讀卷官，改除翰林院掌院學士、兼禮部侍郎。（碑傳集卷一一、年譜。）
施閏章撰重修寧國府學記。（施愚山先生年譜）
十一月、魏禧自廣陵歸，作大鐵椎傳。（魏叔子年譜）

十二月、李顒至常州，晤駱氏。首以移風易俗，明學術見勉。駱氏錄其語，名曰匡時要務。是歲、有與襄城令張公書，又撰禱襄城隍神文、祭父文。（李二曲先生年譜）

十年辛亥（一六七一）

顧炎武入都主徐乾學甥家，熊賜履欲薦往修明史，力辭之。（顧亭林先生年譜）

毛奇齡復游淮安，至癸丑多始還蕭山。（見閻潛邱先生年譜）

孫奇逢弟子馬爾楹從蘇門至蔚問業魏象樞，象樞留之談學十日，復作如語一卷寄孫奇逢，千里質疑。（見魏敏果公年譜）

張履祥作惜往日詩，始選朱子文集，批呂氏童蒙訓。（楊園先生全集附年譜）

李光地始見顧炎武，聞音韻之學。（李文貞公年譜）

方以智勸王夫之逃禪，夫之不應。（王船山學譜附年表）

陳鵬年九歲，作蜻蜓賦，驚其座人。（切問齋集卷七）

張貞生充日講起居注官。（清史列傳卷六六）

陸隴其輯四書講義續編，時四十二。（陸稼書先生年譜）

方苞四歲，父以「鷄聲隔霧」屬對，卽應曰：「龍氣成雲」。（碑傳集卷二五）

湯斌修睢州學。（潛庵全集附年譜）

湯準稺平生。（清史列傳卷六六）

沈近思位山生。（碑傳集卷二三墓誌銘及神道碑，清儒學案卷一〇。）

惠士奇天牧生。（碑傳集卷四六錢大昕撰傳及楊超曾撰墓志銘，潛研堂文集卷三八，漢學師承記卷二，清儒學案卷四三。）

袁繼梓勝之卒，年五十二。（清儒學案卷二一）

王士禎遷戶部福建司郎中，與程可則、施閏章等，爲文酒之會，朝夕倡和。（漁洋山人自撰年譜）

魏裔介歸里，復兼取近人十數家，刪繁就約，終以集註大全爲準，編次成書，名曰四書精義彙解，並自爲序。（兼濟堂集卷四）

唐甄爲山西省潞安府長子縣知縣，十月而罷。（潛書附事迹簡表）

勞史年十七，反復朱子大學、中庸序，遂慨然立志爲眞儒，舉動必依於禮。（清史列傳卷六七）

查愼行應童子試。（查他山先生年譜）

沛縣閻爾梅至太原訪傅山於松莊，山爲畫歲寒古松。（傅青主先生年譜）

方以智寄梅文鼎徵所著象數之書。（梅定九年譜）

邵廷采倣史書論贊著史百則。是年、韓孔當卒，廷采自十七歲受業於韓門，稱高弟；自韓氏歿，衷心皇皇，遽無有依歸。（邵念魯年譜）

是歲、張履祥仍在語水。自是以後四年，何汝霖與語水主人，以履祥年老不應復有課誦之勞，乃各具修俸爲履祥家用，請往來語水半邏間。（楊園先生全集附年譜，並見呂留良年譜。）

韓孔當仁父卒，年七十三。（碑傳集卷一二七，宋學淵源記卷五，清儒學案卷二〇一，清史列傳卷六六。）

春、陸世儀作洵河議、決排說、建閘議。赴丹陽荆氏館。
尋，歸婁東十老之會。（尊道先生年譜）
歸莊校正已刻及未刻震川文集四十卷，董正位助刻五卷，吳
興祚、趙昕及葉方藹等，亦皆相助成其半。（歸玄恭先生
年譜）
魏裔介辭疾歸。（碑傳集卷一一）
呂留良至趙家橋，寓陳孟樸家。（呂留良年譜）
劉獻廷偕吳門顧小謝遊臨安。（劉繼莊先生年譜初稿）
季春、李因篤自里門赴三原至同官。是秋、遊靑門，撰襄城縣
義林述、趙瀛宇六秩序、自題唐韻選。（李天生先生年譜）
夏、陳瑚移家海濱朱氏，為婁東十老之會。（安道公年譜）
施閏章奉部檄敦迫入都補官，以叔父年老辭歸。在都，與宋
琬、曹爾堪、沈荃、王士祿、程可則、王士禛、陳廷敬，
詩歌唱和，語水吳孟舉有八家詩選之刻。（施愚山先生年譜）
正月、李顒講學於毘陵府庠明倫堂及武進邑庠明倫堂，會者
千人。從游者錄其語，為庠彙語。（李二曲先生年譜）
二月、熊賜履命為經筵講官。（碑傳集卷一一、年譜。）
李顒講學於錫山明倫堂，門人徐超、張濬生錄其語，為錫山
語要；尋，復會講於東林書院，超與濬生復錄其語，為東
林會語；又會講於淮海宗祠，叙其答語，為梁溪應求錄；

又會講於靖江明倫堂，門人錄其答語，爲靖江語要。是歲、撰論世堂記、學文堂記、題社會全集、青暘先生論學全書等篇。（李二曲先生年譜）

三月、朱彝尊出都之淮揚，與寧都魏禧定交。又屬錢塘戴蒼畫烟雨歸耕圖、竹垞文類成，新城王士禎、寧都魏禧纂序。（朱竹垞先生年譜）

四月、熊賜履充太祖太宗聖訓副總裁。（碑傳集卷一一、年譜）

魏禧客揚州，渡江游金焦。（魏叔子年譜）

五月、熊賜履充孝經衍義總裁，給假回籍省親。（碑傳集卷一一、年譜。）

魏禧飲集廣陵寓室。（魏叔子年譜）

七月、顏元補六藝六府於開蒙三字書。（顏習齋先生年譜）

錢澄之爲谿默七夕偶集記。（田間文集卷九）

九月、魏禧訪李天植於平湖。（魏叔子年譜）

十二月、魏禧返廣陵，寓張九度家。（同上）

十一年壬子（一六七二）

黃宗羲選姚江逸詩。（黃梨洲遺書附年譜）

方苞五歲，父口授經文章句。（望溪先生文集附年譜）

王夫之定老子衍舊稿。是歲、方以智卒於泰和蕭氏，夫之聞

王步青罕皆生。（注四三）

李文炤元朗生。

而哭之。（王船山學譜附年表）
戴名世始授徒以養親。（南山先生年譜）
陸隴其始輯問學錄。（稼書先生年譜）
彭定求舉江南鄉試。（南畇老人自訂年譜，尊聞居士集卷六。）
魏裔介預修世宗實錄成，加太子太傅。（魏貞菴先生年譜）
李鍾倫年十歲，即知孝敬，侍祖父母及父母疾，夜闌僕憊，親視藥物。（清史列傳卷六七）
閻若璩古文尚書疏證卷二，有今歲壬子一條。（閻潛邱先生年譜）
徐乾學主試順天；喬萊充順天鄉試同考官。（注一〇六）
毛奇齡撰會稽縣志總論序。（毛翰林文集、序卷六。）
韓菼始援例入太學，即受知司成。是秋、預鄉薦。（注一〇七）
張伯行年二十二，讀書北樓。（張清恪公年譜）
魏裔介撰鑑語經世編自序。（兼濟堂集卷四）
熊賜履命教習庶吉士。（碑傳集卷一一、年譜。）
呂留良作壬子除夕示訓。（呂晚村先生文集卷八）
陳廷敬充日講起居注官。（清史列傳卷九）
竇克勤學於鄉。（碑傳集卷四六）
李因篤撰宋子禎先生制義序、復顧先生書、復李武曾書、陳大來先生祭文。（李天生先生年譜）

（清史列傳卷六七）
黃叔琳崑圃生。（碑傳集卷六九，清儒學案卷六二。）
陸世儀道威卒，年六十二。（尊道先生年譜，清儒學案卷三，清史列傳卷六六。）

春、張履祥築務本堂成。（楊園先生全集附年譜）
李光地進河洛圖說。（李文貞公年譜）
夏、魏裔介居柏鄉，輯孝經註義，纂集格曰瓊琚佩語。（魏貞菴先生年譜）
秋、張履祥批傳習錄，又選讀書錄、居業錄。（楊園先生全集附年譜）
閻若璩再訪傅山於松莊，相與考證左傳。（見傅青主先生年譜）
魏象樞奉旨入都，始得讀安邑馬玉笥止齋文集，有序。（寒松堂集卷五）
應撝謙與徐介及門人凌嘉印、郁志文，重過幽居，訪施相不遇。其子雲蒸留四人宿，撝謙爲作幽居記。（應潛齋先生年譜）
多、張履祥作示蒙士圖，寫考槃獨寢圖。（楊園先生全集附年譜）
申涵光修縣志成。（申鳧盟先生年譜）
錢澄之至都下館龔氏，徐乾學因與訂交。（案：龔氏爲乾學座師）。（憺園文集卷二〇）
梅文鼎方程論成，凡六卷。（梅定九年譜）
正月、陳瑚哭陸世儀於其家。瑚與陸氏爲道義交者四十年，志趣學術無不同，是歲、有日記一卷。（安道公年譜）

陸世儀卒，越三日，歸莊往哭之，有祭陸桴亭文。（歸玄恭先生年譜）
三月、顏元與陸世儀書論學，自述存性、存學要旨，並謄世儀之思辨錄。（注一〇八）
查慎行丁母憂。（查他山先生年譜）
五月、朱用純有贈玉𢘿兄六十壽序，又有祭顧荀若處士文。（朱柏廬先生編年毋欺錄）
查慎行奉父命與仲弟析箸。（查他山先生年譜）
六月、魏禧至吳門交歸莊。（魏叔子年譜）
王士禎典試四川，著蜀道驛程記二卷。（漁洋山人自撰年譜）
七月、魏禧目錄成三卷。（魏叔子年譜）
閏七月、魏禧作看竹圖記。（同上）
八月、李顒至省南謁馮少墟墓，訂其遺集。（二曲集卷四五、歷年紀略。）
朱彝尊入都，江湖載酒集成，曹爾堪、葉舒崇纂序。（朱竹垞先生年譜）
魏象樞補授貴州道監察御史。（碑傳集卷八）
九月、李光地散館考第一，改授編修。（李文貞公年譜）
魏禧從常熟訪毛扆，觀汲古閣藏書。（魏叔子年譜）
十月、顧炎武往德州，由河南至山西，與閻若璩相遇於太

原，以所撰日知錄相質。是歲、度歲於靜樂。（顧亭林先生年譜）

十一月、魏禧自吳門治裝南歸。（魏叔子年譜）

十二月、顏元書孫奇逢聯云：「學未到家終是廢，品非足色總成浮。」（顏習齋先生年譜）

十二年癸丑（一六七三）

孫奇逢寄理學宗傳爲黃宗羲母八十壽。（孫夏峰先生年譜）

張履祥始選朱子語類，明年春卒業。（楊園先生全集附年譜）

唐端笏攜王夫之老子衍重訂稿，歸於家，不戒於火，遂無副本。（王船山學譜附年表）

熊賜履會試總裁，得韓菼等一百五十人。（碑傳集卷一一、年譜。）

顧祖禹著讀史方輿紀要成。（清史列傳卷七〇）

呂留良至金陵，始與施閏章相遇。（呂留良年譜）

朱彝尊舍館宣武門右，始輯詞綜。（朱竹垞先生年譜）

胡承諾撰二史不爲王通立傳論。（讀書說附年譜）

韓菼會試、殿試皆第一，授翰林院修撰，纂修孝經衍義。（注一〇九）

朱用純有贈東木姪六十壽序。（朱柏廬先生編年毋欺錄）

陳廷敬轉侍讀學士，充武會試副考官。（清史列傳卷九）

李紱巨來生。（碑傳集卷二一四神道碑；清儒學案卷五五作卒康熙十五年，存參。）

馬驌宛斯卒，年五十四。（碑傳集卷一一，清史列傳卷六八。）

歸莊玄恭卒，年六十一。（歸玄恭先生年譜，碑傳集卷三六。）

陳宏緒士業卒，年

申涵光刻杜少陵畫像。（申鳧盟先生年譜）
徐元夢成進士，改庶吉士（時年十九）。（碑傳集卷二二）
陳瑚叙桴亭先生行實，如新安館曹氏。是歲、詩有紫陽集。
（安道公年譜）
彭定求會試被落南旋。（南畇老人自訂年譜）
張伯行年二十三，受學於倪長犀。（碑傳集卷七）
陸隴其選國策五十篇，以編年次其先後，加以評論，名曰去毒。（稼書先生年譜）
閻若璩出游鞏昌，與陳祺芳共成七言絕句百首。是歲、應山西鄉試歸，見馬驌於靈璧官署，與論古文尚書。（閻潛邱先生年譜）
蔣伊成進士，甫釋褐，即具疏上所著玉衡、臣鑒二錄，凡二十四卷；有旨留覽，選庶吉士。（碑傳集卷五三）
王士禎輯考功詩，因撰平生師友詩，爲感舊集若干卷。（漁洋山人自撰年譜）
方苞隨父自六合歸上元。（望溪先生文集附年譜）
毛奇齡撰長巷沈氏族譜序。（毛翰林文集、序卷二。）
許三禮赴京謁選，授杭州海寧縣知縣。在任閉門却掃，日以講學爲務。（碑傳集卷一八）
施閏章爲纂修寧國府志總裁，以分野一門屬友人梅文鼎，文

六十九。（清儒學案卷二一。姜亮夫綜表作康熙四年卒，恐誤。）

鼎作寧國府志分野稿一卷、宣城縣志分野稿一卷。（梅定九年譜）
李因篤撰王督學文石詩序。（李天生先生年譜及施愚山先生年譜並參）
邵廷采授經嘉興，始獲侍施博於放鶴洲烟雨樓。（邵念魯年譜）
徐乾學將如京，邀葉方藹、張素存、錢澄之，共遊西山蕭寺，清宵劇談。（憺園文集卷二〇）
春、李光地充會試同考官。（李文貞公年譜）
魏裔介携友遊張村園亭。（魏貞菴先生年譜）
呂留良爲編宋人遺書，嘗親至金陵，借鈔宋人文集幾二十家。（呂留良年譜）
冬、熊賜履召至起居注館，同葉方藹、張英、韓菼等，試作太極圖說；大稱旨，拔置第一。（碑傳集卷一一、年譜。）
正月、顧炎武由靜樂南歸至揚州，入都主徐元文甥家。（顧亭林先生年譜）
魏一鼇輯北學編成。（見孫夏峯先生年譜）
二月、費密、耿介至夏峯問學於孫奇逢。（見同上）
四月、魏禧客桂山。（魏叔子年譜）
顧炎武至德州訂州志，返章邱桑家莊。（顧亭林先生年譜）
五月、李光地以省親丐假。（李文貞公年譜）

八月、李顒以所彙輯馮少墟全集，託鳳郡提學洪琮梓行。（二曲集卷四五、歷年紀略。）

應撝謙重校易學大中，更名周易應氏集解，有序。（應潛齋先生年譜及文集卷四並參）

顧炎武游濟南，寓通志局。（顧亭林先生年譜）

十月、湯斌輯洛學編成。（潛庵全集附年譜）

韓菼召至起居注館，作太極圖說。又以菼專任纂修孝經衍義事，得凡例目錄一卷、經旨總要二卷、衍義一百卷。（注一一〇）

十一月、李顒至華陰訪王宏撰，與論為學出處之義，並屬為劉公四冲作傳，留五日而去。（李二曲先生年譜）

十二月、魏象樞陞補都察院左僉都御史。（魏敏果公年譜）

十三年甲寅（一六七四）

湯斌建繪川書院，與同志講學。（潛庵全集附年譜）

胡承諾撰王沱潛奏績叙。（讀書說附年譜）

吳王檄至衡州，王夫之至湘鄉，及多始歸。因避滇氛泛宅數載。（王船山學譜附年表）

申涵光於廣羊山築懸壺腦山居。是秋、彙生平古文詞為二册，並自為序。（申鳧盟先生年譜）

許三禮建正學書院，聘應撝謙主講席，造廬者再不見，致書

邵元長長孺卒，年七十二。（清儒學案卷二〇一）

張履祥考夫卒，年六十四。（楊園先生全集附年譜，碑傳集卷一二七，清

者三不赴。又與韋人鳳書屬，辭之。（應潛齋先生年譜（儒學案卷五，清史列傳卷六六。）

陸隴其選評經義，凡八十八首，為一集，名曰一隅集。（三魚堂全集、文集卷九。）

張伯行年二十四，讀書柘城。（張清恪公年譜）

朱彝尊留潞河，屬海陵曹岳寫竹垞圖，自作鴛鴦湖櫂歌，又為春秋意林序。（朱竹垞先生年譜）

梅文鼎作詩，有浮山大師辭，為哀方以智之作。是歲，以所著方程論就質方中通。（梅定九年譜）

是歲、邵廷采始謁董瑒於紹興，瑒詔以「既宗蕺山之人，不可不知蕺山之學。」廷采此後數年，遂喜讀蕺山全書。（邵念魯年譜，又見劉宗周年譜。）

春、陳瑚歸自新安。是歲至乙卯，詩有雙鳳集。（安道公年譜）

正月、顧炎武出京，由易州往汾州。（顧亭林先生年譜）

二月、于成龍擢武昌知府。（清史列傳卷八）

魏象樞陞補順天府尹。（魏敏果公年譜）

四月、魏象樞陞補大理寺卿。（同上）

孫奇逢序容城縣志。（孫夏峯先生年譜）

顧炎武至德州，回濟南，度歲於桑家莊。（顧亭林先生年譜）

五月、徐元文晉內閣學士、兼禮部侍郎；尋，充太宗實錄副總裁。（碑傳集卷一二，清史列傳卷九。）

七月、魏象樞陞補戶部右侍郎。（魏敏果公年譜）
八月、李顒有旨復徵，促舁楊就道，以死自矢始免。（二曲集卷四五、歷年紀略。）
九月、顏元修家譜。（顏習齋先生年譜）
十月、于成龍丁母憂，總督蔡毓榮等奏令在任守制。（清史列傳卷八）
十一月、陳廷敬爲經筵日講官起居注，翰林院掌院學士、兼禮部侍郎，教習庶吉士。是月、有山行雜記詩序。（午亭文編卷三七）
魏象樞轉補戶部左侍郎。（魏敏果公年譜）

十四年乙卯（一六七五）

顧炎武赴濟陽，訪張爾岐。（顧亭林先生年譜）
呂留良仍居東莊。身患疥瘡，至不能行動。（呂留良年譜）
張履祥葬楊園村北之西溪橋南。（楊園先生全集附年譜）
韓菼主順天鄉試。（碑傳集卷二一）
李來章舉鄉試。（清史列傳卷六六）
熊賜履疏辭內閣不許，遂以武英殿大學士、兼刑部尚書討事。（碑傳集卷一一、年譜。）
陳廷敬遷詹事。（清史列傳卷九）
徐元夢散館，以主事用。（碑傳集卷二二）

王之銳仲潁生。（清史列傳卷六七）
陳祖范亦韓生。（清儒學案卷五六）
藍鼎元玉霖生。（注四四）
劉貫一古衡生。（清儒學案卷六二）
陳瑚言夏卒，年六

郝浴以侍郎魏象樞薦，復原官。（清史列傳卷七）

徐乾學援例捐原級，仍任編修；尋，遷左春坊左贊善，充日講起居注官。（同上卷一〇）

蔣伊散館，授監察御史。（碑傳集卷五三）

張貞生奉旨召用，至京師。（清史列傳卷六六）

梅文鼎僑居南京，從事搜鈔書籍，並於蘇州購得崇禎曆書鈔本。在南京晤友人馬德稱（回教人）諸人，始識薛鳳祚。作勿庵揆日器一卷。（梅定九年譜）

夏、閻若璩成孟子自齊至魯初解。（閻潛邱先生年譜）

多、李顒流寓富平，顧炎武寄書候訊。（二曲集卷四五、歷年紀略。）

正月、孫奇逢輯蘇門紀事。（孫夏峯先生年譜）

朱用純病中有贈王醕叔序。（朱柏廬先生編年毋欺錄）

三月、陸隴其赴都謁選，授嘉定知縣。（碑傳集卷一六）

魏禧入郡城與祀事。（魏叔子年譜）

章有謨來游王夫之門下，受所注禮記。（王船山學譜附年表）

四月、徐元文改翰林院學士、兼禮部侍郎，充日講起居注官。（碑傳集卷一二，清史列傳卷九。）

魏裔介以歷代古文無本，乃選定本，歷時凡六月，題曰欣賞集，取陶潛「奇文共欣賞，疑義相與析」之義。（兼濟堂

十三。（安道公年譜，清史列傳卷六六。）

孫奇逢啓泰卒，年九十二。（寒松堂集卷八魏象樞撰墓表，兼濟堂集卷八魏裔介撰傳，孫夏峯先生年譜，清儒學案卷一。明儒學案卷五七作丙辰卒，誤。）

張貞生幹臣卒，年五十三。（清史列傳卷六六）

集卷四，魏貞菴先生年譜。）
五月、徐元文教習庶吉士。（碑傳集卷一二）
閏五月、南山亂定，黃宗羲返故居。（黃梨洲遺書附年譜）
六月、魏禧簡陳元孝論立身出處之道。（魏叔子年譜）
八月、黃宗羲明文案選成，共二百十七卷，後廣爲明文海。
（黃梨洲遺書附年譜）
王夫之赴江西萍鄉。（王船山學譜附年表）
顧炎武自山東歷河南抵山西之祁縣，主戴廷栻家，廷栻爲築
室祁之南山，顧氏因之置書堂焉。（顧亭林先生年譜）
張伯行入邑庠。（張清恪公年譜）
九月、王夫之歸還觀生居。於相去二里許下，仍里人舊址，
築草堂，曰湘西草堂。（王船山學譜附年譜）
朱用純代族子嵩壽曾叔祖楊太孺人七十文。（朱柏廬先生編
年毋欺錄）
十月、魏象樞有籌餉三疏。（魏敏果公年譜）
孫奇逢卒，葬夏峯之東原。（孫夏峯先生年譜）
十一月、徐元文丁母憂歸。（碑傳集卷一二）

十五年丙辰
（一六七六）

顧炎武寓書黃宗羲，以所著日知錄呈請評彈。（顧亭林先生
年譜）

楊椿農先生。（碑
傳集卷四七齊召南

王源撰十三陵記上下二篇，以酬父志。(居業文集卷一九)
蔣伊移疾歸里。(碑傳集卷五三)
胡承諾菊佳軒詩二刻成。(讀書說附年譜)
熊賜履五緯陣圖成。(碑傳集卷一一、年譜。)
韓菼遷右贊善。(清史列傳卷九)
湯斌修睢州志。(潛庵全集附年譜)
徐乾學官右贊善，頗喜接納文士，舅氏顧炎武頗不以爲然，有與潘次耕書論之。(見德清胡朏明先生年譜)
申涵光荊園進語成。(申鳧盟先生年譜)
陳廷敬擢內閣學士，充經筵講官。(清史列傳卷九)
李因篤撰隱士莊擬山堂記、與周制臺書。(李天生先生年譜)
戴名世撰正希稿序、大士稿序、答朱生書、左忠毅公傳。(南山先生年譜)
王懋竑九歲能點閱史鑑，初爲文已驚其長老。(白田草堂存稿卷末尾)
李光地編等韻便覽。(李文貞公年譜)
彭定求舉進士第一，授修撰。手錄宋五子近思錄，奉爲言行準則。已而見黃道周復初錄，感其言，遂自號復初。(尊聞居士集卷六)
孫博雅以弟韻雅坐事、被逮繫司寇獄，裹糧以從。(湯子遺書卷七)

撰墓誌銘)
李圖南開士生。(國朝學案小識卷一〇)
封濬禹成卒，年五十七。(碑傳集卷一三六)

	魏裔介爲子荔彤延張元裕爲師。刻鑑語經世編（是書輯自甲辰至壬子，前後歷時十年，至是始付剞劂。）（魏貞菴先生年譜） 秋、熊賜履奉母卜築於金陵城北青溪之蓮花橋，又遷於溪西之清涼臺。（碑傳集卷一一、年譜。） 魏禧客富田，復避兵雲塢；欲展文信國祠墓，以阻未果。（魏叔子年譜） 正月、魏象樞爲考試說。（魏敏果公年譜） 二月、黃宗羲之海昌，留兩月省覲歸，作留別海昌同學序。（黃梨洲遺書附年譜） 顧炎武入都，主徐乾學甥家。作日知錄自序、與潘次耕札、與黃太沖書。是年、在京度歲。（顧亭林先生年譜） 七月、陸隴其撰嘉定白鶴寺記。（三魚堂全集、文集卷一〇。） 九月、魏禧禮藥地大師爪髮塔。（魏叔子年譜） 十月、黃宗羲明儒學案成，共六十二卷。（黃梨洲遺書附年譜） 王夫之始撰周易大象解一卷。（王船山學譜附年表） 十二月、魏象樞充武殿試讀卷官。（魏敏果公年譜）	
十六年丁巳（一六七七）	湯斌與耿介論學。（潛庵全集附年譜） 胡承諾頤志堂詩刻成。（讀書說附年譜）	陳確乾初卒，年七十四。（南雷文定

郝浴巡視兩淮鹽課。（清史列傳卷九）

顧炎武六謁思陵後，始卜居華陰。（漢學師承記卷八）

張伯行補增廣生。（張清恪公年譜）

朱用純作吳中往哲圖序，又有贈盛逸齋先生六十壽序。（朱柏廬先生編年毋欺錄）

沈近思七歲，請於父曰：「仁爲何物？」父大奇之。（碑傳集卷二三）

方苞從兄舟中讀經書古文，始作時文，前輩一見輒異。（注一一一）

魏裔介居田無事，取金壇蔣楚珍四書舌存刪定，名曰四書惺心編；又著樗林偶筆上下二卷。（魏貞菴先生年譜）

春、呂留良尋知言集佚稿於鴛湖。（呂留良年譜）

彭定求上疏乞歸省，及秋抵家。（尊聞居士集卷六）

多、顧炎武至富平，過李因篤所居明月山下，登堂拜母。是歲、陳上年卒，槻歸自粵，因篤赴哭至保定。（李天生先生年譜）

閻若璩成孟子自齊至魯後解。（閻潛邱先生年譜）

正月、陳廷敬改翰林院掌院學士，教習庶吉士。（清史列傳卷九）

顧炎武與甥徐乾學、徐秉義、徐元文話別於天寧寺。（顧亭林先生年譜）

後集卷三黃宗羲撰陳乾初先生墓誌銘，清儒學案卷二，清史列傳卷六六，陳乾初先生年譜。）

申涵光孚孟卒，年五十九。（清儒學案卷一，明史卷二六六，中鳧盟先生年譜。）

張爾岐稷若卒，年六十六。（蒿菴集卷三自敍墓誌，碑傳集卷一三三，清儒學案卷一六，清史列傳卷六八。）

魏世傑興士卒，年三十三。（碑傳集卷一三七）

二月、顧炎武偕王宏撰至昌平，六謁天壽山及懷宗欑宮。（同上）

三月、韓菼轉左贊善。（清史列傳卷九）

四月、李光地特遷侍讀學士。（李文貞公年譜）

七月、王夫之禮記章句四十九卷成。（王船山學譜附年表）

九月、陳廷敬同掌院學士喇沙里、侍講學士張英，奉諭特賜貂皮各五十張、表裏緞各二疋。（清史列傳卷九）

顧炎武入陝，主王宏撰家，訪李顒於富平。（注一一二）

王宏撰至富平，李顒遣子伯著往謁宏撰，隨詣軍寨，晤談竟日。旋以所著正學隅見述見質，復假顒所輯紫陽通志。（見李二曲先生年譜）

十月、韓菼遷侍講。（清史列傳卷九）

十一月、顧炎武游太華，重訪王宏撰於華陰，復回山西度歲。（顧亭林先生年譜）

十二月、陳廷敬有進呈刊完日講四書解義疏。（午亭文編卷三〇）

魏禧客無錫，始得伯兄凶信，遽南歸。（魏叔子年譜）

魏際瑞善伯卒，年五十八。（清史列傳卷七〇，碑傳集卷七〇。）

十七年戊午（一六七八）

戴名世著老子論二首。（南山先生年譜）

黃宗羲之海昌，季子百家隨侍。（黃梨洲遺書附年譜）

茅星來豈宿生。（碑傳集卷一四〇）

胡承諾撰戴小宋詩序。（讀書說附年譜）

湯斌以魏象樞、金鋐薦舉博學鴻儒應徵入都。（潛庵全集附年譜及清史列傳卷八並參）

李塨科考一等，當補廩，謀之顏元，元以爲不可，乃辭不補。（李恕谷先生年譜）

朱用純有贈王醞叔母夫人朱太孺人五十壽序。（朱柏廬先生編年毋欺錄）

詔徵博學鴻儒，掌院學士葉方藹以黃宗羲名面奏，得門人陳錫嘏代爲力辭乃止。（黃梨洲遺書附年譜）

郝浴擢左僉都御史；尋，遷左副都御史。（清史列傳卷七）

萬斯同入京修史，黃宗羲以大事記、三史鈔授之，並作詩送之。（注一一三）

潘耒以博學鴻詞徵試，除翰林院檢討，纂修明史。（果堂集卷一〇）

張伯行補廩膳生。（張清恪公年譜）

施閏章以博學鴻詞科應徵入都。（施愚山先生年譜）

呂留良以浙省薦擧博學鴻詞，固辭得免。是歲、質亡集刻成，請序於徐方虎。（呂留良年譜，呂晚村先生文集附錄行略。）

陸隴其以吳源起薦擧博學鴻儒，應召至京師，未及試，以丁父憂歸。（二林居集卷一五事狀，稼書先生年譜。）

林時益確齋卒，年六十一。（清史列傳卷七〇）

惲日初仲升卒，年七十八。（惲遜庵先生集卷首附家傳，碑傳集卷一二七，清史列傳卷六六。）

詔舉博學鴻儒、文行兼優之士。李天馥、項景襄、張雲翼薦李因篤，以母老病辭，不許。是歲、撰李公孝貞先生行實、譚使君舟石守榆紀略序。（李天生先生年譜）

詔舉博學鴻詞，黃虞稷遭母喪，不與試；左都御史徐元文薦修明史，召入史館，食七品俸，分纂列傳及藝文志。（碑傳集卷四五。案：清史列傳卷七一作十八年，並參。）

顧炎武以纂修明史、特開博學宏詞科、徵舉海內名儒，同邑葉方藹閣學及長洲韓菼侍講，皆以其名應薦，遂絕迹不至都中。是歲、有答潘次耕書、與李湘書、與李星來書、答李紫瀾書、與友人辭往教書、答李子德、與友人書。（顧亭林先生年譜；又清史列傳卷六八，可參。）

梅文鼎應鄉試，得泰西曆象書盈尺，且日且入闈，其族姪梅庚篋置諸他所，則艴然曰：「余不卒業是書，中怦怦若有所亡，文於何有？」是歲、施閏章欲偕入都，不果行。友人黃俞邰爲借到皖江劉潛柱所藏比例規解鈔之，因所購崇禎曆書中缺此種也。又撰籌算，凡七卷。（梅定九年譜）

春、陳維崧過崑山，讀書徐乾學園中。適詔舉博學鴻儒，乾學送之赴京。（憺園文集卷二九）

夏、朱彝尊自江寧應召入都。（朱竹垞先生年譜）

魏裔介樗林續筆成。輯瓊琚佩語、佳言玉屑等書。又批四書

存疑。著四書捷講以訓蒙。（魏貞菴先生年譜）
秋、宋嵩南舉江南鄉試，始謁徐乾學於長干僧舍，遂執弟子禮，並出其行卷乞序，有宋嵩南制義序。（憺園文集卷二一）
正月、詔舉博學鴻儒，陳廷敬薦原任主事汪琬，召試一等，授編修。（清史列傳卷九）
王士禎以翰林官用，改侍講，未任，轉侍讀。（漁洋山人自撰年譜）
二月、魏禧被薦應博學宏詞科試，以病辭。（魏叔子年譜）
三月、吳三桂僭號衡州，其黨以勸進表來屬，王夫之婉拒之，逃入深山，作祓禊賦。子敔出老子衍舊稿，復錄之。（王船山學譜附年表）
查愼行丁父憂。（查他山先生年譜）
閏三月、陳廷敬與王士禎，被召入直乾清宮之南殿宮，即所謂南書房；有也紅亭記。（午亭文編卷三八）
六月、于成龍遷福建按察使。（碑傳集卷六五及清史列傳卷八並參）
七月、魏象樞陞補都察院左御史。（魏敏果公年譜，碑傳集卷八。）
陳廷敬偕侍讀學士葉方藹入直南書房。（注一一四）
八月、張伯行應鄉試，未售。（張清恪公年譜）

	九月、顏元會李因篤於清苑論學。（顏習齋先生年譜） 十月、韓菼典順天武鄉試。（清史列傳卷九） 十一月、李光地特遷內閣學士、兼禮部侍郎。（李文貞公年譜） 陳廷敬丁母憂，上遣學士二員慰問，賚賜奠茶酒。（清史列傳卷九） 朱彝尊蕃錦集成，柯維楨為序刻行之；詞綜成，汪森增訂付梓。（朱竹垞先生年譜）	
十八年己未（一六七九）	胡承諾繹志成、讀書說成。自丁未至是，凡十有二年，脫稿五次，乃為訂本。（讀書說附年譜） 朱用純詔舉博學鴻詞，以死自誓，遂不出。（朱柏廬先生編年毋欺錄） 李塨與李毅武訂交，問學於顏元，纂求孝集。（李恕谷先生年譜） 傅山以徵召舁牀赴京，尚書魏象樞奏以老病；詔免試放還。（傅青主先生年譜） 陸隴其居喪杜門，與子定徵講儀禮，及喪記服制等篇，因著讀禮隨筆。（稼書先生年譜） 張烈舉博學宏詞，授翰林院編修，充纂修明史官。（三魚堂全集、文集卷八，清史列傳卷六六。）	顧棟高震滄生。（清史列傳卷六八） 沈昀朗思卒，年六十三。（碑傳集卷一二四。清儒學案卷一七及清史列傳卷六六，皆作康熙十九年卒，存參。） 邱維屏邦士卒，年六十六。（碑傳集卷一三六，清儒學案卷二二三，清史列

蔣伊補廣西道御史。（碑傳集卷五三）
閻若璩應博學鴻儒科試報罷。（清史列傳卷六八）
唐甄居蘇州，始識魏禧，並得禧助刊行衡書。是年、丁母憂。（潛書附事迹簡表）
范鄗鼎以博學鴻儒薦，辭以母老。（清史列傳卷六六）
李因篤詔試博學鴻儒，舉第一等第七名，命纂修明史。（李天生先生年譜）
沈近思九歲，隨仲兄遊學靈隱，有借巢老人者，資之讀儒書，遂負笈虞山錢肅樂之門。（碑傳集卷二三）
王士禎在翰林，充明史纂修官。（漁洋山人自撰年譜）
毛際可舉博學鴻儒罷歸。（清史列傳卷七〇）
喬萊以禮部主事趙隨舉應博學鴻儒，召試一等，改翰林院編修，纂修明史。（注一一五）
毛奇齡以廩監生薦舉博學鴻儒科，授翰林院檢討，充明史館纂修官。（清史列傳卷六八）
施閏章奉命纂修明史，寄書梅文鼎請爲曆志屬稿，文鼎因作曆志贅言一卷寄之；又爲明史曆志擬稿三卷，作璇璣尺解一卷。（梅定九年譜）
韓菼乞假回籍。（清史列傳卷九）
詔舉博學鴻儒，巡撫將薦冉覲祖，欲一見，覲祖曰：「是求

傳卷七〇。）
俞汝言石吉卒，年六十六。（清儒學案卷二〇一，清史列傳卷六八。）

薦也！」堅不往；耿介延主嵩陽書院。（注一一六）
潘耒以布衣召試博學鴻儒，授翰林院檢討，與修明史；即作修史議，上總裁；善其說，令撰食貨志兼其他紀傳，自洪武以下五朝稿，皆所訂定。（清史列傳卷七一）
是歲、葉方藹閣學充明史館總裁，欲招顧炎武入史局；炎武復力却之，作廣宋遺民錄序。（顧亭林先生年譜）
夏、李光地修宗譜。（李文貞公年譜）
查慎行至荊州，入楊雍建幕。（查他山先生年譜）
秋、李因篤出都門，朱彝尊祖餞於慈仁寺。過汾州，省顧炎武於天寧寺。（李天生先生年譜）
正月、李塨始問學於顏元。（顏習齋先生年譜）
顧炎武始卜居於華陰。（注一一七）
二月、徐元文召監修明史，爲總裁官。（碑傳集卷一二及清史列傳卷九並參）
王夫之與章有謨避兵櫨林山中，著莊子通。（王船山學譜附年表）
三月、湯斌授翰林院侍講，纂修明史。（注一一八）
朱彝尊召試一等，除翰林院檢討，充明史纂修官；施閏章御試二等四名，授翰林院侍講，入史館纂修明史。（朱竹垞先生年譜）

五月、魏象樞著加刑部尙書銜，仍留原任。（魏敏果公年譜，清史列傳卷八。）

李因篤詔授檢討；旋乞養許之。（李天生先生年譜）

魏禧居山中，復書施閏章論文。（魏叔子年譜）

六月、魏裔介纂補易經大全成。（魏貞菴先生年譜）

應撝謙有胡勵齋先生文集序。（應潛齋先生集卷四）

七月、朱彝尊輯瀛洲道古錄。（朱竹垞先生年譜）

九月、于成龍以清介自持，才能素著，遷福建布政使。（清史列傳卷八）

魏禧就醫泰和，過贛州，因交宋牧沖。（魏叔子年譜）

徐元文赴闕，以修明史疏請購置遺書；徵遺獻舉李清、黃宗羲，及曹溶、汪懋麟、黃虞稷、姜宸英等，從之。（碑傳集卷一二）

十月、魏禧寓泰和，詩集成七卷。（魏叔子年譜）

十九年庚申（一六八〇）

王夫之居湘西草堂，輯己酉庚戌以來所作古體詩，爲六十自定稿，有序。（王船山遺書卷四六，王船山學譜附年表。）

萬斯同以布衣參明史局。（見胡朏明先生年譜）

閻若璩客徐乾學家。（閻潛邱先生年譜。）

黃宗羲自訂南雷文案，授門人萬斯大校，鄭梁序。（黃梨洲

魏禧冰叔卒，年五十七。（碑傳集卷一三七，清史列傳卷七〇，魏叔子年譜。）

遺書附年譜）
顧祖禹客崑山徐氏傳是樓。（見胡朏明先生年譜）
陸隴其著讀朱隨筆。（稼書先生年譜）
陳赤衷入都，崑山徐乾學一見投契，稱爲碩學。由是公卿爭欲延致，赤衷作貞女篇以謝之。（清史列傳卷六八）
戴名世補縣學生。是冬、丁父憂。（南山先生年譜）
李因篤有創建朝陽書院序等篇。（李天生先生年譜）
潘耒以詔更定殿廷樂章，首上議增五事。時逆藩悉定，並獻平蜀、平滇二賦，公卿傳誦。進充日講官，知起居注、兼纂修世祖實錄聖訓。（果堂集卷一一、行狀。）
徐善領明史總裁，延閻若璩爲上客，每詩文成，必屬裁定。（閻潛邱先生年譜及胡朏明先生年譜並參）
朱用純有贈徐俟齋先生嫂蔡孺人七十壽序、贈徐季重先生七十壽序。（朱柏廬先生編年毋欺錄）
汪琬以宋德直、陳廷敬薦，召試博學鴻儒列一等，授翰林院編修，纂修明史。在館六十日，撰史藁百七十五篇，以病乞歸。（清史列傳卷七〇）
劉獻廷是年前後晤張穆於蘇州，爲詩贈之。（劉繼莊先生年譜初藁）
王源應史可法乃弟方臣屬，爲史氏遺文作序，有史閣部遺文

王化泰省庵卒，年七十五。（二曲集卷二一）
李鄴嗣杲堂卒，年五十九。（南雷文定前集卷七黃宗羲撰李杲堂先生墓誌銘，清儒學案卷二〇。）

序。（居業堂文集卷一二）
徐元文擢都察院左都御史，監修明史。徐氏力薦黃宗羲，辭如初。及詔取所著書有關史事者，宣付史館。（淸史列傳卷九及卷六八）
王士禎遷國子監祭酒。（漁洋山人自撰年譜）
呂留良病劇，自知不起，乃歎以夙志欲補輯朱子近思錄，及三百年制義，名知言集；二書倘不成，則辜負此生耳。（呂晚村先生文集附錄行略）
湯斌分修明史列傳。（潛庵全集附年譜）
閻若璩應博學鴻詞科不第。在都門，與編修汪琬交。汪著五服考異成，若璩糾其謬數條。（閻潛邱先生年譜）
彭士望往訪應撝謙。（見應潛齋先生年譜）
顧炎武度歲於汾州，主王德元家。（顧亭林先生年譜）
春、查愼行客楚中。（查他山先生年譜）
梅文鼎在南京大病，至秋分後始漸癒。彙集病中所著作，曰病餘雜著。又應友人馬儒驥之問，撰四省表景立成一卷。（梅定九年譜）
仲春、呂留良作吳之振尋暢樓詩稿序。（呂留良年譜）
夏、查愼行自辰州至黔陽。（查他山先生年譜）
郡守復以隱逸擧，呂留良削髮爲僧，名耐可，字不昧，號何

求老人避之。（呂晚村先生文集附錄行略）
孫博雅以弟韻將遠徙，兼染時疫，乃往來省視，宛轉爲弟致藥餌飲食，更周恤其同繫者。已而，以憂勞病卒，弟遠徙得免。（湯子遺書卷七）
秋、應撝謙爲萬斯大撰儀禮商序。先有儀禮辨五答書，及周禮辨再答書、三論孤哀書。葉鈴請爲其續小學作序，辭之。（應潛齋先生年譜）
二月、于成龍擢直隸巡撫。（清史列傳卷八）
三月、顧炎武有音學五書後序。（顧亭林先生年譜）
四月、韓菼更訂其往日刻藁，及進呈者八十篇，又附益廿篇。因追述其緣起，爲進呈藁自序。（有懷堂文藁卷五）
顧炎武有答王山史書、答王仲復書。（顧亭林先生年譜）
五月、魏裔介著希聖錄成，凡五門二十五目。（魏貞菴先生年譜）
李塨往謁顏元，元衰痲出見，教習小學曲禮。（李恕谷先生年譜，又見顏習齋先生年譜。）
七月、魏禧客吳門，編次文集二集成。（魏叔子年譜）
李光地至京師，額外補內閣學士。（李文貞公年譜）
朱用純有祭邱近夫表兄文。（朱柏廬先生編年毋欺錄）
李塨始倣顏元立日譜自考。（李恕谷先生年譜及顏習齋先生

年譜並參）

傅山夜夢至一小梵天，因書其事於光明經後。（傅青主先生年譜）

八月、魏禧自金陵返，客吳門桃花塢。疾甚。（魏叔子年譜）

閏八月、李光地進易論、大司樂釋義及讀書筆錄等篇。（李文貞公年譜）

十一月、魏象樞補授刑部尚書。（魏敏果公年譜，清史列傳卷八。）

十二月、郝浴擢廣西巡撫。（清史列傳卷七）

二十年辛酉（一六八一）

魏裔介予告歸里。（魏貞菴先生年譜）

李光地著尊朱要旨。（李文貞公年譜）

張伯行舉鄉。（碑傳試集卷一七）

王夫之爲先開上人訂相宗絡索，爲及門諸子說莊子。（王船山學譜附年表）

應撝謙性理大中至是年始修定（撝謙用力於是書盡三十有二年）。（應潛齋先生年譜）

湯斌充日講官，知起居注。（碑傳集卷一六）

朱彝尊充日講起居注官。是秋、充江南鄉試。（注一一九）

朱用純有贈徐俟齋先生六十壽序。（朱柏廬先生編年毋欺錄）

江永慎修生。（戴東原集卷一二戴震撰江慎修先生事略狀，潛研堂文集卷三九錢大昕撰傳，清儒學案卷五八。）

張庚浦山生。（碑傳集卷一四〇，馮先恕疑年錄釋疑。）

王蘭生振聲生。（道

于成龍以乞回籍葬母，特晉大司馬，總制兩江。（碑傳集卷六五及清史列傳卷八並參）

顧炎武有朱子祠堂上梁文、病起與薊門當事書。（顧亭林先生年譜）

陳廷敬服闋，補原官。（清史列傳卷九）

毛奇齡應侍讀施閏章屬，爲重建宣城縣徐烈婦祠碑記。（毛翰林文集、碑記卷六。）

蔡鶴舫復過吳門，得與韓菼再晤，有蔡鶴舫吉雲草堂詩序。（有懷堂文集卷三）

春、陸隴其爲楊碩甫詩序。（三魚堂全集、文集卷九。）

夏、查慎行謁王陽明書院。（查他山先生年譜）

秋、施閏章典試河南。（碑傳集卷四三）

正月、顏元偕李塨如獻縣，謁王餘佑；抵安平，晤彭古愚、彭子諒。（顏習齋先生年譜；案：李恕谷先生年譜作二十一年正月，存參。）

二月、顧炎武去汾州，往曲沃，至解州運城，鹽運使黃斐來會。（顧亭林先生年譜）

四月、陸隴其至杭，與宋瑾訪應撝謙。（見應潛齋先生年譜）

八月、湯斌主考浙江鄉試。（碑傳集卷一六）

王錫闡作推步交朔。（見梅定年譜九）

古堂文集卷三八杭世駿撰行狀。）

梅穀成玉汝生。（清儒學案卷三七）

胡承諾君信卒，年七十五。（見注二〇）

十一月、湯斌轉翰林院侍讀。（潛庵全集附年譜，碑傳集卷一六。）

毛奇齡有歷代樂章配音樂議、增定樂章議、平滇頌（有序）。（毛翰林文集、議卷一及卷二、頌卷一。）

十二月、顏元著明太祖釋迦佛贊解。（顏習齋先生年譜）

李因篤聞顧炎武臥病曲沃小癒，遣使奉候。（李天生先生年譜）

二十一年壬戌（一六八二）

李顒爲王心敬作母教，又有答吳濬長書。（李二曲先生年譜）

閻若璩客福建。（閻潛邱先生年譜）

應撝謙有與秦開地書，往復辨論。（應潛齋先生年譜）

湯斌充明史總裁。是歲、姜宸英、黃虞稷、萬言同入明史館。（潛庵全集附年譜，胡朏明先生年譜。）

施閏章陞侍讀，奉命纂修太宗寶訓。（碑傳集卷四三）

李紱年十歲，卽學爲詩。（穆堂初稿卷首）

熊賜履築下學堂五楹貯藏書，爲下學堂書目。（碑傳集卷一一、年譜。）

萬斯同年四十五，取家藏書徧讀之，皆得其大意。（清史列傳卷六八）

王植懷三生。（注四五）

吳廷華中林生。（碑傳集卷一〇二）

蔡世遠聞之生。（注四六）

杜越君異卒，年八十七。（碑傳集卷一二五作二十年卒，年八十六。此據清史列傳卷六六。）

蔣伊出爲廣東糧儲參議；尋，遷河南按察副使，提督學政。(碑傳集卷五三)

顧炎武移寓華山，倡修朱子祠堂肖像，以書詢李顒朱子冠服之製。(二曲集卷四五、歷年紀略。)

惠士奇年十二，即能詩，有「柳未成陰夕照多」之句，爲先輩所激賞。(漢學師承記卷二)

秋、查愼行歸自黔陽，從姚江黃宗羲學。(查他山先生年譜)

正月、李因篤得顧炎武報詩，炎武即以是夕卒於曲沃之宜園，哭以詩百韻。是歲、撰王徵君山史六袠序、孔觀察霽菴壽序、與顧太學書。(李天生先生年譜)

顧炎武在曲沃，馬失足墜地疾作，次日捐館，門人潘耒爲之表。(顧亭林先生年譜)

顏元作穀日燕記。(顏習齋先生年譜)

傅山作迎春花詩。(傅青主先生年譜)

二月、喬萊以補行鄉試，命爲陝西正考官。還京，充實錄館纂修官。(清史列傳卷七〇)

三月、張伯行舉禮闈不第歸，讀書城南陳阜園。(張清恪公年譜)

傅山由平定旋里。爲尤侗作鶴棲圖，並題三咏。(傅青主先生年譜)

王錫闡寅旭卒，年五十五。(碑傳集卷一三二，清儒學案卷三一，清史列傳卷六八。)

湯之錡世調卒，年六十二。(碑傳集卷一二九，清史列傳卷四八六)

謝文洊秋水卒，年六十七。(碑傳集卷一二七，清儒學案卷一八，馮先恕疑年錄釋疑。)

顧炎武寧人卒，年七十。(碑傳集卷一三〇，清儒學案卷六，清史列傳卷六八，顧亭林先生年譜。)

五月、李光地疏丐送母還里；許之。（李文貞公年譜）
六月、于成龍陞補江寧知府。（清史列傳卷八）
七月、李顒堊室錄感梓刻。（二曲集卷四五、歷年紀略。）
顏元著喚迷途，後又名曰存人編。（顏習齋先生年譜）
八月、魏裔介又筆削希聖錄。（魏貞菴先生年譜）
毛奇齡公餞益都夫子於萬柳堂，賦別倡和詩序。（毛翰林文集、序卷一三。）
九月、王夫之識說文廣義。（王船山學譜附年表）
朱用純於病中作朱布衣自傳。（愧訥集卷九）
十月、毛奇齡爲曼殊回生記。（毛翰林文集、碑記卷六。）
王夫之識噩夢。（王船山學譜附年表）

二十二年癸亥（一六八三）

毛奇齡爲笑隱菴碑記。（毛翰林文集、碑記卷八。）
黃宗羲聞門人萬斯大卒於寓，往哭之。（黃梨洲遺書附年譜）
胡渭始與李振裕訂交。（胡朏明先生年譜）
邵廷采客病嘉興，已不知人，幾死，髭髮皆白。（邵念魯年譜）
陳廷敬遷禮部右侍郎；尋轉左。（清史列傳卷九）
朱彝尊入直南書房。（注一二〇）
方苞隨兄舟求閭巷間，交同里劉捷。（望溪先生文集附年譜）
徐元夢遷中允，充日講起居注官；尋，遷侍講。（清史列傳

陳梓俯恭生。（清史列傳卷六六）
孫嘉淦錫公生。（注四七）
童能靈龍儔生。（清儒學案卷六八）
黃熙維緝卒，年六十二。（見注二五）

卷一四）

梅文鼎再預修府志。（梅定九年譜）

毛際可以浙撫修通志，聘爲總裁。（清史列傳卷七〇）

李因篤撰艾悔齋詩集序、李筠菴墨林草序。（李天生先生年譜）

湯斌日值講筵，歷左右春坊、左右庶子，纂修兩朝聖訓。（注一二一）

湯準年十三，書聖賢自可師字，文斌喜勗以正學。遂體究先儒書，作勵志、居敬、體仁、懲忿、遷善、窮理六箴以自警。（清史列傳卷六六）

施閏章在史館，轉翰林院侍讀，充太宗聖訓纂修官。（施愚山先生年譜）

閻若璩自福建方歸，以徐乾學招，復至京師。是歲、古文尚書疏證第一卷成。學曆於吳任臣。始晤胡渭。（閻潛邱先生年譜）

正月、王夫之序經義。（王船山學譜附年表）

二月、錢澄之爲尋白鹿山洞小記。（田間文集卷二七）

三月、陸隴其撰王學質疑序。（三魚堂全集、文集卷八。）

四月、陸隴其復至杭，與應撝謙相見，取應氏所著性理大中，內論次陽明言行凡一卷，表而出之，名曰王學考，並爲之

李明性洞初卒，年六十九。（姜亮夫綜表）

呂留良用晦卒，年五十五。（呂晚村先生文集附錄行略）

朱鶴齡長孺卒，年七十八。（清史列傳卷六八）

郝浴冰滌卒，年六十一。（碑傳集卷六四熊賜履撰碑銘、同卷李呈祥撰行狀。）

施閏章尚白卒，年六十六。（湯子遺書卷七湯斌撰墓誌銘，清儒學案卷二一，施愚山先生年

序。（應潛齋先生年譜）
六月、李塨置一册曰瘳忘編。（李恕谷先生年譜）
七月、陸隴其在京師，湯斌來會，論近來學者好排擊先儒。陸氏謂學者所言多爲陽明而發，因以其所著學術辨示之。（稼書先生年譜）
九月、詔下郡縣擧學行兼優一人，以李塨薦，辭不赴。（李恕谷先生年譜）
朱用純有祝席獻臣永渤之母太孺人五十壽序，又作畜德錄序。（朱柏廬先生編年毋欺錄）
顏元批周子太極圖之誤、主靜之失。（顏習齋先生年譜）
陸隴其補靈壽知縣。十二月始赴任，在任七年而去官。是歲、刻六諭集解，序之。（注一二二）
十月、韓菼爲先宗伯瀛洲圖後記。（有懷堂文藁卷二二）
查愼行赴江西，入族父培繼幕。（查他山先生年譜）
陸隴其撰崇明老人記。（三魚堂全集、文集卷一〇。）

譜；碑傳集卷四三毛奇齡撰墓表不載年壽，存參。）
彭士望躬庵卒，年七十四。（碑傳集卷一三七）
萬斯大充宗卒，年五十一。（碑傳集卷一三〇，清儒學案卷三四，清史列傳卷六八。）
應撝謙嗣寅卒，年六十九。（應潛齋先生年譜，又應潛齋先生集卷首馮景撰應處士傳、阮元撰儒林傳稿。按結埼亭集卷一二全祖望撰應潛齋先生神道碑，清儒學案卷一七俱作康熙二十六年卒，年六十九，存參。）

二十三年甲子（一六八四）

黃宗羲之杭，遊南山，過法相寺。（黃梨洲遺書附年譜）

毛奇齡古今通韻刊行，徐乾學爲之序。（憺園文集卷二一）

潘耒以甄別議起，坐浮躁降調，遂歸。（清史列傳卷七一）

李光地樂書纂成。（李文貞公年譜）

查愼行秋闈下第。（查他山先生年譜）

黃虞稷充一統志館纂修。（碑傳集卷四五，清史列傳卷七一。）

朱用純自洞庭東山歸，作梅圃記，又有贈徐瞻明七十壽序、祭廷尉李映碧文。（朱柏廬先生編年毋欺錄）

王承烈年十九，補博士弟子員。（碑傳集卷一二三）

徐乾學由侍講學士陞詹事府少詹尹。（見閻潛邱先生年譜及胡朏明先生年譜）

李顒爲李因篤撰田太孺人墓誌銘、題唐約菴墓碣。（李天生先生年譜）

李紱年十二，學爲古文辭。與里中諸先輩爲詩社，皆丈人行，獨紱年最小，因號爲小山。（穆堂初稿卷首、卷二一。）

毛奇齡有擬爲司賓答問辭、封禪巡狩不相襲議。（毛翰林文

任德成象先生。（清儒學案卷五三，馮先恕疑年錄釋疑。）

傅山青主卒，年七十八。（傅青主先生年譜）

于成龍北溟卒，年六十八。（見注二二）

白煥彩含章卒，年七十八。（二曲集卷二二，清史列傳卷六六。）

王餘佑申之卒，年六十九。（見注二一）

集、主客辭卷一、議卷二。）
閻若璩與黃儀初晤於徐乾學之碧山堂。萬斯同將輯古今喪禮通考，質正於若璩。（閻潛邱先生年譜）
春、于成龍命巡海還，護理安徽、江蘇兩巡撫印（是年四月卒）（注一二三）
李因篤主講關中書院。（李天生先生年譜）
夏、梅文鼎家居，撰弧三角舉要成，凡五卷。（梅定九年譜）
冬、王士禎遷詹事府、少詹事、兼翰林院侍講學士。（碑傳集卷一八，漁洋山人自撰年譜）
梅文鼎如南京，晤友人袁士旦。（梅定九年譜）
正月、陳廷敬調吏部右侍郎，管理戶部錢法。（清史列傳卷九）
二月、湯斌擢內閣學士、兼禮部侍郎。（碑傳集卷一六，潛庵全集附年譜）
三月、查慎行歸自江西。（查他山先生年譜）
四月、查慎行入都游太學。（同上）
五月、湯斌爲大清會典副總裁。（潛庵全集附年譜）
王夫之作俟解題詞。（王船山學譜附年表）
六月、顏元出關尋父。（顏習齋先生年譜）
湯斌以右副都御史，補授江寧巡撫。（潛庵全集附年譜）
傅山端坐，弟子問長生術，以手指心而逝。遺命以朱衣黃冠

孫博雅君僑卒，年五十五。（湯子遺書卷七湯斌撰處士孫君傳，清儒學案卷一。）

	殮。四方會葬者數千百人，葬陽曲西山。(傅青主先生年譜) 七月、李因篤丁母憂。(李天生先生年譜) 閏七月、魏象樞以原官致仕。(魏敏果公年譜) 八月、陳廷敬爲經筵講官、吏部左侍郎，管理右侍郎事，仍兼翰林院學士，管理京省錢法。是月、有制錢銷毀滋弊疏。(午亭文編卷三〇) 九月、韓菼補原官；尋轉侍讀。(清史列傳卷九) 朱彝尊編騰笑集。(朱竹垞先生年譜) 陳廷敬擢左都御史。(清史列傳卷九) 十一月、熊賜履下學堂劄記成。(碑傳集卷一一、年譜。) 王士禎奉命祭告南海，有粵行三志三卷、皇華紀聞四卷。(注一二四)	
二十四年乙丑(一六八五)	熊賜履學統成。(碑傳集卷一一、年譜。) 張伯行成進士，歸闢園於南郊，讀書其中，始專爲濂、洛、關、閩之學。(碑傳集卷一七作乙卯，誤。此據同卷行狀。) 黃宗羲往崑山，顧祖禹以所作鄧丹邱傳請志之。(黃梨洲遺書附年譜) 徐乾學陞內閣學士、兼禮部侍郎。(碑傳集卷二〇，清史列	沈起元子大生。(碑傳集卷八四，清史列傳卷七五。) 張烈武承卒，年六十四。(三魚堂全集、文集卷八。) 曹溶潔躬卒，年七

傳卷一〇。）
湯斌在吳，重修泰伯祠，又次范文正公、周忠介公祠。（潛
庵全集附年譜）
陸隴其撰一隅集序。（三魚堂全集、文集卷九。）
徐善爲高士奇撰春秋地名考成。（見閻潛邱先生年譜）
王懋竑縣試拔第一，文出邑人爭相傳誦。是年、丁父憂，哭
泣哀慕，痛不欲生。（白田草堂存稿卷末尾）
李光地始闢榕村書屋，禮學四際約言成。（李文貞公年譜）
毛奇齡充會試同考官；尋，假歸，得痺病，遂不復出。是
歲、有張芍房摩青集序。（清史列傳卷六八；毛翰林文
集、序卷二二。）
錢澄之爲曾青藜壬癸詩序。（田間文集卷一五）
查愼行在都中，秋夜集朱彝尊古藤書屋。（查他山先生年譜）
喬萊充日講起居注官；尋，擢中允，纂修三朝典訓；遷侍
講，轉侍讀。（清史列傳卷七〇，遂初堂文集卷一四）
楊椿年十三，求所以養身者，讀周易頤卦，怵然有惕於中，
因爲箴自勵。（孟鄰堂集卷一四）
何焯由崇明縣學生，拔貢國子監，嘗遊徐乾學、翁叔元之
門，後復交絕。（果堂集卷一一，碑傳集卷四七。）
秋、朱用純有贈陸之峰先生詩集序、書贈何宗台扇、題吳南

十三。（清史列傳
卷七八）

一泛湖圖、題吳旅庵過庭圖、答甫贍招聽泉瀑詩。（朱柏廬先生編年毋欺錄）
多、李顒刊四書反身錄（許孫荃捐俸梓刻）。（二曲集卷四五、歷年紀略。）
正月、徐乾學撰乾清宮讀書記。（憺園文集卷二五）
三月、顏元尋父於瀋陽，得其踪，已歿，復覓其墓，慟哭祭奠如禮。（顏習齋先生年譜）
六月、張烈陞右春坊右贊善。（注一二五）
李塨至京，晤郭金城；金城聞其言，遂盡棄所業詩文轉為正學。（李恕谷先生年譜）
七月、李因篤至朝陽書院，與諸生會講，為梓其語錄。未幾，歸里。是歲、有存沒口號一百二首，又撰貞節錄序、高祿侯畫譜序、藍謝青過秦草序等篇。（李天生先生年譜）
八月、陸隴其在靈壽，始著松陽講義。（稼書先生年譜）
王夫之楚詞通釋成，病中勉為諸子作周易內傳。（王船山學譜附年表）
九月、陳廷敬為經筵講官、都察院左都御史，管理錢法。有請議水旱疏。（午亭文編卷三二）

二十五年丙

王夫之有憶得詩一卷。（王船山遺書卷六九）

諸錦裏七生。（清

寅（一六八六）	閻若璩以父年七十南歸。（閻潛邱先生年譜） 潘耒得見梅文鼎於宣城，遂定交。（梅定九年譜） 熊賜履樸園邇語成。（碑傳集卷一一、年譜。） 毛奇齡請急南歸，將選古今，作還町雜錄。（毛翰林文集、序卷三〇） 何焯游山陽，買得困學紀聞。（見閻潛邱先生年譜） 竇克勤授泌陽教諭。（碑傳集卷四六） 朱用純有贈徐子威六十壽序。（朱柏廬先生編年毋欺錄） 湯斌疏薦耿介賦質方剛、踐履篤實、家居澹泊、潛心經傳、學有淵源；召為侍講學士。（清史列傳卷六六） 劉獻廷客吳門，晤金釋弓，見金聖歎所定南華。釋弓，聖歎子也。（劉繼莊先生年譜初藁） 李紱年十四，始學為時文，不甚好，獨好為詩古文辭，尤喜詩。（穆堂初稿卷首） 徐乾學以禮部侍郎，充一統志、會典、明史三館總裁。（見閻潛邱先生年譜，清史列傳卷一〇。） 李因篤撰重修宋誠公橫渠夫子祠記、重建王將軍廟碑等篇。（李天生先生年譜） 是歲、方苞與高淳張自超、宿松朱書、同里劉輝祖訂交。（望溪先生文集附年譜）	儒學案卷六五，清史列傳卷六八。） 莊亨陽復齋生。（姜亮夫綜表） 黃宗炎晦木卒，年七十一。（清儒學案卷二，清史列傳卷六八。） 魏裔介石生卒，年七十一。（憺園文集卷二七徐乾學撰墓誌銘，碑傳集卷一一墓誌銘及傳，清儒學案卷一九，魏貞菴先生年譜。）

春、李光地禮記纂編成。（李文貞公年譜）
朱彝尊騰笑集七卷刊成，查愼行纂序，又自爲之序。（朱竹垞先生年譜）
夏、王源遇陸圻子寅於京師，寅出示其父所編明末殉難諸臣遺文請序，有孤忠遺翰序。（居業堂文集卷一二）
朱彝尊輯日下舊聞、輯經義考。（朱竹垞先生年譜）
冬、朱用純作熙庵席君墓誌銘。（朱柏廬先生編年毋欺錄）
查愼行館相國明珠家，著人海記，凡四卷，雜記都中事，皆得之聞見者。（查他山先生年譜）
三月、湯斌特授禮部尚書，管詹事府事。（潛庵全集附年譜）
陸隴其修靈壽志書成。（稼書先生年譜）
閏四月、陳廷敬同學士徐乾學奏進鑑古輯覽。時纂輯三朝聖訓、政治典訓、平定三逆方略、皇輿表、一統志、明史，廷敬並充總裁官。（清史列傳卷九）
五月、湯斌充經筵講官；未幾，總裁明史。（潛庵全集附年譜）
六月、李塨書廿一史經濟可行者於册，顏日閱史郄視。（李恕谷先生年譜）
七月、徐乾學、陳廷敬各有賜游西苑記。（憺園文集卷二六、午亭文編卷三八。）
朱用純有與王醖叔書，又作諸儒講義後序。（朱柏廬先生編

年代	記事	卒年
	年毋欺錄） 八月、朱用純有輟講文。（同上） 九月、李光地改掌院學士、兼禮部侍郎，敎習庶吉士，充經筵講官、日講起居注，充方略館副總裁。（李文貞公年譜） 陳廷敬遷工部尙書。（清史列傳卷九） 十二月、朱彝尊竹垞文類二十五卷刊成，高佑釲、顏鼎受纂序。（朱竹垞先生年譜）	
二十六丁卯（一六八七）	黃宗羲刻子劉子文集。（黃梨洲遺書附年譜） 湯斌改工部尙書。（潛庵全集附年譜） 熊賜履些餘集成。（碑傳集卷一一、年譜。） 查愼行秋闈下第。（查他山先生年譜） 王夫之著讀通鑑論。（王船山學譜附年表） 徐元夢命入內廷授皇子書，以株連下獄，免死入辛者庫。（碑傳集卷二二；清史列傳卷一四作三十二年。） 韓菼復以病乞假回籍。（清史列傳卷九） 錢澄之撰重修浮山華嚴寺碑記。（田間文集卷一一） 陸隴其摘問學錄，日記中有關學術者，彙爲一編，曰衞濱日鈔。（稼書先生年譜） 徐元文仍授原官，充經筵講官。（清史列傳卷九）	湯斌孔伯卒，年六十一。（見注二八） 崔蔚林夏章卒，年五十三。（午亭文編卷四七陳廷敬撰墓碑，碑傳集卷四四，清儒學案卷一，清史列傳卷六六。） 陳錫嘏介眉卒，年五十四。（南雷文定後集卷三黃宗羲

戴名世至京師，以選貢生考取補正藍旗教習，考授知縣，應京兆試被放。（戴南山先生年譜）

喬萊是年以事罷歸。（清史列傳卷七〇）

方苞年二十，循覽五經注疏大全，以諸色筆別之，用功少者亦三四周。（望溪先生文集附年譜）

李因篤撰貞孝錄序、學憲許公四山德造頌並序、雁塔題名碑序、許使君捐俸置谿屋養賢田記等篇。（李天生先生年譜）

春、劉獻廷應徐乾學、徐元文聘，入京預修明史，始為增定明史曆志稿，與王源、萬斯同共事。旋，應顧祖禹、黃儀聘，參定河南一統志稿。（劉繼莊先生年譜初稿）

錢澄之為毛會侯文序。（田間文集卷一三）

朱用純遊洞庭豐圻，作觀梅小記。（朱柏廬先生編年毋欺錄）

徐乾學在禮部，招錢澄之至京師。既至，出其所著田間易學、田間詩學，乾學及季弟等讀而好之，謀以刻行，並為撰田間全集序。（憺園文集卷二〇）

孟夏、陸隴其撰呻吟語序。（三魚堂全集、文集卷八。）

秋、朱彝尊日下舊聞四十二卷輯成。（朱竹垞先生年譜）

仲冬、梅文鼎如杭州，作賈鼎玉詩序。（梅定九年譜）

二月、陳廷敬調戶部。（清史列傳卷九）

三月、李光地疏乞終養，予假一年。（李文貞公年譜）

撰墓誌銘）

陳赤衷夔獻卒，年七十一。（見注二三）

蔣伊謂公卒，年五十七。（二林居集卷一六及碑傳集卷五三彭紹升撰事狀）

魏象樞環極卒，年七十一。（見注二四）

朱用純偕席素民自廣遊雨花臺，作春遊記。（朱柏廬先生編年毋欺錄）

四月、朱用純作聽松圖後記。（同上）

五月、黃宗羲之吳門，晤湯斌。（注一二六）

陳廷敬爲乾清宮應詔上疏，昊天與聖人皆有四府其道何如。（午亭文編卷三二）

六月、李塨著瘳忘編，顏元爲訂正。（顏習齋先生年譜）

九月、陳廷敬調吏部。（清史列傳卷九）

徐乾學擢左都御史。（清史列傳卷一〇）

十月、陸隴其刻王學質疑，作後序。（稼書先生年譜）

十一月、湯斌卒，門人王廷燦集其語錄、奏疏等文，爲湯子遺書若干卷行世。（潛庵全集附年譜）

十二月、顏元訂李塨所著閱史郄視。（顏習齋先生年譜）

朱用純作山居讀書詩，又有贈盛逸齋七十壽序、祝席太孺人五十壽序、題陳西莊畫梅册。（注一二七）

二十七年戊辰（一六六八）

王夫之南窗漫記成。編七十自定稿並序。（注一二八）

戴名世至京師，客游山東。（南山先生年譜）

王懋竑拔郡縣試第一，補郡附學生。（白田草堂存稿卷末尾）

查慎行作蘆塘放鴨圖。（查他山先生年譜）

沈彤冠雲生。（果堂集卷末尾附惠棟撰墓誌銘，碑傳集卷一三三，清儒學

李塨如獻縣，哭龔王餘佑，選王五公文集。（李恕谷先生年譜）
方苞作楊黃在時文序、赫氏祭田記。（望溪先生文集卷四四）
閻若璩第四次入都，在卯辰之間。（閻潛邱先生年譜）
竇克勤成進士，改庶常。（碑傳集卷四六，清史列傳卷六六。）
王士禎撰唐賢三昧集三卷。（漁洋山人自撰年譜）
王之銳年十四，讀論語吾十有章，瞿然曰：「吾去成童一年
耳，曾小學之未通乎？」（清史列傳卷六七）
李因篤撰許使君刋東雲鄒孝廉億略序。（李天生先生年譜）
梅文鼎在西湖，與毛際可定交。是幾、自杭州歸，屬友人張
愼製器，並屬弟文鼐作恒星黃赤二星圖，文鼐因作經星同
異考。（梅定九年譜）
春、朱用純有謝徐俟齋竹杖銘書、贈徐退山七十壽序。（朱
柏廬先生編年毋欺錄）
秋、熊賜履起禮部尚書。（碑傳集卷一一、年譜。）
孟冬、陸隴其撰新修文昌祠記。（三魚堂全集、文集卷一〇。）
冬、熊賜履奔喪南歸。（碑傳集卷一一、年譜。）
二月、徐乾學充會試總裁，卽闈中轉刑部尙書，出闈就職；
以張沂事罣誤，上章乞休；准解部務，仍領各館總裁。（
清史列傳卷一〇）
查愼行出都門，以舅氏抱危疾，買舟扶侍南歸。（查他山先

案卷六一，馮先恕
疑年錄釋疑。）
毛騤雅黃卒，年六
十九。（清史列傳
卷七〇）
耿介介石卒，年七
十一。（清史列傳
卷六六作卒於是
年，闕年壽；碑傳
集卷四三竇克勤撰
傳，則作卒年七十
一，今合推得生於
明萬曆四十六年。）

生年譜）
三月、許三禮陞提督四譯館、太常寺少卿；尋，轉大理。（碑傳集卷一八）
六月、李塨著開東北水利及治河利運之策於瘳忘編。（李恕谷先生年譜）
七月、陳廷敬爲其子講杜詩，始著杜律詩話。（午亭文編卷四九）
十月、李光地充武會試正考官。（李文貞公年譜。）
許三禮陞順天府府尹，以府學規制不備，乃一倣太學成法，爲之祭器儀注，考之古禮。（碑傳集卷一八）
十一月、黃宗羲自訂南雷文定，後復欲芟爲文約。（黃梨洲遺書附年譜）
李光地充武殿試讀卷官。（李文貞公年譜）

二十八年己巳（一六八九）

閻若璩南歸，自此無復遠游之意。（閻潛邱先生年譜）
黃宗羲會講於姚江書院。（黃梨洲遺書附年譜）
王夫之識小錄成，自題小像。（王船山學譜附年表）
陸隴其有答徐健菴先生書（陸氏是年六十）。（稼書先生年譜）
邵廷采課徒於語溪沈氏之南雅堂，始著手撰輯西南紀事一卷。（邵念魯年譜）

謝濟世石霖生。（碑傳集卷八三）
陸寅冠周卒。（清儒學案卷一七）

王懋竑補廩膳生。（白田草堂存稿卷末尾）
徐乾學欲謀刻錢澄之文集，以爲錢氏壽，因致書招入都，及
秋始還（是年錢氏年七十七）。（田間文集卷一八）
李紱年十四五，即有志於道。（穆堂初稿卷四三）
明史總裁官徐元文請假歸，特詔攜志稿於家編輯，並薦黃虞
稷乞隨相助，許之。（碑傳集卷四五，清史列傳卷七一。）
毛奇齡爲聽松樓讌集序。（毛翰林文集、序卷一八）
許三禮陞都察院右副都御史；尋，陞兵部督捕右侍郎。（碑
傳集卷一八）
朱用純有省心微言跋。（愧訥集卷一〇）
梅文鼎入都，與劉獻廷遊，獻廷極稱道之。是歲、文鼎以訪
南懷仁至京師，李光地聞往扣所學，遂與定交；光地議因
擬作歷學疑問。是歲、得揭暄書并新著寫天新語草稿，因
摘錄爲寫天新語鈔存一卷。黃百家來游，從學曆法。（梅
定九年譜）
多、方苞過無錫，訪東林講學遺址，遂交劉巽五。（望溪先
生文集、集外文卷四）
徐乾學請假歸里。（見閻潛邱先生年譜）
正月、李光地扈從南巡。（李文貞公年譜）
二月、李塨至顏元投受業刺，以瘳忘編、恕谷集爲贄。（李

恕谷先生年譜，又見顏習齋先生年譜）
查慎行哭舅氏，旋復入都。（查他山先生年譜）
三月、毛奇齡撰西湖倡和詩序。（毛翰林文集、序卷一八。）
四月、方苞歲試第一，補桐城縣學弟子員，受知於學使宛平高裔。（望溪先生文集附年譜）
李塨撰存性編序，又纂訟過則例。（李恕谷先生年譜）
五月、李光地改通政使司、通政使。（李文貞公年譜）
徐元文拜文華殿大學士、兼翰林院事；尋，充政治典訓、平定三逆方略、大清一統志總裁官。（碑傳集卷一二，清史列傳卷九。）
九月、張伯行赴吏部，考中書。是歲、始於京師購得濂溪先生全集。（張清恪公年譜）
顏元訂李塨所編訟過則例。（顏習齋先生年譜）
十一月、王士禎撰池北偶談二十六卷成。（漁洋山人自撰年譜）
魏一鼇寄書與李塨論學。（李恕谷先生年譜）
李光地改兵部右侍郎。是月、聖祖南巡，光地以梅文鼎曆算書進呈；召見文鼎於德州行在。（望溪先生文集卷一二及李文貞公年譜幷參）
十二月、徐乾學撰陳太公鐲逋惠民記。（憺園文集卷二六）

二十九年庚午（一六九〇）

王夫之居湘西草堂評選詩文，序夕堂永日緒論。（王船山學譜附年表）

戴名世居京師，客吉水李氏家。（南山先生年譜）

姜兆錫舉鄉試。（清史列傳卷六七）

李因篤撰鈕明府玉樵詩集序、方伯穆公廉仁頌并序等篇。（李天生先生年譜）

聖祖訪求遺獻，刑部尚書徐乾學復薦黃宗羲，仍不出。（清史列傳卷六八）

潘耒爲梅文鼎方程論作序。是歲、梅氏在北京得晤陸隴其，陸氏出其所藏明朱仲福折中歷法，文鼎爲更名曰歷學新說鈔，并爲之序。又於友人徐善處鈔得王錫闡圜解十二章，爲之訂補，并爲作序。（梅定九年譜初藁）

孟春、劉獻廷始有日記，又錄友譜一帙。（劉繼莊先生年譜）

秋、陸隴其補四川道試監察御史。（碑傳集卷一六）

熊賜履起禮部尚書，疏請終制，許之。（碑傳集卷一一、年譜。）

查慎行在橘社書局。橘社在洞庭東山之麓。（查他山先生年譜）

仲秋、何焯撰菰中隨筆序。（義門先生集卷一）

冬、查慎行自書局抵家。（查他山先生年譜）

仲冬、朱用純病中，有與諸生論講學書。（朱柏廬先生編年

盧見曾抱孫生。（碑傳集卷一七）

汪琬苕文卒，年六十七。（午亭文編卷四四陳廷敬撰墓誌銘，碑傳集卷四五，清史列傳卷七〇。）

黃虞稷兪邰卒，年六十三。（見注三一）

毋欺錄）

正月、王士禎再補詹事府少詹事、兼翰林院侍講學士。（漁洋山人自撰年譜）

是月、朱用純釋菜後示同堂，有富與貴章講語。（愧訥集卷一〇）

二月、陳廷敬起爲左都御史。（清史列傳卷九）

三月、徐元文充三朝國史總裁官。（注一二九）

王士禎遷都察院左副都御史。（漁洋山人自撰年譜）

顏元訂李塨族約。（顏習齋先生年譜）

徐乾學歸里，開局洞庭東山，纂輯一統志，仍延閻若璩及胡渭、顧祖禹、黃儀、姜宸英與查慎行、黃虞稷等分纂。（注一三〇）

七月、陳廷敬遷工部尚書。（清史列傳卷九）

八月、李塨赴京應鄉試中式。（李恕谷先生年譜，清史列傳卷六六。）

九月、王士禎遷兵部督捕右侍郎。（漁洋山人自撰年譜）

陸隴其自序松陽講義。（稼書先生年譜）

三十年辛未（一六九一）

徐乾學撰康節先生祠堂記。（憺園文集卷二六）

毛奇齡歸舊廬，聞鄉人有得王叔盧擬元詞兩劇稿，急遣人購

尹會一元采生。（清儒學案卷六二，尹

至。(毛翰林文集、序卷三二)

楊名時試禮部，李光地見其文而異之。(望溪先生文集卷一〇)

冉覲祖成進士，改翰林院庶吉士，益邃於性理之學。(正誼堂文集、續集卷六，清史列傳卷六六。)

查慎行是年家居。(查他山先生年譜)

楊名時成進士，改庶吉士，座主爲李光地。(碑傳集卷二四)

孫嘉淦九歲能屬文。(碑傳集卷二六)

惠周惕成進士，選庶吉士；因不習國書，改密雲知縣。(漢學師承記卷二)

梅文鼎在京師，與方苞晤。嘗至天津，陸隴其過訪，相與商討校刻朱仲福歷學新說鈔事。在津，有滄洲老儒劉介錫來問歷學，因成答劉文學問天象說一卷。是夏，始著歷學疑問。(梅定九年譜)

黃叔琳成進士，授編修，累遷侍講。(清史列傳卷一四)

惠士奇年二十一爲諸生，不就省試，奮志力學，晨夕不輟。(漢學師承記卷二)

陳鵬年成進士，授衢州西安縣知縣；以張鵬翮薦，調淮安山陽縣，陞海州知州。(切問齋集卷七)

方苞作讀孟子。在京師，交宛平王源、無錫劉齊、青陽徐念

健餘先生年譜。)

程廷祚啓生生。(勉行堂文集卷六程晉芳撰墓誌銘)

賈潤若水卒，年七十七。(清儒學案卷二)

徐元文公肅卒，年五十八。(有懷堂文藁卷一七韓菼撰行狀，二林居集卷一四彭紹升撰事狀，碑傳集卷一二行狀及神道碑，又清史列傳卷九同。)

許三禮典三卒，年六十七。(碑傳集卷一八墓誌銘)

陸元輔翼王卒，年七十五。(清史列

祖。遊太學，安溪李光地見其文，歎曰：「韓歐復出，北宋無此作也！」是歲、方氏再至京師，與楊名時相遇於李光地寓所。（望溪先生文集附年譜、文集卷一〇並參。）
春、劉獻廷寓薦嚴寺，於兩窗獨坐之際，追錄存歿諸友姓氏，盡一日之力，得三百餘人。旋至崑山診徐元文疾。（劉繼莊先生年譜初稾）
秋、熊賜履補禮部尚書。（碑傳集卷一一、年譜。）
二月、李光地充會試副考官。（李文貞公年譜）
五月、顏元南遊，至河南開封府，張醫卜肆以閱人。（顏習齋先生年譜）
李光地銜命視高家堰，遂至海口。（李文貞公年譜）
六月、李顒有與董郡伯書、又與論救荒書、答惠少靈書等篇。（李二曲先生年譜）
七月、陳廷敬撰合刻呂氏二編序。（午亭文編卷三五）
八月、顏元至商水，訪大俠李木天。（顏習齋先生年譜）
朱用純作顧子雅暨配徐孺人墓誌銘。（朱柏廬先生編年毋欺錄）
朱彝尊以上命大學士代祀孔子，充十哲分獻官。是月、又往會陸隴其。（朱竹垞先生年譜）
十月、李光地充武會試，知貢舉。熊賜履武會試總裁。（李文貞公年譜；碑傳集卷一一、年譜。）

	邵廷采讀書於陶氏鏡佩樓，取詩傳授長子，并錄成詩經兒課。是年、又作閱史提要。（邵念魯年譜） 毛奇齡爲兩浙布政使司政事堂歌咏勒石記。（毛翰林文集、碑記卷七。）	
三十一年壬申（一六九二）	黃宗羲今水經書成，序之。（黃梨洲遺書附年譜） 方苞至京師，始交姜宸英。是歲、作高素侯先生壽序。（注一三一） 戴名世丁祖父憂。（南山先生年譜） 陸隴其仍館虞山席氏，注禮經會元。（稼書先生年譜，二林居集卷一五。） 熊賜履除吏部尚書。（碑傳集卷一一、年譜。） 毛奇齡自都歸里，爲山東臯詩集序。（毛翰林文集、序卷一七。） 閻若璩客閩歸，徐乾學延至京師爲上客，每詩文成，必屬裁定。（閻潛邱先生年譜） 春、查愼行客九江太守朱公儼幕，輯廬山志，凡八卷；又爲廬山紀游一卷。（查他山先生年譜） 梅文鼎著幾何補偏。是歲、應友人之詢，作十二乘方算例，名曰少廣拾遺。又有與潘耒書論曆學。（梅定九年譜） 夏、李光地初夏錄成；薦陸隴其。（李文貞公年譜）	汪紱燦人生。（清儒學案卷六三，清史列傳卷六七，雙池先生年譜。） 厲鶚太鴻生。（注四八） 湯溥元博卒，年四十二。（姜亮夫綜表） 王夫之之而卒，年七十四。（清史列傳卷六六，王船山學譜附年表。） 李因篤天生卒，年六十二。（李天生

	仲夏、陸隴其有董季苑先生像贊并序。（三魚堂全集、文集卷四。） 二月、李紱徙居下麓。是歲、檢所爲詩，得七百餘篇，盡火之，餘百篇；又撰雲亭記。（穆堂初稿卷二、卷首。） 七月、顏元錄四書正誤偶筆，皆平日偶辨朱子集註之誤者，至是命門人錄爲卷。（顏習齋先生年譜） 八月、王士禛調戶部右侍郎、兼轄京省錢法。（漁洋山人自撰年譜） 陳廷敬丁父憂，得旨慰卹如例。（清史列傳卷九） 九月、張伯行入都，補內閣撰文中書，與太史冉覲祖論道有合，遂朝夕往復不倦。（注一三二） 查愼行歸自九江。（查他山先生年譜）	先生年譜） 陸隴其稼書卒，年六十三。（見注三二） 魏一鼇蓮陸卒。（清儒學案卷一） 顧祖禹景范卒，年六十二。（見注三三）
三十二年癸酉。（一六九三）	方苞授經涿州。（望溪先生文集附年譜） 張伯行迎父養於京師。（張淸恪公年譜） 黃宗羲明文海四百八十二卷選成，又序明儒學案。（黃梨洲遺書附年譜） 朱用純有題顧元放畫扇於相在書屋。（愧訥集卷一二） 毛奇齡有與潛邱論尙書疏證書。（見閻潛邱先生年譜） 唐甄客提督浙江學政顏學山幕。（潛書附事迹簡表）	任瑗恕庵生。（清儒學案卷四九，國朝學案小識卷一〇。） 史標顯臣卒，年七十八。（清儒學案卷二〇一） 徐善敬可卒，年六

	李顒二曲集刊竣，鄭司寇、高學使各爲之序。（李二曲先生年譜） 梅文鼎旋里，爲季弟文鼐經星同異考作序，又著筆算五卷。是歲、張雍敬以潘耒推介來宣城問學。（梅定九年譜） 是歲、朱軾、王源、李鍾倫同舉鄉試。（碑傳集卷二二，清史列傳卷六六及卷六七。） 春、查愼行入都，復下榻自怡園。（查他山先生年譜） 秋、方苞應順天鄉試，不售。（望溪先生文集附年譜） 查愼行舉順天鄉試。（碑傳集卷四七，清史列傳卷七一。） 冬、閻若璩游西冷，與姚際恒交，見其所著攻僞古文尚書十卷，繕寫散各條下。（閻潛邱先生年譜） 方苞始寓書與徐念祖，告以君子之遭變，與所處之道。（望溪先生文集卷一六） 六月、尹會一丁父憂。（尹健餘先生年譜） 十二月、李光地以兵部右侍郎，提督順天學政。（李文貞公年譜）	十。（碑傳集卷五九） 魏禮和公卒，年六十六。（清史列傳卷七〇）
三十三年甲戌（一六九四）	戴名世客淮上吳門，有慶歷兩朝文牘序。（南山先生年譜） 冉覲祖授翰林院檢討。（正誼堂文集、續集卷六。） 方苞撰寧晉公詩序。（望溪先生文集、集外文卷四。）	李柏雪木卒，年七十一。（清史列傳卷六六）

韓菼命充纂修一統志總裁官。（碑傳集卷二一）

蔡世遠年十二三，卽卓然自命爲古人，敦踐履、分別義利、博覽經史，爲有用之學。（穆堂初稿卷二五）

朱軾成進士，入翰林，改知湖廣潛江縣。（碑傳集卷二三）

喬萊應召至京；旋卒。（清史列傳卷七〇）

竇克勤散館，授檢討，侍直南書房。（碑傳集卷四六）

李紱年二十，讀桑喬所爲廬山紀事，愛之，願得一遊，以貧弗能。復思所以向上，刋一省身格子，日逐檢點，唯居處恭三字，終不能學，又復中止。（穆堂初稿卷二九、卷四三幷參。）

是歲、邵廷采主講姚江書院，條次訓約十則，第一爲「立意宜誠」。立教一本劉宗周。自此姚江之旨與證人無二。（邵念魯年譜，又見劉宗周年譜。）

春、閻若璩交王復禮於錢塘，復禮以所著文廟祀典十四議見示。（閻潛邱先生年譜）

查愼行出都門，與座主侍讀青谿徐氏同舟。（查他山先生年譜）

何焯在京師，寓大定庵中。時山左顏學山太史奉視學兩浙之命，時造訪論文甚款。顏氏有丕變士習之志，欲爲教條以示諸生，因囑焯爲之，有兩浙訓士條約。（義門先生集卷一〇）

喬萊子靜卒，年五十三。（遂初堂文集卷一四潘耒撰墓誌銘，碑傳集卷四五朱彝尊撰墓表，清史列傳卷七〇。）

李良年武曾卒，年六十。（碑傳集卷一三八）

徐乾學原一卒，年六十四。（清儒學案卷三三作卒年六十九。此據有懷堂文稾卷一八韓菼撰行狀及碑傳集卷二〇行狀。）

錢澄之飲光卒，年八十三。（姜亮夫綜表。又胡朏明先

秋、王源入關，客友人張采舒寓，各吐平生所懷，凡十晝夜，又讀其詩，為撰張采舒詩序。（居業堂文集卷一四）

三月、李光地丁母憂，固請奔喪；不許，在京守制。（李文貞公年譜）

五月、張伯行改授中書科中書舍人；復迎父携眷至京。（注一三三）

十一月、陳廷敬授戶部尚書。（清史列傳卷九）

十二月、張伯行丁父憂。（張清恪公年譜）

生年譜作三十二年卒，年八十二，存參。）

三十四年乙亥（一六九五）

李光地朱子語類四纂成。（李文貞公年譜）

韓菼仍補內閣學士、兼禮部侍郎。（碑傳集卷二一，清史列傳卷九。）

尹會一從母夫人口授論語。（尹健餘先生年譜）

毛奇齡醫痺杭州，遇洪昇於錢湖之濱；昇出示其院本請序，有長生殿院本序。（毛翰林文集、序卷二四。）

秋、閻若璩有南雷黃氏哀詞序。（閻潛邱先生年譜）

三月、李塨至桐鄉，錢煌來謁，語以正學。（李恕谷先生年譜）

張伯行扶父柩歸里。（注一三四）

七月、李塨如杭州，與王復禮論朱（熹）、陸（九淵）、王（守仁）之學。（李恕谷先生年譜）

桑調元伊佐生。（清儒學案卷四六，清史列傳卷六七。）

張師載又渠生。（張清恪公年譜，清儒學案卷一二。）

黃宗羲太沖卒，年八十六。（鮚埼亭集卷一一全祖望撰梨洲先生神道碑

		文，清儒學案卷二，清史列傳卷六八，黃梨洲遺書附年譜。） 劉獻廷繼莊卒，年四十八。（碑傳集卷一三〇，清史列傳卷七〇，劉繼莊先生年譜初藁。）
三十五年丙子（一六九六）	李光地程子遺書纂成。（李文貞公年譜） 閻若璩初刻四書釋地。（閻潛邱先生年譜） 焦袁熹舉鄉試。（清史列傳卷六七） 張伯行家居讀禮。（張清恪公年譜） 王懋竑館梁溪胡氏家，盡發其藏書讀之。（白田草堂存稿卷末尾） 方苞居京師，館於汪氏，王兆符來從學。是歲、復遇姜宸英，并同客天津。（望溪先生文集附年譜、碑傳集卷四七。） 王士禛奉命祭告西嶽西鎮江瀆，有秦蜀驛程後記二卷、隴蜀餘聞二卷。（漁洋山人自撰年譜）	王文清沆溪生。（姜亮夫綜表） 杭世駿大宗生。（注四九） 陳宏謀汝咨生。（碑傳集卷二七）

春、查愼行客皖城。（查他山先生年譜）
夏、查愼行自皖上至九江，復客太守朱氏幕。（同上）
朱彝尊結曝書亭於荷花池南，爲遊憩之所。（朱竹垞先生年譜）
秋、方苞試順天報罷，擬不復應擧。是秋、萬斯同與方苞別於京師，並預以誌墓相囑。（望溪先生文集附年譜、文集卷一二。）
李紱應鄉試，游章門諸勝，登滕王閣，歷百花洲，過寧藩故居，登列岫亭，觀長江奔放，烟雲竹木，題咏宛然若在，遂與名公鉅卿之勝，聚不可常，而江山不隨人事而盡之嘆，爲章門雜詩詠之。（穆堂初稿卷二）
冬、方苞南歸。（望溪先生文集附年譜）
三月、毛奇齡以駁太極圖、駁河圖洛書二種寄贈李塨。（李恕谷先生年譜）
四月、顏元應肥鄉漳南書院聘。（顏習齋先生年譜）
六月、韓菼有題張樸園海岱日記。（有懷堂文藁卷二二）
十一月、李光地復以兵部侍郎銜提督順天學政。（李文貞公年譜）
朱用純有祭夏師永言文。（朱柏廬先生編年毋欺錄）
十二月、顏元著宋史評。（顏習齋先生年譜）

三十六年丁丑（一六九七）	閻若璩爲臧琳撰經義雜記序。（閻潛邱先生年譜） 毛奇齡臥病杭州之客堂，有客堂夕夜說經記，又爲重刻楊椒山集序。（毛翰林文集、碑記卷一〇及序卷二五。） 胡渭著禹貢錐指二十卷成，又著易圖明辨，已成稿五卷。（胡朏明先生年譜） 冉覲祖充會試同考官；尋，乞假歸。張伯行創請見書院，延主講席。（清史列傳卷六六） 朱用純有祝馬君房七十壽序、董繡衷暨配蔣孺人七十雙壽序、題顧文康公家書後。（朱柏廬先生編年毋欺錄） 姜宸英年七十始成進士，授編修。（碑傳集卷四七） 鄭元慶始著湖錄。（見胡朏明先生年譜） 方苞授經寶應喬氏。（望溪先生文集附年譜） 邵廷采假楊紹興府城東池、雨水亭，輯東南紀事一卷，手校未竟，故疾大作。是歲、作明儒劉子蕺山先生傳、貞孝先生傳。（邵念魯年譜） 春、熊賜履會試總裁，請假營葬。（碑傳集卷一一、年譜。） 仲春、徐乾學文集編次成，其子請宋犖爲序。（憺園文集卷首） 夏、查愼行築得樹樓，著雜鈔，積之得二十卷。（查他山先生年譜）	惠棟定宇生。（清儒學案卷四三，潛研堂文集卷三九錢大昕撰傳。） 雷鋐貫一生。（注五〇）

多、李光地就補工部右侍郎。（李文貞公年譜）
李紱年二十三，尋伯兄之武昌，有楚遊雜詩。（穆堂初稿卷二九、卷三。）
正月、萬斯同客京師，初度六十，王源為序壽之。（居業堂文集卷一六）
三月、潘耒過訪朱彝尊，閱曝書亭藏書，過天香菴探梅。（朱竹垞先生年譜）
閏三月、毛奇齡為折客辨學文。（毛翰林文集、序卷全。）
七月、王源撰怡園記。（居業堂文集卷一九）
八月、李紱取自癸酉至丁丑所為詩，僅得百五十餘篇，又去其半，命曰火餘草，自為序。（穆堂初稿卷首）
九月、李塨選陶淵明集、選韓昌黎文。（李恕谷先生年譜）
十一月、李塨交毛奇齡、王復禮、姚際恒，以所著書經及儀禮相質。（同上）

三十七年戊寅（一六九八）

方苞有與閻百詩書。（望溪先生文集卷六）
李光地選古文精藻、榕村講授成，并刻之。（李文貞公年譜）
張伯行建請見書院，時冉覲祖掌教嵩陽書院，相與講明正學，從游者甚衆。（碑傳集卷一七）
夏、查慎行偕朱彝尊之閩中，及秋而還。（查他山先生年譜）

方觀承宜田生。（注五一）
法坤宏鏡野生。（注五二）
吳玉搢藉五生。

	冬、李光地就轉工部左侍郎。（李文貞公年譜） 正月、李塨著大學辨業，又作樂錄跋。（李恕谷先生年譜） 二月、李塨如杭，投受業刺於毛奇齡。（同上） 三月、李紱錄其詩可觀者一百七首，名曰春風草，序之。（穆堂初稿卷三） 五月、張伯行候補中書。（張清恪公年譜） 七月、王士禎遷都察院左都御史。（漁洋山人自撰年譜，碑傳集卷一八。） 九月、王懋竑有題陽明先生立志說後。（白田草堂存稿卷八） 李塨至桐，始得見陸世儀思辨錄。是月、著田賦考辨。（李恕谷先生年譜） 十一月、方苞客澄江。（望溪先生文集卷一六） 十二月、李光地以兵部左侍郎、右副都御史，巡撫直隸。（李文貞公年譜）	（碑傳集卷四五） 劉大魁才甫生。（清史列傳卷七一，碑傳集卷一一二。） 李經世函子卒，年七十三。（碑傳卷一二〇，清史列傳卷六六。） 朱用純致一卒，年七十二。（見注二九） 凌嘉印文衡卒，年六十七。（碑傳集卷一二八，清儒學案卷一七。清史列傳卷六六作卒年六十一。）
三十八年己卯（一六九	尹會一入小學。（尹健餘先生年譜） 方苞舉江南鄉試第一。（碑傳集卷二五，望溪先生文集附年	曹庭棟楷人生。（清儒學案卷二〇

九）

譜。）
毛奇齡有寄閻若璩古文尚書寃詞書，附李塨寄去。（見閻潛
邱先生年譜）
汪紱八歲，母氏授以四書五經，悉成誦。自是讀書，一稟母
敎，未嘗從師。（國朝學案小識卷四）
徐元夢起爲內務府員外郎。（碑傳集卷二二）
沈近思擧鄕試。（同上卷二三）
何焯有義門書塾論文。（義門先生集卷一〇）
張伯行聘冉覲祖太史掌敎請見書院。（張清恪公年譜）
蔡世遠年十八，補弟子員。（穆堂初稿卷二五）
梅文鼎赴閩，仲冬始歸。自閩北歸，訪毛際可於西湖，並請
毛爲作傳。（梅定九年譜）
戴名世居金陵，爲友人方苞撰靈皋稿序。（南山先生年譜）
聖祖南巡，毛奇齡迎駕於嘉興，以樂本解說進，溫諭奬勞。
（清史列傳卷六八）
邵廷采在杭州，投刺毛奇齡之門求見，有謁書自稱門下；廷
采別後有候毛西河先生書。是歲、始交丁若蘭。（邵念魯
年譜）
胡渭因再從姪會官京師，乃復游日下，禮部尚書李振裕、侍
講學士査昇，皆目爲當代儒宗。未幾，以老病歸。（漢學

一，清史列傳卷七
二。）
費密此度卒，年七
十七。（清儒學案
卷二〇七）
姜宸英西溟卒，年
七十二。（見注三
〇）

師承記卷一）

夏、潘耒客潮郡，爲鳳臺書院碑。（遂初堂文集卷一三）

孟夏、何焯鈔輯自明迄清、所爲世稱道經義之文，按時之先後，析爲上下二卷，名曰行遠集，并叙之。（義門先生集卷一）

冬、熊賜履拜東閣大學士、兼吏部尚書。（碑傳集卷一一、年譜。）

韓菼調吏部右侍郎，仍掌翰林院學士事。（清史列傳卷九，碑傳集卷二一。）

二月、李光地以聖祖南巡迎駕，賜內府耕織圖。（李文貞公年譜）

熊賜履命入侍皇子進講，有詩云：「腐儒管見只蹄筌，此日居然上講筵；如語當年立雪者，涪州原不負伊川。」（碑傳集卷一一、年譜。）

三月、李塨撰留春樓記。至淮安訪閻若璩，與論古文尚書，出示毛奇齡新著古文尚書寃詞。（李恕谷先生年譜）

毛奇齡爲王氏撰新篆蘭亭孤山二志序。（毛翰林文集、序卷二七。）

六月、張伯行以水決城隄，督築復完。（張清恪公年譜。）

閏七月、李塨以所著大學辨業，質正於顏元。是月、往哭僾王養粹。（顏習齋先生年譜，李恕谷先生年譜並參。）
十月、朱彝尊輯經義考三百卷成，陳廷敬、毛奇齡各爲撰序；又曝書亭著錄八卷成，自爲序。（朱竹垞先生年譜）
李光地校刻梅文鼎所著曆學疑問。（李文貞公年譜）
十一月、陳廷敬調吏部尚書。（清史列傳卷九）
王士禎遷刑部尚書。（漁洋山人自撰年譜）

三十九年庚辰（一七〇〇）

邵廷采作序寄贈李塨。（邵念魯年譜）
竇克勤會試校士。是歲、沈近思成進士。（碑傳集卷四六、卷二三，清史列傳卷一二。）
李塨入京會試，始交王源、萬斯同、胡渭諸人。（李恕谷先生年譜）
李光地洪範初藁、孝經注、正蒙注、握奇經注成。（李文貞公年譜）
孫嘉淦年十八，以父爲文吏所持，急奔走呼籲始解。（碑傳集卷二六）
梅文鼎養病坐吉山，校勘星度書。病中，著環中黍尺五卷。（梅定九年譜）
是歲、韓菼充經筵講官，陞禮部尚書，仍兼翰林院學士，敎習庶吉士如故。（碑傳集二一，清史列傳卷九。）

劉漢中勃安卒，年八十一。（清儒學案卷二五）

秋、楊椿隨父視學順德，有順德書院殘碑記。（孟鄰堂集卷一四）
正月、李光地請定常平倉。（李文貞公年譜）
方苞如京師，試禮部不第。（望溪先生文集附年譜）
四月、方苞南歸。（同上）
五月、戴名世應浙江學政保德姜櫄之聘，及多復返金陵。（南山先生年譜）
六月、李塨著六律正五音圖說。（李恕谷先生年譜）
八月、李光地條請奏科場學校事例。（李文貞公年譜）
張伯行以河督題請令隨河工效力，辭不許。（張清恪公年譜）
閻若璩刻四書釋地續。（閻潛邱先生年譜）
九月、李塨復書邵廷采，謝其贈序。（邵念魯年譜）
十月、張伯行上治河條議。（張清恪公年譜）
李塨著宗廟考辨、士相見禮、禘祫考辨、郊社考辨。（李恕谷先生年譜）
十二月、顏元評李塨日譜，並戒以用實功，惜精力，勿爲文字耗損。（顏習齋先生年譜）

四十年辛巳（一七〇一）

尹會一始學文。（尹健餘先生年譜）
戴名世門人尤雲鶚爲刻其古文，凡百有十餘篇，名曰南山集。（南山先生年譜）
孫嘉淦年十九，補博士弟子員，家貧甚，讀書不輟。（碑傳

楊錫紱方來生。（清儒學案卷六四）
田蘭芳梁紫卒，年七十四。（清史列

集卷二六）
毛奇齡撰重修臨安縣學明倫堂碑記，又爲家會侯選本詩序，朱彝尊經義考序。是歲、以秋節渡江省西陵墓田，許巨山來訪，出其近年所爲詩屬序，有翠柏集序。（毛翰林文集、碑記卷八、序卷二九、序卷三〇。）
二月、李光地扈從閱永定河。（李文貞公年譜）
張伯行督修黃河南岸隄。（張淸恪公年譜）
王士禎撰浯溪考二卷。（漁洋山人自撰年譜。）
蔡世遠撰癖亭記。（二希堂文集卷五）
李塨著人論、養生論、闢佛論；大學辨業將刊，以稿就正於萬斯同，斯同大加稱服，乃爲作序。（李恕谷先生年譜）
四月、永定河工竣，李光地扈從閱視，賜御製永定河詩，字御書夙志澄清匾額及御服衣冠。（李文貞公年譜）
五月、王士禎著居易錄成，凡三十四卷。（漁洋山人自撰年譜）
蔡世遠撰別有天記。（二希堂文集卷五）
六月、張伯行著困學錄。（張淸恪公年譜）
七月、李紱始爲告行雜記。（穆堂初稿卷二九）
九月、張伯行著閨中寶鑑成。（張淸恪公年譜）

傳卷六六）
沈士則志可卒。（淸儒學案卷一七，淸史列傳卷六六。）

四十一年壬

李塨自京師歸里。（李恕谷先生年譜）

祝泩貽孫生。（淸

午（一七〇二）

邵廷采撰姚江書院後記。（邵念魯年譜）
徐元夢充順天鄉試副考官。（清史列傳卷一四）
閻若璩游杭州。（閻潛邱先生年譜）
李光地春秋藁成。（李文貞公年譜）
戴名世客蘇州，刻自訂時文全集，有序；又作窮河源記。（南山先生年譜）
方苞撰喬紫淵詩序。（望溪先生文集、集外文卷四。）
毛奇齡遘大疾幾殆，病愈，重檢校王叔盧擬元詞兩劇稿，爲之補綴，以刻行，有序。是歲、又爲中州和尚黃山賦序。（毛翰林文集、序卷三二、卷三一。）
春、查愼行游湖上，蘇詩補成,凡五十卷。(查他山先生年譜)
冬、聖祖南巡駐涿州，何焯以李光地薦召，入直南書房。（果堂集卷一一，碑傳集卷四七。案：李文貞公年譜作四月，存參。）
二月、李光地扈從省耕畿南，賜御書勸農詔一軸。（李文貞公年譜）
李紱倣朱子釋鄭衞之意，將以刺爲戒，作支硎俳體詩，得絕句十二章。（穆堂初稿卷四）
三月、韓菼撰澹遠堂記。（有懷堂文藁卷八）
四月、朱彝尊作城南雜詠。輯明詩綜，開雕於吳門白蓮涇之

史列傳卷六六）
姚範南青生。（注五三）
沈廷芳晼叔生。（注五四）
徐大椿靈胎生。（姜亮夫綜表）
秦蕙田樹峰生。（潛研堂文集卷四二錢大昕撰墓誌銘）
萬斯同季野卒，年六十五。（見注三六）

	慧慶寺。纂石桂補記一卷，吳鄭元慶箋釋刊行。（朱竹垞先生年譜） 韓菼爲顏鑑倫撰錫類堂記。（有懷堂文藁卷八） 十月、查慎行召試南書房，與韓菼同試；旋進南書房辦事。（注一三五） 李光地以聖祖南巡迎駕，並恭進曆學疑問，賜御詩及御書聯句。（李文貞公年譜） 十一月、張伯行以題補山東濟寧道，隨本入京。（注一三六）	
四十二年癸未（一七〇三）	尹會一應童子試。（尹健餘先生年譜） 汪紱侍父游曲水。（雙池先生年譜） 李紱取辛卯秋遊三吳所爲詩，名曰吳征草，復序之。（穆堂初稿卷四） 萬經成進士，改翰林院庶吉士，散館授編修。（淸史列傳卷六八） 張伯行赴濟寧道任，條陳賑濟法，有救荒事宜十條載文集中。（張淸恪公年譜） 聖祖南巡，胡渭撰成平頌一篇，獻諸行在，有詔嘉獎。召至南書房直廬，賜饌及書扇，並御書耆年篤學四大字賜之。（注一三七）	齊召南次風生。（碑傳集卷三二袁枚撰墓誌銘、秦瀛撰墓表。）

李來章選廣東連山縣知縣。（清史列傳卷六六）
李顒撰雲臺觀重修朱子祠記。（李二曲先生年譜）
張自超成進士，韓菼欲其就館職，以母老辭（時年五十）。
（清史列傳卷六七）
何焯賜舉人，試禮部不第，復賜進士，改庶吉士，仍直南書房；尋，侍讀皇子、兼武英殿纂修。是歲、爲杭州虎邱之半塘普濟堂作記。（注一三八）
聖祖西巡，范鄗鼎迎駕，進所著理學書，御書山林雲鶴四字賜之。（清史列傳卷六六）
春、方苞至京師，再試禮部不第；始交蠡縣李塨；聚王源與李塨論格物。是歲、始倣李塨日譜立省身錄。（望溪先生文集附年譜，李恕谷先生年譜並參。）
潘耒以聖祖南巡召復原官。大學士陳廷敬欲薦起之，力辭而止。（果堂集卷一一及清史列傳卷七一並參。）
梅文鼎應李光地聘，北上至保定。光地爲刻所著曆算書七種，其門下陳萬策等均從受學。（梅定九年譜）
秋、查愼行從口外還都中，著陪獵筆記，凡三卷。（查他山先生年譜）
多、熊賜履著澡修堂集成。（碑傳集卷一一、年譜。）
正月、韓菼病肺甚劇，飲酒不輟，方苞勸之少止。（望溪先生文集、集外文卷七。）

二月、李光地以聖祖南巡迎駕，賜御書太極圖說、西銘及幾何原本、算法原本二書。（李文貞公年譜）

三月、查愼行捷南宮，座主爲熊賜履、許汝霖。（查他山先生年譜）

四月、蔣廷錫成進士，改庶吉士。（注一三九）

查愼行成進士，授翰林院庶吉士，特免教習。（查他山先生年譜）

陳廷敬授文淵閣大學士、兼吏部尚書。（清史列傳卷九）

李光地遷吏部尚書，管理直隸巡撫事，疏辭不許。（李文貞公年譜，碑傳集卷一三。）

閻若璩命子詠恭呈萬壽詩八首、四書釋地（閻潛邱先生年譜）

五月、查愼行隨駕幸口外，避暑山莊。先是上幸南海子，捕魚賜羣臣，愼行賦詩謝恩，有「笠簷蓑袂平生夢，臣本煙波一釣徒。」之句。（查他山先生年譜）

六月、李塨以王源介，始往楊村執贄於顏元（時王氏年五十六）。（李恕谷先生年譜）

查愼行奉旨編輯歷代詠物詩。（查他山先生年譜）

七月、李塨以所撰小學舞儀節質正於顏元。（顏習齋先生年譜）

九月、聖祖自口外回京，閻若璩子詠至石匣口山邊跪迎河

	干，爲其父恭請賜御書未得。（閻潛邱先生年譜） 顏元訂李塨所著小學。（顏習齋先生年譜） 十一月、聖祖西巡至陜，召見李顒，顒遣子慎言進呈二曲集、反身錄二書，賜御書操志高潔扁額，及御製詩章。（二曲集卷四六、潛確錄。）	
四十三年甲申（一七〇四）	胡渭始創洪範正論。（胡朏明先生年譜） 盧見曾年十五補博士弟子員。（抱經堂文集卷三三） 李紱撰禾川文會序。（穆堂別稿卷三五） 蔣廷錫授編修。（清史列傳卷一一） 閻若璩以雍正召致，力疾赴京，卒不起。（閻潛邱先生年譜） 鄭元慶湖錄稿成。（見胡朏明先生年譜） 王源歸自關中，李塨以所輯習齋先生年譜，屬爲訂正，既成復爲之序。（注一四〇） 汪紱始攻治尚書。（雙池先生年譜） 張伯行建清源書院於臨清，又建夏鎮書院於夏鎮。是年、撰白鹿洞學規衍義成，又校定程氏家塾讀書分年日程原本。（注一四一） 春、查慎行入直內廷，寓城南道院，奉旨分輯佩文韻府。（查他山先生年譜）	陳黃中和叔生。（碑傳集卷一四〇，清儒學案卷六一） 唐甄鑄萬卒，年七十五。（碑傳集卷二一，清儒學案卷二〇七，清史列傳卷七〇，潛書附事迹簡表。） 顏元易直卒，年七十。（清儒學案卷一一，清史列傳卷六六，顏習齋先生年譜。）

	冬、王源與成乾夫聚京師，日相與論文章，痛飲談兵，歌呼上下不厭。乾夫出示其師書跡，屬爲題贈，有書王鶴汀學士册後。（居業堂文集卷二〇） 二月、李塨入京，知閻若璩病篤，往省視之。（李恕谷先生年譜） 三月、李光地請立社倉重建董子祠於景州。（李文貞公年譜） 九月、蔡世遠爲遊梅田洞記。（穆堂初稿卷二九） 十月、李光地扈從閱永定河。（李文貞公年譜） 十一月、查愼行特授編修。（查他山先生年譜） 朱彝尊遊江寧，輯禾錄。（朱竹垞先生年譜） 李塨如楊村哭顏元，並爲文祭之。（李恕谷先生年譜）	韓菼元少卒，年六十八。（碑傳集卷二一墓碑，清儒學案卷五一。） 閻若璩百詩卒，年六十九。（道古堂文集卷二九杭世駿撰傳，潛研堂文集卷三八錢大昕撰傳，閻潛邱先生年譜，漢學師承記卷一，清儒學案卷三九，清史列傳卷六八。）
四十四年乙酉（一七〇五）	楊名時以督學出防南河。（望溪先生文集卷一〇） 戴名世舉順天鄉試。是年、始採朱子語錄纂四書大全。（南山先生年譜） 程廷祚年十五，有父執過訪，知其才，令作古松賦，日未移晷，得數千言，乃大驚嘆，謂其父曰：「有子也！」（勉行堂文集卷六）	全祖望紹衣生。（清儒學案卷六九，全謝山先生年譜。） 李顒中孚卒，年七

蔡世遠舉鄉試。（穆堂初稿卷二五）
邵廷采刻思復堂文藁前集後集成，山陰劉士林序之。是年、有答李**塨**書。（邵念魯年譜）
黃叔琳丁父憂，服闋補原官，授山東提督學政。（清史列傳卷一四）
王承烈以五經舉鄉試第一。（注一四二）
王源之南越，適錢塘沈氏選嶺南三大家詩，因以屈大均詩屬爲序，有屈翁山詩集序。（居業堂文集卷一四）
祝洤四歲丁父憂，母日取數字教之，每課必首人字，曰：「人須是頂天立地！」洤感動，遂自號人齋。（清史列傳卷六六）
聖祖南巡，命彭定求（時年六十一），與詞臣汪士鋐、徐樹本等校全唐詩。（尊聞居士集卷六）
夏、王士禎避暑西城別墅，始敘年譜。（漁洋山人自撰年譜）
正月、聖祖賜陳廷敬詩，以表風度。（清史列傳卷九）
二月、李塨選訂習齋記餘，刋存性、存治、存人三編。（李恕谷先生年譜）
四月、張伯行復建濟陽書院，補刻泉河史。（張清恪公年譜）
王懋竑有書仲長統樂志論後。（白田草堂存稿卷八）

十九。（清史列傳卷六六作卒年七十六，此據清儒學案卷二九，李二曲先生年譜。）
范鄗鼎漢銘卒，年八十。（清儒學案卷二八）

閏四月、李光地薦梅文鼎，召見舟次。（李文貞公年譜）
五月、查慎行扈駕幸古北口。（查他山先生年譜）
六月、查慎行賜御書敬業堂扁額及對聯。（同上）
十一月、李光地召拜文淵閣大學士，疏辭不許。是月、選刻名文前選、程墨前選、易義前選成。（李文貞公年譜，碑傳集卷一三。）
十二月、朱彝尊撰明詩綜序。（朱竹垞先生年譜）

四十五年丙戌（一七〇六）

胡渭刊易圖明辨。（胡朏明先生年譜）
楊名時丁父艱，繼丁母艱。（望溪先生文集卷一〇）
毛奇齡得胡渭易圖明辨，有所條論。（見胡朏明先生年譜）
沈近思選授河南臨潁知縣。（清史列傳卷一二）
尹會一入府庠。（尹健餘先生年譜）
陳厚耀成進士，李光地薦其通天文算法，召見，具劄進稱旨。（注一四三）
戴名世會試被黜，自京師返客吳門，操房書之選，有南還日記等篇。（南山先生年譜）
春、方苞至京師，遇李塨於八里莊，再論格物不合。應禮部試，成進士。（望溪先生文集附年譜）
秋、李紱為鼎社說。（穆堂初稿卷一八）

孫景烈孟揚生。（清史列傳卷六七，碑傳集卷四八。）
李鍾倫世德卒，年四十四。（清史列傳卷六七）

正月、毛奇齡移書勉李塨習禮樂，李塨答以樂書已成六卷，學、儀亦有論著，並以大學辨業寄呈。（李恕谷先生年譜）

二月、熊賜履以年老乞歸。（碑傳集卷一一、年譜）

三月、李光地充殿試讀卷官。（李文貞公年譜）

張伯行著居濟一得書成，載河工事宜詳備。又補刻北河續記。（張清恪公年譜，碑傳集卷一七。）

四月、李光地充國史館、典訓館、方略館、一統志館總裁。（李文貞公年譜）

五月、張伯行陞江蘇按察使司按察使。（張清恪公年譜）

查愼行復扈駕至古北口。（查他山先生年譜）

李光地承修朱子全書，又訂榕村詩選。（李文貞公年譜）

七月、楊椿錄周易古本成。並自漢魏歷唐宋至明，考其源流，著周易考，有序。（孟隣堂集卷五）

李塨註易繫詞，辨周子太極圖之誣，辨陳摶河圖洛書之妄，辨本義筮法之非古，辨先後天圖之爲異端，辨卦氣圖之非，辨易卦配以五行之非。（李恕谷先生年譜）

九月、查愼行乞假葬親。（查他山先生年譜）

十月、李光地充殿試讀卷官。（李文貞公年譜）

張伯行謁熊賜履，相與論爲學居官之道，深相契合（時熊氏

致仕，僑寓金陵）。（張清恪公年譜）

四十六年丁亥（一七〇七）

邵廷采始龔翔麟於昌邑，遂訂交。（邵念魯年譜）

李紱爲黃岡橋記。（穆堂初稿卷二九）

陳鵬年罷職，又起爲蘇州府知府。（切問齋集卷七）

戴名世著四書大全成，方苞爲刋其稿於金陵，取蘇署所作若干篇附之。（南山先生年譜）

張雲章以詔擧孝廉方正薦，辭以老不行。（望溪先生文集卷一〇）

王源在京師，金吾黃弼臣來從學兵法。（居業堂文集卷二〇）

方苞歸桐城省墓。是年、丁父憂。撰傳信錄序。（注一四四）

張伯行巡撫閩，蔡世遠年二十六，使郡守招之來學，授以讀書錄、居業錄二書，侍學二年，獎誨有加。是歲、詹明章應張伯行聘，來講鼇峯書院，因得與蔡世遠日夕相聚。（注一四五）

春、查愼行渡江迎駕。（查他山先生年譜）

夏、張伯行爲詹明章易經提要序。（正誼堂文集、續集卷四。）

蔡新次明生。（注五五）

汪師韓韓門生。（清儒學案卷六八）

冬、熊賜履自築壽藏於上元青龍山，題曰愚齋自卜藏眞處。（碑傳集卷一一、年譜。）

三月、張伯行陞福建巡撫，拜命於松江行在。（張清恪公年譜）

李塨與馮辰言正學難合。（李恕谷先生年譜）

四月、李光地校刻韓文考異。（李文貞公年譜）

張伯行在常州，作延陵書院。（張清恪公年譜）

五月、查愼行至高郵送駕，復請展假。（查他山先生年譜）

張伯行過嘉興，求故御史陸隴其遺書，盡得之。（注一四六）

六月、張伯行抵福建巡撫任，飭行保甲法、勸置社倉。（張清恪公年譜）

十月、張伯行題報臺灣旱災，題請買米平糶，授安戢臺灣兵法；又建鼇峯書院於九仙山，著學規類編成，養正類編成。（同上）

十一月、李光地朱子禮纂成。（李文貞公年譜）

四十七年戊子（一七〇八）	尹會一始作詩。（尹健餘先生年譜） 王士禎在里中，刋宋洪文敏公邁集唐絕句萬首成。（漁洋山人自撰年譜） 李塨與方苞書，又訂平書成，著學樂卷三卷四。（李恕谷先生年譜）	錢載坤一生。（碑傳集卷三六） 潘耒次耕卒，年六十三。（果堂集卷一〇及卷一一沈彤

全祖望四歲，始從父授讀，粗解章句，曰：「是子雖不逮其名，然亦可兒也！」（全謝山先生年譜）

惠士奇舉鄉試第一。是年、李紱、王懋竑亦同鄉試（時王氏年四十一）。（注一四七）

春、朱彝尊送查愼行入都。（朱竹垞先生年譜）

夏、王源晤朱虞省於淮陰，出五代僧巨然溪山無盡圖見示，展玩久之，復爲之跋。（居業堂文集卷二〇）

二月、戴名世所著四書朱子大全刊行，友人程鳳來爲鐫板。（南山先生年譜）

三月、熊賜履悔園存稿成。（碑傳集卷一一、年譜）

閏三月、王源將南去，門人黃弼臣請贈言，以爲座右之銘，因爲述其閱歷之言十則，曰或庵寢語。（居業堂文集卷二〇）

四月、李光地選韓子粹言成。（李文貞公年譜）

七月、李光地注樂經樂記。（同上）

八月、張伯行監臨鄉試。（張清恪公年譜）

朱彝尊編曝書亭集八十卷成，潘耒爲序；又兩淮鹽莢書成，凡二十卷。（朱竹垞先生年譜）

十月、張伯行主試武闈；著道統錄成，立德部文集成，家規類編成，濂洛風雅成；又刻陸稼書文集成，刻王學質疑成。（張清恪公年譜）

撰傳及行狀，清史列傳卷七一，馮先恕疑年錄釋疑。）

毛際可會侯卒，年七十六。（清史列傳卷七〇）

竇克勤敏修卒，年五十六。（碑傳集卷四六湯右曾撰墓誌銘，清史列傳卷六六。）

四十八年己丑（一七〇九）	胡渭著洪範正論成。（胡朏明先生年譜） 李紱成進士，入詞館，授編修。（碑傳集卷二四，清史列傳卷一五。） 陳厚耀以母老就敎蘇州；未踰年，召入南書房。（清史列傳卷六八） 戴名世成進士，座主爲李光地、趙廷樞。（南山先生年譜） 桑調元年十五，受業於勞史，得聞性理之學。（清史列傳卷六七） 王承烈成進士，改翰林院庶吉士，讀書中秘。（望溪先生文集卷一二，二希堂文集卷九，碑傳集卷二三。） 李來章授兵部主事，監北新倉，革運官餽遺；尋，引疾歸。（清史列傳卷六六） 惠士奇成進士，選庶吉士；散館，授編修。（漢學師承記卷二；清史列傳卷六八作康熙五十年，並參。） 黃叔琳遷鴻臚寺少卿，留學政任。（清史列傳卷一四） 蔡世遠試禮部，成進士，改翰林院庶吉士，受知於李光地，志益堅定，卓然以聖賢爲必可學。（穆堂初稿卷二五） 何焯哭奠其師吉水公於安宜歸，由江都偶過退谷，寓居讀魏篁中詩，並應其弟蒼水請爲後序。（義門先生集卷一）	朱彝尊錫鬯卒，年八十一。（碑傳集卷四五陳廷敬撰墓誌銘，清史列傳卷七一，曝書亭集詩注卷首楊謙纂朱竹垞先生年譜。） 熊賜履敬修卒，年七十五。（見注三五）

	黃叔琳成進士，由戶部主事遷吏部員外郎，以薦擢御史。（清史列傳卷六七） 朱軾充會試同考官，命提督陝西學政，以關中先儒張子知禮成性，變化氣質之學，爲諸生摩刮，秦士大悅。（碑傳集卷二二） 二月、李光地充會試正考官。（李文貞公年譜） 三月、李光地充殿試讀卷官，薦蔡世遠。（同上） 四月、查愼行奉旨赴武英書局，分纂佩文韻府。（查他山先生年譜） 十月、李光地充武殿試讀卷官。（李文貞公年譜） 十一月、張伯行署浙閩總督事。（張清恪公年譜） 十二月、張伯行移撫江蘇；著濂洛關閩書集解成，立功部文集成，立言部文集成，立氣節部文集成，又著道南源委成，名儒粹語部成；又刻伊洛淵源錄成，刻思辨錄成，編次歷朝文集。（同上）	
四十九年庚寅（一七一〇）	厲鶚丁父憂。（厲樊榭先生年譜） 尹會一與刁顯祖、王奎、劉克一聯社爲文。（尹健餘先生年譜） 邵廷采撰明儒王子陽明先生傳、王門弟子所知傳。（邵念魯	蔡長澐巨源生。（碑傳集卷三一陳宏謀撰墓志銘，清儒學案卷六〇。）

年譜）
蔡世遠急請歸省，覲李光地，光地出游楊立雪圖贈行，謂：
「吾道南也！」是歲、蔡氏爲四書朱子全義序。（穆堂初
稿卷二五，二希堂文集卷一。）
陳鵬年署江蘇布政使，以屬員缺虧空落職。（切問齋集卷
七）
冬、梅文鼎遊蘇州，友人楊作枚、秦二南拏舟過訪於陳厚耀
學署，作枚出所著曆算書，文鼎亦以幾何補編相質。文鼎
於此次得見楊崑山方員訂註圖說。（梅定九年譜）
秋、查愼行移寓棗東書屋。（查他山先生年譜）
三月、張伯行至無錫，講學東林書院。（張清恪公年譜）
四月、李光地韻箋成。（李文貞公年譜）
閏七月、李光地中庸餘論成。（同上）
八月、李光地洪範再稿成。（同上）
十月、李光地歷象本要成。既脫稿，郵致宣城，就正於梅文
鼎。（梅定九年譜）
十一月、陳廷敬以耳疾乞休，允之。（清史列傳卷九）
十二月、張伯行編刻歷朝文集成，近思錄集解成，古文載道
編成。（張清恪公年譜）

王源崑繩卒，年六十三。（清儒學案卷一一，清史列傳卷六六。）

五十年辛卯（一七一一）

戴名世獲罪繫獄。（南山先生年譜）

方苞是年以後潛心三禮，因以貫徹諸經。（望溪先生文集附年譜）

萬經充山西鄉試副考官。（清史列傳卷六八）

朱澤澐有讀中和舊說序諸篇。（朱止泉先生文集卷七）

盧見曾舉於鄉。（抱經堂文集卷三三）

是歲、李光地年七十，梅文鼎寄以詩，內有「遂使寒宧品，能邀聖主聰。」之句，表示感謝薦引之意也。（梅定九年譜）

春、邵廷采刻治平略十二篇。（邵念魯年譜）

夏、邵廷采訪龔翔麟於杭州，為其父立並作田居記以贈之。（同上）

秋、蔡世遠丁外艱。（穆堂初稿卷二五）

冬、查愼行得風疾。（查他山先生年譜）

三月、徐元夢授額外侍讀學士。（清史列傳卷一四）

五月、陳廷敬以大學士張玉書卒，李光地疾未癒，詔入直辦事。（同上卷九）

十一月、方苞以戴名世南山集事牽連，逮赴詔獄。（南山先生年譜）

王士禎貽上卒，年七十八。（見注三四）

邵廷采念魯卒，年六十四。（碑傳集卷一二八，清史列傳卷六七，邵念魯年譜。）

張伯行著廣近思錄成，續伊洛淵源錄成。（張清恪公年譜）
十二月、李光地自湯山入覲於暢春苑。（李文貞公年譜）

五十一年壬辰（一七一二）

方苞在獄中，切究陳氏禮記集說，著禮記析疑，又著喪禮或問，又作獄中雜記。（注一四八）
謝濟世成進士，選庶吉士；散館，授檢討。（清史列傳卷七五）
徐元夢同左都御史趙申喬爲會試考官。（同上卷一四）
王澍成進士，改翰林院庶吉士；散館，授編修，充三朝國史、治河方略、御纂春秋三館纂修官。（同上卷七一）
黃叔琳遷通政司參議。（同上卷一四）
是歲、詔開蒙養齋修樂律曆算書，下江南制府，徵梅文鼎孫瑴成入侍，律呂正義成，驛致文鼎校勘。（注一四九）
春、查愼行以病乞假，奉旨在京調理，仍赴翰林院供職。（查他山先生年譜）
三月、李光地充殿試讀卷官。（李文貞公年譜）
四月、李光地周易通論成，薦朱軾。（同上）
六月、李光地摺救江蘇撫臣張伯行。（同上）
七月、李光地修朱子全書成。（碑傳集卷一三）
十月、李光地充武殿試讀卷官。（李文貞公年譜）

陳廷敬子端卒，年七十四。（見注三七）

	十一月、張伯行著小學集解成、三朝名臣言行錄成。（張清恪公年譜）	
五十二年癸巳（一七一三）	方苞著周官辨成，又作結感錄。（注一五〇） 王懋竑以河水爲患，作利害辨一篇，聞於邑令劉氏。（白田草堂存稿卷末） 萬承蒼成進士，改翰林院庶吉士；散館，授編修。（清史列傳卷七一） 惠士奇充會試同考官。（清史列傳卷六八） 陳厚耀修算書成，特授翰林院修撰。（漢學師承記卷七） 楊椿舉順天鄉試。（碑傳集卷四七） 蔡世遠服闋赴京，李光地奏請分修性理精義。（穆堂初稿卷二五） 張雲章被徵至京。（望溪先生文集卷一〇） 徐元夢擢內閣學士、兼禮部侍郎。（清史列傳卷一四） 汪紱省父於金陵，受音韻之學。（雙池先生年譜） 孫嘉淦成進士，改庶吉士，授編修。聞母病，乞假抵家，侍奉湯藥，衣不解帶者五月。（注一五一） 李文炤舉鄉試。（清史列傳卷六七） 楊名時特召入京，值南書房。（碑傳集卷二四）	張甄陶希周生。（碑傳集卷一〇六，清儒學案卷六六。） 楊開基履德生。（清儒學案卷一〇，清史列傳卷六七。） 勞史麟書卒，年五十九。（碑傳集卷一二八，清儒學案卷四六，清史列傳卷六七） 臧琳玉林卒，年六十四。（碑傳集卷一三一，清儒學案卷四四。） 戴名世南山卒，年

六十一。（南山先生年譜）

魏廷珍成進士，授編修。（清史列傳卷一五）
陳鵬年起署霸昌道。（切問齋集卷七）
沈近思以薦遷廣西南寧同知，旋以病告歸。（清史列傳卷一二）
王蘭生被賜舉人。（見梅定九年譜）
焦袁熹以李光地、王頊齡俱以實學通經薦，以親老固辭。（清史列傳卷六七）
雷鋐年十七補諸生，肄業鼇峰書院，時主講者爲蔡世遠，鋐讀其學約，卽爽然知入德之方。（碑傳集卷三〇）
是歲、梅文鼎纂定律歷淵源。內歷象考成四十二卷、律呂正義五卷、數理精蘊五十三卷。（按是書雍正三年始刊刻告成）。（梅定九年譜）
春、李紱予告家居，有冢宰考。（穆堂別稿卷九）
仲夏、萬承蒼撰廬山棲賢寺五百阿羅漢圖記。（孺廬先生文錄卷一）
秋、何焯撰郭鯤溟先生詩集序。（義門先生集卷一）
冬、蔡世遠再至京師，復與方苞相會。（望溪先生文集卷一〇）
何焯再以李光地薦召赴闕，仍直武英殿。（果堂集卷一一）
正月、**李塨**入京，謀刊周易傳注，並爲序。（李恕谷先生年譜）

二月、方苞以恩寬有免治出獄，命以白衣入直南書房。（注一五二）
六月、厲鶚撰游仙詩三卷並序。（厲樊榭先生年譜）
張伯行與同年仇少鼇講學。（張清恪公年譜）
七月、查慎行乞休歸里。（查他山先生年譜）
李光地周易觀象大指成。（李文貞公年譜）
八月、張伯行進濂洛關閩書集解，有恭進濂洛關閩書表。（碑傳集卷一七，正誼堂文集續集卷一。）
十月、李光地充殿試讀卷官。（李文貞公年譜）
十一月、張伯行再進濂洛關閩書，又始建紫陽書院。（張清恪公年譜）
李光地先武殿試讀卷官。（李文貞公年譜）
十二月、張伯行刻閑闢錄成，刻學蔀通辨成。（張清恪公年譜）
李光地承修周易折中。（碑傳集卷一三）

五十三年甲午（一七一四）

汪紱丁母憂。是歲、復省父於金陵。（雙池先生年譜）
楊名時典試陝西。（碑傳集卷二四）
吳廷華爲舉人，由內閣中書出爲福州府海防同知。（清史列傳卷六八）

王元啓宋賢生。（祇平居士集卷首附錄及復初齋文集卷一四、翁方綱撰墓

何焯授編修。（果堂集卷一一）
萬經督學貴州。（清史列傳卷六八）
厲鶚館於汪氏聽雨樓，浦、沆兄弟從游。樊榭山房集編詩始於是年。（厲樊榭先生年譜）
齊召南年十二，登巾子山賦詩，識者即以公輔器目之。（清史列傳卷七一）
是歲、王步青、梅瑴成同舉鄉試。（碑傳集卷二四、清史列傳卷一七。）
冬、李紱擢庶子。（穆堂初稿卷一一）
蔡世遠爲重修漳州府志序。（二希堂文集卷一）
三月、張伯行建紫陽書院成，又爲碑記之。（碑傳集卷一七，正誼堂文集卷九。）
五月、張伯行與徽士王心敬講學。（張清恪公年譜）
六月、方苞作記夢。（望溪先生文集卷一八）
八月、李光地周易觀象成。（李文貞公年譜）
十月、徐元夢充經筵講官。（清史列傳卷一四）
十一月、張伯行著小學衍義成，又刻陳北溪集成，刻勤齋考道日錄成，刻道命錄成。（張清恪公年譜）
十二月、徐元夢授浙江巡撫。（清史列傳卷一四）

誌銘，碑傳集卷一〇七。）
賈田祖稻孫生。（碑傳集補卷三九汪中撰賈君之銘）
胡渭朏明卒，年八十二。（道古堂文集卷四〇杭世駿撰墓誌銘，清儒學案卷三六，漢學師承記卷一，清史列傳卷六八，胡朏明先生年譜，潛研堂文集卷三八錢大昕撰傳。）

五十四年乙未（一七一五）

方苞始著春秋直解。（望溪先生文集、集外文卷四。）

楊椿會試中式，以艱歸。（碑傳集卷四七）

惠士奇充會試同考官。（清史列傳卷六八）

蔡世遠自京師歸閩，始從事評選歷代古文。（二希堂文集卷一）

魏廷珍遷侍講，命入直南書房。（清史列傳卷一五）

汪紱傭於江西浮梁景德鎮；未幾，去之樂平，館於石氏。（雙池先生年譜）

梅瑴成復賜殿試，成進士，改庶吉士；散館，授編修。（清史列傳卷一七）

春、方苞删定容城孫徵君年譜書成，序之；尋，作徵君傳。（望溪先生文集附年譜）

夏、李紱轉侍講學士。（穆堂初稿卷一一）

秋、何焯以蜚語收繫；尋，免官，仍直武英殿。（果堂集卷一一）

正月、張伯行刻養正先資訓蒙詩選。（張清恪公年譜）

二月、李光地承修性理精義，薦李紱。（李文貞公年譜）

三月、李光地乞免充殿試讀卷，復薦楊名時。是月，修周易折中成。（同上）

朱仕琇梅崖生。（碑傳集卷一一二，清儒學案卷六六，清史列傳卷七二。）

褚寅亮搢升生。（碑傳集卷六〇任兆麟撰墓表）

馮景山公卒，年六十四。（道古堂文集卷三三杭世駿撰傳）

張鵬翼蜚子卒，年八十三。（清史列傳卷六六）

	六月、張伯行著四書講義，纂輯四書正宗，輯學易編，又重選讀書錄、困知記。（張清恪公年譜） 李光地陰符注成。疏丐休致，予假二年。（李文貞公年譜） 七月、李光地修性理精義成。（同上，碑傳集卷一三。） 蔡世遠爲尤溪劉氏新修祠堂記。（二希堂文集卷五） 九月、李光地出京師，門人蔡世遠隨侍。（李文貞公年譜） 十月、李光地道出鉛山，謁鵝湖書院。（同上） 十一月、李光地次武夷山，謁仁智堂。（同上） 十二月、張伯行特旨補授總督倉場戶部侍郎。（張清恪公年譜）	
五十五年丙申（一七一六）	尹會一以歲試補廩膳生。（尹健餘先生年譜） 張伯行再奏立社倉。（張清恪公年譜） 汪紱去樂平石氏，轉客萬年弋陽諸縣。（雙池先生年譜） 魏廷珍充日講起居注官。（清史列傳卷一五） 厲鶚婚於蔣氏，又爲金農撰丙申集序。（厲樊榭先生年譜） 是年、歲荒，王懋竑作議賑說以勸輸。（白田草堂存稿卷末尾） 冬、方苞著春秋通論成。（望溪先生文集附年譜） 六月、蔡世遠撰諸羅縣學記。（二希堂文集卷五）	毛奇齡大可卒，年九十四。（見注二七） 徐世沐爾瀚卒，年八十五。（碑傳集卷一二八。清史列傳卷六七作卒康熙五十六年，年八十八，存參。）

	七月、王懋竑撰洪瀛來唱和詩跋。（白田草堂存稿卷八） 八月、李光地大學古本私記、中庸章段成。（李文貞公年譜） 十一月、王懋竑爲立嗣辨。（白田草堂存稿卷九）	萬光泰循初生。（姜亮夫綜表） 盧文弨紹弓生。（復初齋文集卷一四翁方綱撰墓誌銘，清儒學案卷七二，盧抱經先生年譜。） 張自超彝歎卒，年六十四。（見注三八）
五十六年丁酉（一七一七）	蔡世遠主講鼇峰書院，雷鋐來從學。是歲、蔡氏丁內艱家居。（二希堂文集卷二，穆堂初稿卷二五） 朱澤澐撰坤復乾艮四卦說。（朱止泉先生文集卷七） 張伯行典順天鄉試。（碑傳集卷一七） 魏廷珍轉侍讀。（清史列傳卷一五） 李紱充日講起居注官，典試雲南，爲雲南驛程記上，又有丁酉記注跋。（注一五三） 李光地年七十六壽辰，蔡世遠率鼇峰諸弟子望湖山而祝釐，有壽序。（二希堂文集卷四） 張自超以經學薦，召入都，行至茌平無病而卒。（清史列傳卷六七） 汪紱自江西入福建，至浦城，主鄭廷擧及其從兄若思家。（雙池先生年譜） 夏、楊名時出爲北直巡道。（望溪先生文集卷一〇，碑傳集卷二四。）	

	秋、方苞著春秋直解成，又爲四君子傳。（望溪先生文集附年譜，又集外文卷四、文集卷八。） 冬、何焯再以李光地薦召赴闕，仍直武英殿。（碑傳集卷一七）	
五十七年戊戌（一七一八）	正月、徐元夢爲左都御史、兼掌院學士，充日講起居注官、經筵講官，並敎習庶吉士。（清史列傳卷一四） 二月、李光地還京師，途次福州，講學於鼇峰書院。（李文貞公年譜） 三月、厲鶚遊法華山，有詩。（厲樊榭先生年譜） 五月、蔣廷錫擢內閣學士。（清史列傳卷一一） 李光地論孟劄記、離騷九歌、參同契注成。（李文貞公年譜） 八月、張伯行特召主順天鄉試。（張清恪公年譜） 九月、張師載擧本省鄉試。（同上） 十月、查愼行應佟法海之招赴粵東。（查他山先生年譜） 尹會一講習音韻。（尹健餘先生年譜） 李塨選通州學正，居官八十餘日，以病告歸。（清史列傳卷六六） 陳厚耀充會試同考官。（同上卷六八）	程晉芳魚門生。（碑傳集卷五〇） 盛世佐庸三生。（清史列傳卷六八）

王懋竑成進士，以教習分派至館，卽告終養以歸，距舉鄉試又十年矣。（白田草堂存稿卷末尾）

李紱爲內閣翰林公祭撰大學士安溪李公誄。（穆堂初稿卷四八）

黃叔琳遷左僉都御史。（清史列傳卷一四）

何焯授編修。（碑傳集卷四七）

陳萬策成進士，改翰林院庶吉士；散館，授編修。（清史列傳卷六七）

全祖望年十四，從里中董正國讀書三餘草堂，益務廣覽，頗留心地理、田賦、曆算，然未能悉通其說也。是歲、補諸生。（全謝山先生年譜）

惠士奇奉特命祭告炎帝舜陵。（清史列傳卷六八）

楊椿成進士，改庶吉士，授翰林院檢討，分修政治典要，勤職冠同列。（碑傳集卷四七，清史列傳卷七一。）

王澍教習庶吉士。（清史列傳卷七一）

汪紱自閩出浙，止於楓溪，主沈蟠及姜載臣家，因授徒焉。是歲、作南征賦，歷叙丙申、丁酉二年間飄泊之景況。又作八憶詩，作書寄兄朗人，並附書屬兄寄金陵上父樞北公。（雙池先生年譜）

春、方苞命子道章從李塨游。（望溪先生文集卷一六）

李光地晉卿卒，年七十七。（碑傳集卷一三墓碣、事狀，二林居集卷一五事狀，清儒學案卷四〇，李文貞公年譜。）

冉覲祖永光卒，年八十三。（正誼堂文集續集卷六，碑傳集卷四六。清史列傳卷六六作卒年八十二。）

	三月、李光地充殿試讀卷官。（李文貞公年譜） 朱澤澐有讀朱子語類一百十七卷文集五十七卷。（朱止泉先生文集卷七） 四月、查愼行由粵西旋里。（查他山先生年譜） 楊椿倣吳澄周易纂言，自梅氏僞古文中錄出尙書二十八篇，並考他書所採，與今經文異者附焉，爲尙書，有序。（孟鄰堂集卷五。按序作於是年五月。） 太史王承烈來學於張伯行。（張淸恪公年譜） 五月、徐元夢遷工部尙書，仍兼翰林院掌學士，敎習庶吉士。（淸史列傳卷一四） 十月、王懋竑有書危太樸集後。（白田草堂存稿卷八） 十二月、汪紱復遊於浦域。（雙池先生年譜） 彭定求自爲墓志，其銘曰：「緊馮虞之眇躬，乘一氣之鴻濛。知生死如晝夜，乃原始以反終。唯循理而順命，坦逍遙兮大同。庶朝聞兮夕可，亦不滯乎苦空。乘白雲兮帳望，念來者兮忡忡。」（尊聞居士集卷六）	
五十八年己亥（一七一九）	汪紱著物詮成八卷、戊笈談兵成十卷。（雙池先生年譜）。 楊名時陞貴州布政使。（碑傳集卷二四） 黃叔琳晉太常寺卿。（淸史列傳卷一四）	莊存與方耕生。（淸儒學案卷七三） 彭定求勤止卒，年

陳厚耀以老乞致仕，准以原官致仕。（漢學師承記卷七）
魏廷珍奉命祭告中嶽及濟、淮兩瀆。（清史列傳卷一五）
春、汪紱授經楓溪，始與體銘、止齋二釋遊，有送止齋和尚遊杭州序。（雙池先生年譜）
秋、何焯以謗收繫獄中；尋，坐免官，命仍直武英殿。（碑傳集卷四七）
查愼行以修江西通志赴江西，入南昌書局。（查他山先生年譜）
二月、李紱命告祭南海道，六過廬山，有記。（穆堂初稿卷二九）
三月、朱澤澐撰選讀朱子文目錄序、語類附。（朱止泉先生文集卷八）
四月、方苞遇疾自危，作書示兄子。（望溪先生文集附年譜）

七十五。（尊聞居士集卷六羅有高撰彭公行狀，碑傳集卷四四，清儒學案卷四二，清史列傳卷六六，南昀老人自訂年譜。）

五十九年庚子（一七二〇）

張伯行爲書表忠錄後。（正誼堂文集、續集卷八。）
尹會一舉順天鄉試。（尹健餘先生年譜）
李塨南遊金陵，程廷祚屢過問學，讀顏元存學編，始力屏異說，獨主顏元。（清史列傳卷六六）
汪紱仍授經楓溪，與沈光遠訂交，作沈臥菴傳贈其還會稽。

顧鎭佩九生。（姜亮夫綜表）
盛百二泰川生。（清史列傳卷六八）

（雙池先生年譜）
李圖南中鄉試，累上公車不第（時年四十五）。（國朝學案小識卷一〇）
魏廷珍充江南鄉試正考官，擢詹事；尋，遷內閣學士。（清史列傳卷一五）
查愼行在江西南昌書局，修江西通志成，凡一百七十卷；又輯廬山志八卷、鵝湖書院志二卷。（查他山先生年譜）
朱澤澐撰朱子格物說辨二篇，又朱子未發涵養辨二篇。（朱止泉先生文集卷七）
全祖望從族母張氏問晚明遺事。是年、始應鄉試至杭，以古文謁查愼行，愼行謂萬經曰：「此劉父之儔也！」（全謝山先生年譜）
李紱陞內閣學士；旋改兼副都御史，典試浙江。（穆堂初稿卷一五、卷一八。）
惠士奇充湖廣鄉試正考官；尋，提督廣東學政。（清史列傳卷六八，漢學師承記卷二。）
夏、蔡世遠爲雷用見時文序。（二希堂文集卷二）
秋、厲鶚應試舉於鄉，考官爲李紱。（厲樊榭先生年譜，清史列傳卷七一。）
汪紱舅氏江廷錢至楓溪，以其父凶問報，卽買舟由杭道蘇奔

詹明章歿士卒，年九十三。（二希堂文集卷九蔡世遠撰墓表，碑傳集卷一二六，清史列傳卷六六。）

喪。（雙池先生年譜）
冬、楊名時巡撫雲南。（碑傳集卷二四）
沈近思始見張伯行於京邸，相與論辨大學一書。（碑傳集卷一七）
十月、張伯行奉特旨補授戶部右侍郎，仍兼管倉場事。是月、太史孫嘉淦來講學。（張清恪公年譜）
朱澤澐與梁溪顧氏會講於東川書院，有驥沙東川書院商語。（朱止泉先生文集卷八）
十一月、方苞著周官集註成。（望溪先生文集附年譜）
十二月、李塨至寧國，梅文鼎應邀會晤。（李恕谷先生年譜）

六十年辛丑（一七二一）

張伯行始輯性理正宗。（正誼堂文集、續集卷四。）
厲鶚以春闈報罷南歸。（厲樊榭先生年譜）
方苞著周官析疑成。（望溪先生文集附年譜）
沈起元成進士，改翰林院庶吉士，以父病乞歸。（清史列傳卷七五）
盧文弨五歲丁母憂。（盧抱經先生年譜）
萬承蒼以主試李紱爲流言所中，相累罷官。（清史列傳卷七一）

江聲叔澐生。（清儒學案卷七六，清史列傳卷六八。）
汪份武曹卒，年六十七。（姜亮夫綜表）
李來章禮山卒，年六十八。（清史列

	盧見曾成進士，改庶吉士。（抱經堂文集卷三三） 王澍考選戶科給事中，命稽察錢局；以善書法，特命充五經篆文館總裁。（清史列傳卷七一） 王植成進士。（清儒學案卷一九五） 夏、梅瑴成修曆算書成，請假歸省。（望溪先生文集卷一二） 冬、王懋竑選授安慶府學教授。（白田草堂存稿卷末尾） 厲鶚撰南宋院畫錄八卷，並自序之。（厲樊榭先生年譜） 二月、李紱以校士論罷，視永定河工，未及一歲而黜。（碑傳集卷二四，清史列傳卷一五。） 四月、汪紱舅氏江廷錢為作物詮序。（見雙池先生年譜） 七月、汪紱兄朗人來視於楓溪，亦為作物詮序。（見同上） 十二月、蔣廷錫充經筵講官。（清史列傳卷一一） 張伯行著斯文正宗成。（張清恪公年譜）	傳卷六六） 梅文鼎定九卒，年八十九。（望溪先生文集卷一二，道古堂文集卷三一杭世駿撰傳，清儒學案卷三七，清史列傳卷六八，梅定九年譜。）
六十一年壬寅（一七二二）	王元啓八九歲，即知聲音反切之學。（祇平居士集卷二八） 黃叔琳遷內閣學士；尋，遷刑部右侍郎。（清史列傳卷一四） 朱澤澐撰主靜說，又有與鄞縣王爾緝論朱子之學書（按甲辰復有書亦論朱學）。（朱止泉先生文集卷七、卷三。）	王鳴盛鳳喈生。（潛研堂文集卷四八錢大昕撰墓誌銘，清儒學案卷七七，王西莊先生年譜。）

	魏廷珍管理兩淮鹽政。（清史列傳卷一五） 蔡長澐年十三，補博士弟子員。（碑傳集卷三一） 全祖望從萬經訪張蒼水遺像，就族母張氏考訂遺事而記之。是年、始出遊至武林，交厲鶚、杭世駿等輩，討論經史，證明掌故，尊酒郵筒，時相往復。（全謝山先生年譜） 春、汪紱赴楓溪館，焚近歲所作詩文時藝數百篇，爲文祭之。（雙池先生年譜） 四月、方苞扈蹕熱河。（望溪先生文集附年譜） 張伯行爲徽州紫陽書院誌序。（張淸恪公年譜） 六月、方苞奉命回京，充武英殿修書總裁。（望溪先生文集附年譜） 九月、沈彤撰水西府君諫疏後記。（果堂集卷七） 十一月、張伯行謝倉場事，專任戶部並管錢法。（張淸恪公年譜） 十二月、朱澤澐有讀朱子答黃直卿書、太極說、仁說諸篇。（朱止泉先生文集卷七）	何焯屺瞻卒，年六十二。（義門先生集卷末尾及果堂集卷一一、沈彤撰行狀。） 陳厚耀泗源卒，年七十五。（清史列傳卷六八）
世宗雍正元年癸卯（一七二三）	方苞以世宗嗣位覃恩，赦歸原籍。（注一五四） 雷鋐舉鄉試，以孫嘉淦薦，官國子監學正。（碑傳集卷三〇）	陸燿青來生。（注五六） 戴震東原生。（潛

朱軾拜吏部尚書；旋拜文華殿大學士、兼吏部尚書。（碑傳集卷二二）
張雲章詔舉孝廉方正，以老辭。（清史列傳卷六七）
徐元夢由工部尚書、協辦大學士事，充明史總裁官，改戶部。（碑傳集卷二二，清史列傳卷一四。）
蔡世遠特召入京，携所著古文雅正（自漢至元，約二百三十首），與李立侯、張季長參論考訂，取以授梓，又爲之序。是歲、授編修，入內廷侍皇子講讀。（注一五五）
任啓運舉於鄉（時年五十四）。（清史列傳卷六八）
朱澤澐有書答顧昀滋論敬。（朱止泉先生文集卷三）
湯準舉賢良方正，辭不就。（清史列傳卷六六）
全祖望再至杭，時與友輩爲湖上觴詠，有南宋雜事詩集。是年、登范氏天一閣、謝氏天賜閣、陳氏雲在樓，遇希有本輒鈔之。（全謝山先生年譜）
魏廷珍授湖南巡撫。（清史列傳卷一五）
王步青始成進士，官檢討（時年逾五十矣）。（碑傳集卷四八）
程廷祚著禘祫辨誤二卷，有自序。（青溪集正編卷六）
陳祖范舉人；旋試禮部中式，以病不殿試而歸。（清史列傳卷六八）

研堂文集卷三九錢大昕撰傳，清儒學案卷七九，戴東原先生年譜，清史列傳卷六八。）
李光坡耜卿卒，年七十三。（清史列傳卷六七）
陳鵬年北溟卒，年六十一。（二林居集卷一七）

沈近思召授吏部文選司郎中；旋晉太僕寺卿。（碑傳集卷二一三）

王植授廣東和平知縣。（清儒學案卷一九五）

盧見曾廷試一等，謁選，得四川洪雅縣知縣。（抱經堂文集卷三三）

藍鼎元以選拔貢太學。（清史列傳卷七五）

王承烈改御史巡城。（注一五六）

陳宏謀舉鄉試第一；旋成進士，選庶吉士。（碑傳集卷二七）

春、汪紱爲族兄子政作易原序；復赴楓溪館，作郎峰祝氏世譜序。（雙池先生年譜）

冬、王澍奉旨六科，胥隸都察院，上疏，改吏部員外郎。（清史列傳卷七一）

正月、李紱特旨還舊職，署吏部右侍郎；尋，充經筵講官。（同上卷一五）

二月、朱澤澐有書主靜說後。（朱止泉先生文集卷七）

三月、黃叔琳充江南鄉試正考官，調吏部侍郎。（清史列傳卷一四）

蔣廷錫遷禮部右侍郎、兼學士。（同上卷一一）

四月、朱軾充恩科京兆正主考官，加太子太保，給假歸爲母夫人壽。（碑傳集卷二二）

沈彤撰游豐山記。（果堂集卷九）
閏六月、程廷祚自清江山盱公署至周家橋赴約，與山盱使君張輝麓，爲周家橋之游，有記。（靑溪文集續編卷二）
七月、李紱遷兵部右侍郞。（清史列傳卷一五）
八月、張伯行條陳河務。是月、其子師載承廕，以舉人候補員外郞。（張清恪公年譜）
方苞門人王兆符爲叙次其文集。是月、高安朱軾來定交，志同道合，無與比者。（望溪先生文集附年譜）
九月、張伯行遷禮部尙書。是月、太史蔡世遠率鼇峰書院諸生來問學。（張清恪公年譜）
黃叔琳奉命偕兩淮鹽政謝賜履赴湖廣，同總督楊宗仁酌定鹽價，革除陋規。（清史列傳卷一四）
孫嘉淦晉國子監司業。（同上卷一五）
十月、王懋竑應召北上，授翰林院編修，著在三阿哥書房。（白田草堂存稿卷末尾）
汪紱著詩韻析成七卷。（雙池先生年譜）
張伯行進濂、洛、關、閩書集解，特賜禮樂名臣四大字。是月、著困學錄成。（張清恪公年譜）
十二月、孫嘉淦充江西鄕試副考官。（清史列傳卷一五）
李塨入京晤方苞，朝臣欲徵塨修明史，方苞以塨老病阻之。（李恕谷先生年譜）

二年甲辰（一七二四）

程廷祚遊京師，始與儲晉觀訂交。是年、以鍾山書院成，爲作碑記。（青溪文集續編卷三、正編卷八。）

王懋竑充恩科順天鄉試同考官。是年、以母憂去官。（白田草堂存稿卷末尾，清史列傳卷六七。）

杭世駿中舉人。（清史列傳卷七一）

蔡世遠實授分校鄉、會兩試，得人甚盛。是年、爲陳少林遊臺詩序。（穆堂初稿卷二五，二希堂文集卷二。）

諸錦成進士，改庶吉士；散館，金華府教授。（清史列傳卷六八）

陳宏謀授檢討。（碑傳集卷二七）

徐元夢充繙譯鄉試正考官。（清史列傳卷一四）

王承烈以諫垣督湖漕政。（碑傳集卷二三）

陳梓舉孝廉方正，辭不就。（清史列傳卷六六）

孫嘉淦陞國子監司業。（碑傳集卷二六）

李紱在天津，冷吉臣扶杖來謁，白首相看，追往道故，冷氏出所刻羅漢圖索序，有冷吉臣羅漢圖序。（穆堂初稿卷三六）

沈近思典山東鄉試，超授吏部侍郎。（碑傳集卷二三）

正月、李紱撰卿雲頌。（穆堂初稿卷一）

二月、黃叔琳授浙江巡撫。（清史列傳卷一四）

王昶德甫生。（碑傳集卷三七阮元撰神道碑、墓誌銘，揅經室二集卷三，清儒學案卷八一，述庵先生年譜。）

紀昀曉嵐生。（碑傳集卷三八朱珪撰墓誌銘，清儒學案卷八〇，清史列傳卷二八，紀曉嵐先生年譜。）

余元遴秀書生。（碑傳集卷一二九，清儒學案卷六三，清史列傳卷六七。）

閻循觀懷庭生。（碑傳集卷六〇韓夢周撰墓誌銘）

查愼行周易玩辭集解成，凡十卷。（查他山先生年譜）
方苞請假歸葬。（望溪先生文集卷一六）
李塨過訪尹會一。（尹健餘先生年譜）
李紱爲籍田賦。（穆堂初稿卷一）
張伯行進續近思錄、廣近思錄、張南軒集、陳克齋集、陳北溪集、許魯齋集諸書。（碑傳集卷一七）
四月、李紱授廣西巡撫。（清史列傳卷一五）
五月、蔣廷錫奏請續纂大清會典，即命爲副總裁。（同上卷一一）
六月、蔣廷錫調戶部右侍郎。（同上）
厲鶚將北游，張東扶、符之恒餞於湖上，因作念奴嬌詞誌別。（厲樊榭先生年譜）
八月、王承烈召入養心殿，講大學明明德，辨儒釋之分。（碑傳集卷二三）
九月、魏廷珍授盛京工部侍郎。（清史列傳卷一五）
厲鶚南歸。（厲樊榭先生年譜）
十月、尹會一成進士，內用吏部考功司額外主事。（尹健餘先生年譜）
李紱疏陳練兵事宜。（清史列傳卷一五）
王懋竑有書喬志熙書離騷經後。（白田草堂存稿卷八）

三年乙巳（一七二五）

十二月、張伯行著性理正宗成。（張清恪公年譜）

朱澤澐著性情說。（朱止泉先生文集卷七）

王步青假歸，自此不復出。（注一五七）

盧見曾出爲四川洪雅知縣。（清史列傳卷七一）

全祖望授徒於童嶴，以先祖嘗避地於此，益參考舊聞，成滄田錄。（全謝山先生年譜）

楊名時擢兵部尚書，總督雲貴。（注一五八）

藍鼎元校書內廷，分修大清一統志。（清史列傳卷七五）

朱仕琇年十一，始爲制義。（梅崖居士文集卷一九）

王懋竑入都謝恩畢，遂以老病辭歸。（清史列傳卷六七）

方苞撰別建曾子祠堂記。（望溪先生文集卷一四）

魏廷珍授安徽巡撫。（清史列傳卷一五）

孫嘉淦視學安徽，時進諸生於庭，講明身心性命之學，纂爲近思錄一書，授之曰：「此聖學階梯也！」（碑傳集卷二六，清史列傳卷一五。）

春、厲鶚客揚州。（厲樊榭先生年譜）

冬、李紱爲修全州學碑記。（穆堂初稿卷三〇）

正月、張伯行自檢平生文集及所論箸、纂輯諸書未刻者，授其子師載，囑切記次第刻成。（注一五九）

王杰偉人生。（清儒學案卷六四，清史列傳卷二六，國朝先正事略卷二〇。）

汪縉大紳生。（清儒學案卷四二）

程瑤田易疇生。（同上卷八二，程易疇先生年譜。）

徐善建孝標卒，年七十七。（清史列傳卷六七）

張伯行孝先卒，年七十五。（二林居集卷一六彭紹升撰事狀，碑傳集卷一七神道碑、行狀及

二月、張伯行疾亟，口授遺疏而卒。（張清恪公年譜）
三月、蔣廷錫轉戶部左侍郎，命與內務府總管，來保察閱京倉。（清史列傳卷一一）
尹會一奉母夫人入京就養。（尹健餘先生年譜）
八月、尹會一實授吏部考功司主事。（清史列傳卷一八）
九月、李紱授直隸總督。（同上卷一五）
十月、李塨始註春秋。（李恕谷先生年譜）

藍鼎元撰傳，清儒學案卷一二，張清恪公年譜。）

四年丙午（一七二六）

王懋竑是年致仕（時年五十九）。（白田草堂存稿卷末尾）
惠士奇任滿，自韶州還都，粵人送者如堵牆。（漢學師承記卷二）
桑調元舉順天鄉試。（清史列傳卷六七）
朱澤澐有與同學諸子講學課（言每日學習課程次第）。（朱止泉先生文集卷八）
徐元夢坐繙譯訛誤落職，在內閣學士裏行走。（碑傳集卷二二）
蔡世遠列爲九卿，以侍皇子。（注一六〇）
沈起元授吏部驗封司員外郎；尋兼考功。（清史列傳卷七五）
尹會一典試廣西。（尹健餘先生年譜）

汪梧鳳在湘生。（注五七）
洪騰蛟鱗雨生。（清儒學案卷六三，清史列傳卷六七。）
張雲章漢瞻卒，年七十九。（望溪先生文集卷一〇，清儒學案卷一〇，清史列傳卷六七。）

楊名時晉吏部尚書，仍管雲貴巡撫事。（望溪先生文集卷一〇）

盧見曾以憂歸，服闋。（清史列傳卷七一）

全祖望至定海之補陀山，訪故明張公肯堂埋骨處，因成張公神道碑銘。古今通史年表，大約作於是年。（全謝山先生年譜）

陳宏謀揀授吏部郎中。（清史列傳卷一八）

賈田祖年十三，入州學讀書。（述學外編一，碑傳集卷三九。）

謝濟世轉浙江道監察御史。（清史列傳卷七五）

王澍以乞假葬親歸。（同上卷七一）

冬、李紱爲南郊瑞雲賦。（穆堂初稿卷一）

正月、厲鶚游揚州卽歸。（厲樊榭先生年譜）

二月、蔣廷錫遷戶部尚書。（清史列傳卷一一）

朱澤澐有書答王洛師論事親愛身之義。（朱止泉先生文集卷五）

三月、查愼行作敬業堂銘。（查他山先生年譜）

楊椿課兒紫雲書屋，日錄毛詩傳，兼採三家異同，及唐以前說詩之有涉於樂者，合爲一編，曰毛詩考，有序。（孟鄰堂集卷五）

五月、厲鶚生日有感作詩。（厲樊榭先生年譜）

七月、沈近思主試江南，陛辭之日，御賜詩有「操比寒潭潔，心同秋月明。」之句。（注一六一）

孫嘉淦遷國子監祭酒。（碑傳集卷二六及清史列傳卷一五並參）

八月、蔣廷錫充順天鄉試正考官。（清史列傳卷一一）

李塨註春秋畢，作春秋傳注序。（李恕谷先生年譜）

九月、孫嘉淦調順天學政。（清史列傳卷一五）

王懋竑偶檢舊稿，得立嗣辨，因附著其本末，以識其始終之意。是月、有藕花書屋詩集序。（白田草堂存稿卷九、卷一四。）

十月、蔣廷錫命兼管兵部尚書。（清史列傳卷一一）

十一月、查慎行被逮入都詣刑部獄。（查他山先生年譜）

十二月、孫嘉淦入直南書房。（清史列傳卷一五）

蔣廷錫丁母憂。（同上卷一一）

五年丁未（一七二七）

江聲始就傅。（清史列傳卷六八）

楊名時以奏免鹽課，削尚書職，仍署巡撫事。（望溪先生文集卷一〇，碑傳集卷二四。）

楊錫紱成進士，授吏部主事，累遷郎中。（清史列傳卷一

趙佑啓人生。（清儒學案卷七八）

趙翼耘松生。（甌北先生年譜，清儒

八）
王昶四歲，父授以宋周伯弜所選三體詩，兩月而畢。（述庵先生年譜）
惠士奇奉旨修理鎭江城，以產盡停工罷官。（淸史列傳卷六八，漢學師承記卷二。）
蔡世遠遷詹事府少詹事；旋晉內閣學士、兼禮部侍郎，充經筵講官。是歲、作浦城蔡氏義田記。（穆堂初稿卷二五，二希堂文集卷五。）
冬、錢陳羣撰渭南縣志序。（香樹齋文集卷一一）
正月、沈近思晉都察院左都御史，仍管吏部事。（碑傳集卷二三，淸史列傳卷一二。）
厲鶚客湖州，同姚念慈游道場山。（厲樊榭先生年譜）
三月、尹會一補授考功司員外。（尹健餘先生年譜）
四月、尹會一補授襄陽府知府。（淸史列傳卷一八）
李塨著擬太平策。（李恕谷先生年譜）
楊椿家居，日讀春秋，並錄經文，以左氏爲主，附以二家及漢人書之可參校者，爲春秋考，有序。（孟鄰堂集卷五）
五月、查愼行奉赦出獄南還。（查他山先生年譜）
十月、汪紱著六禮或問成十卷。（雙池先生年譜）
十一月、尹會一兼攝荊州府事。（尹健餘先生年譜）

學案卷八一。）
沈近思位山卒，年五十七。（道古堂文集卷三九杭世駿撰神道碑銘，碑傳集卷二三墓誌銘、神道碑。）
查愼行初白卒，年七十八。（望溪先生文集卷一〇，碑傳集卷四七方苞撰墓誌銘及沈廷芳撰行狀，查他山先生年譜。按淸史列傳卷七一作卒雍正六年，並參。）

六年戊申（一七二八）

王承烈著詩說成。（望溪先生文集卷一二）

藍鼎元以大學士朱軾薦，召對，奏時務六事，凡五千餘言；世宗稱善，授廣東普寧縣知縣。（清史列傳卷七五）

杭世駿有袈裟集跋。（道古堂文集卷二七）

王昶讀楊愼廿一史彈詞，始粗知歷朝事迹，及古今名賢崖略。（述庵先生年譜）

詔舉賢良，朱澤澐以直隸總督何世基、劉師恕交章薦之；師恕使弟造廬請，皆弗應。是歲、有書示進兒，言朱子以主敬補小學工夫，實是學者下手第一義。（清史列傳卷六七，朱止泉先生文集卷六。）

春、徵江西布政使王承烈爲左副都御史。（望溪先生文集卷一二，碑傳集卷二三。）

正月、孫嘉淦署順天府尹。（碑傳集卷二六，清史列傳卷一五。）

萬經七十壽慶，全祖望至杭，有祝壽文。（見全謝山先生年譜）

三月、蔣廷錫授文華殿大學士，仍兼理戶部。（清史列傳卷一一）

尹會一再攝荊州府事。（尹健餘先生年譜）

鮑廷博以文生。（清儒學案卷一二五）

錢大昕曉徵生。（碑傳集卷四九，竹汀居士年譜。）

年代	事蹟	生卒
	李紱有送大學陽城田公致政還鄉序。（穆堂初稿卷三五） 四月、孫嘉淦丁憂回籍。（清史列傳卷一五） 朱澤澐有跋陳安卿先生集。（朱止泉先生文集卷八） 六月、蔣廷錫充纂修聖祖仁皇帝實錄總裁。（清史列傳卷一一） 李塨語黎長舉以顧提明命之功。（李恕谷先生年譜） 汪紱著樂經或問成三卷。（雙池先生年譜） 八月、王承烈至京師，擢工部右侍郎；尋，改刑部。（望溪先生文集卷一二，碑傳集卷二三。） 十月、厲鶚輯城東雜記三卷，並自序之。 十一月、沈彤有書校本京房易傳後。（果堂集卷八）	
七年己酉（一七二九）	劉大魁舉副貢生。（清史列傳卷七一） 任啓運著周易洗心九卷（時年六十）。（同上卷六八） 齊召南充博士弟子，貢入京，中本省鄉試副榜。（注一六二） 朱仕琇年十五，受知督學程元章、周學建、吳華孫諸人，補諸生。（梅崖居士文集卷一八，同上外集卷八。） 梅瑴成改江南道御史，命巡視通州漕務。（清史列傳卷一七）	朱筠竹君生。（注五八） 周春松靄生。（清史列傳卷六八） 余蕭客仲林生。（清儒學案卷四三，馮先恕疑年錄釋疑。）

孫嘉淦召至京師，以府尹署工部侍郎。（碑傳集卷二六，清史列傳卷一五。）

藍鼎元命署廣州府知府，抵官一月而卒。（注一六三）

朱澤澐有書示輅姪論爲學之道。（謂爲學之要，在於窮理；窮理之要，在於讀書；讀書之要，在於反身有得云云）。（朱止泉先生文集卷六）

王元啓年十六，受知於學使交河王氏，授以周易解義、洪範論、握奇經詁及宋儒周、程、張子之書，並以古聖賢有用之學相勗。是歲、鄉試報罷。（祇平居士集卷二八、卷一八。）

秋、錢陳羣奉命典試楚南，戴中程來會於星沙客舍，有戴生窻藝序。（香樹齋文集卷一一）

冬、蔡世遠爲皇子作葵心齋記。（二希堂文集卷五）

厲鶚復客揚州，歲暮歸。作友林乙藁跋，著湖船山錄一卷，全祖望、馬曰璐、姚世鈺皆爲序。（厲樊榭先生年譜）

正月、厲鶚爲吳繡谷作玲瓏簾詞序。（同上）

二月、陳宏謀遷浙江道監察御史，仍兼郎中行走。（碑傳集卷二七，清史列傳卷一八。）

四月、全祖望假萬斯大春秋輯傳、禮記輯注於萬經鈔之。（全謝山先生年譜）

韓夢周公復生。（注五九）

王承烈遜功卒，年六十四。（望溪先生文集卷一二，碑傳集卷二三墓誌銘、神道碑，二希堂文集卷九蔡世遠撰神道碑，清儒學案卷二九。）

李塨修道傳祠成，命贊作記；又自爲東堂記。（李恕谷先生年譜）

七月、陳宏謀充山西鄉試副考官。（清史列傳卷一八）

八月、全祖望以學使王蘭生薦充選貢，擬以明春治裝北上。（全謝山先生年譜）

十月、蔣廷錫加太子太傅。（清史列傳卷一一）

陳宏謀授江南揚州府知府，仍帶御史銜。（同上卷一八）

十二月、李塨作孫節婦傳。（李恕谷先生年譜）

八年庚戌（一七三〇）

杭世駿南還，有補史亭賸藁序。（道古堂文集卷一一）

梅瑴成轉工科給事中。（清史列傳卷一七）

徐元夢再黜，坐撫浙時失察。（碑傳集卷二二）

王昶就傅，從同邑姜鵬源受業。（述庵先生年譜）

蔡世遠以族人事牽連，吏議降一級調補。是歲、爲晉陽靈雨詩序。（望溪先生文集卷一〇，二希堂文集卷二。）

夏、厲鶚客揚州旋歸。（厲樊榭先生年譜）

二月、尹會一署襄鄖道事，建隆中草廬。（尹健餘先生年譜）

三月、朱澤澐有書答王予中論動靜寂感之問題。（朱止泉先生文集卷四）

畢沅秋帆生。（清儒學案卷八一，潛研堂文集卷四二錢大昕撰墓誌銘。）

李文藻素伯生。（潛研堂文集卷四三錢大昕撰墓誌銘。）

周永年書昌生。（清史列傳卷六八，碑傳集卷五〇並參

四月、全祖望北上抵揚，識馬曰琯、馬曰璐兄弟與厲鶚等，為平山堂之游。旋別去北行，改道山東，斧資告罄，以衣付質而行。至京，投牒成均，始識方苞於京師，奉書論殷周殯制。既又上書論喪禮或問，苞大異之，由是聲譽騰起。（注一六四）

五月、魏廷珍調署湖北巡撫。（清史列傳卷一五）

六月、朱澤澐有答朱敬三明府論程子主一之說。（朱止泉先生文集卷三）

孫嘉淦授工部左侍郎，仍兼府尹祭酒事。（清史列傳卷一五）

七月、李塨撰畿輔通志凡例。（李恕谷先生年譜）

八月、蔣廷錫命與果親王允總理三庫事務。（清史列傳卷一一）

朱澤澐復書答王予中論動靜工夫。（朱止泉先生文集卷四）

十月、諭嘉蔣廷錫與大學士馬爾賽、張廷玉等贊襄忠勤，賜一等輕車都尉世職。（清史列傳卷一一）

李塨撰畿輔形勢論。（李恕谷先生年譜）

十一月、汪紱著琴譜成一卷。（雙池先生年譜）

。）

周廣業勤補生。（清儒學案卷八七）

汪輝祖煥曾生。（注六〇）

王敔虎止卒，年七十五。（見注四〇）

九年辛亥（一七三一）

尹會一建推訓堂，置經史，又建魁樓。（尹健餘先生年譜）

方苞授詹事府、左春坊左中允。（望溪先生文集附年譜）

孫嘉淦建修養濟育嬰普濟等堂，使鰥寡孤獨皆有所養。是年、充經筵講官。（碑傳集卷二六，清史列傳卷一五。）

陳宏謀遷江南驛鹽道。（清史列傳卷一八）

朱澤澐有書與王予中商討涵養動靜之旨。（朱止泉先生文集卷四）

盧見曾補安徽蒙城縣，遷六安州知州。（清史列傳卷七一）

楊錫紱授貴州道監察御史。（同上卷一八）

春、萬經著分隸偶存成（時年七十三）。（見全謝山先生年譜）

杭世駿預修浙省全志，獨創經籍一志，凡九閱月成編，有兩浙經籍志序。（道古堂文集卷六）

夏、全祖望在羅竹園幕，竹園以蓬萊王孝子事迹見示，遂別爲撰傳一通。（全謝山先生年譜）

冬、萬承蒼與唐赤子相遇於京師，赤子出其遊江南時所購得王陽明畫像，屬爲記。（孺廬先生文錄卷一）

四月、魏廷珍奉命至京。（清史列傳卷一五）

七月、全祖望自歷下南歸省親。歸途抵揚，再過馬氏相偕游

朱珪石君生。（碑傳集卷三八阮元及陳壽祺撰神道碑，揅經室二集卷三，清儒學案卷八五，知足齋全集附年譜。）

姚鼐姬傳生。（碑傳集卷一四一，清史列傳卷七二。）

李騰蛟力貞生。（紀文達公遺集卷一四紀昀撰墓表）

孟超然朝舉生。（清儒學案卷六六）

彭元瑞掌仍生。（姜亮夫綜表）

陸費墀丹叔生。（清儒學案卷八〇，

平山堂。（全謝山先生年譜）
朱澤澐有答喬星渚論知生知死之說。（朱止泉先生文集卷四）
九月、尹會一三攝荊州府事。（尹健餘先生年譜）
厲鶚同馬曰琯兄弟游眞州吳氏園。（厲樊榭先生年譜）
十月、魏廷珍授禮部尚書。（清史列傳卷一五）
汪紱著四書銓義成十五卷。（雙池先生年譜）

清史列傳卷二六。）
曹仁虎來應生。（潛研堂文集卷四三錢大昕撰墓誌銘，清儒學案卷七七。）
嚴長明道甫生。（清儒學案卷八一，清史列傳卷七二。）

十年壬子（一七三二）

厲鶚移居南湖，遂自號南湖花隱。（厲樊榭先生年譜）
劉大魁舉副貢生。（清史列傳卷七一）
李塨以病不能理事，懼斯道之不振，作永言賦，復自爲墓志。（李恕谷先生年譜）
孫嘉淦遷刑部侍郎；尋，署吏部侍郎。（碑傳集卷二六，清史列傳卷一五。）
盧文弨年十六，始有志於校勘之學。（盧抱經先生年譜）
楊錫紱擢廣東肇羅道。（清史列傳卷一八）

王鳴韶夔律生。（姜亮夫綜表）
魯九皐絜非生。（同上）
李圖南開士卒，年五十七。（國朝學案小識卷一〇）
朱澤澐湘陶卒，年

戴震年十歲始能言，就傳，讀書過目成誦，日數千言不肯休。（碑傳集卷五〇，戴東原先生年譜。）

趙翼六歲，隨父客西黃埼張氏。是歲、始就塾，讀名物蒙求、性理字訓，及孝經、易經。（甌北先生年譜）

蔡世遠復爲禮部侍郎。是歲、有周易淺說序、家忠烈公遺詩序、黃元杜文集序。（望溪先生文集卷一〇、二希堂文集卷一、卷二。）

錢大昕五歲，始從塾師曾佳問字。（竹汀居士年譜）

秋、全祖望舉順天鄉試。（全謝山先生年譜）

冬、孫嘉淦以帶領國子監教習引見不稱旨，逮獄擬罪，特恩寬宥。（碑傳集卷二六）

汪紱著詩經銓義成十五卷。（雙池先生年譜）

王鳴盛始應童子試。（王西莊先生年譜）

二月、魏廷珍授漕運總督。（清史列傳卷一五）

三月、尹會一調補揚州府知府。（尹健餘先生年譜）

五月、方苞遷翰林院侍講。（望溪先生文集附年譜）

七月、方苞遷翰林院侍講學士。（同上）

九月、魏廷珍署兩江總督。（清史列傳卷一五）

十月、孫嘉淦充順天鄉試正考官。（同上）

十一月、李紱刊行所著陸子學譜於京師，有序。（穆堂初稿

六十七。（朱止泉先生文集卷末尾王箴傳撰行狀，碑傳集卷一二九。）

蔣廷錫揚孫卒，年六十四。（清儒學案卷一九七，清史列傳卷一一。）

十一年癸丑（一七三三）

卷三二）

余蕭客五歲，以父幕游粵西，不歸，母顏氏授以四子五經，夜則課以文選及唐宋人詩古文。（漢學師承記卷二）

雷鋐成進士，改庶吉士，請急歸。（碑傳集卷三〇）

錢陳羣有記注後序。（香樹齋文集卷一五）

桑調元特旨賜進士，授工部主事。（清史列傳卷六七）

齊召南以鴻博薦，授翰林院庶吉士，改檢討。（碑傳集卷三二）

任啓運成進士，授翰林院檢討。（清史列傳卷六八）

陳宏謀授雲南布政使。（碑傳集卷二七，清史列傳卷一八。）

盧文弨年十七爲諸生，入錢塘學。（盧抱經先生年譜）

魏廷珍回總漕任。（清史列傳卷一五）

方承觀以布衣召見，賜中書銜；隨定邊大將軍、平郡王福彭赴北路軍營，爲書記（時年三十六）。（碑傳集卷七二，清史列傳卷一七。）

沈廷芳丁父憂歸。（沚學別錄、行狀。）

王鳴盛年十二爲四書文，才氣浩瀚，已有名家風度。（王西莊先生年譜）

汪師韓成進士，改翰林院庶吉士；散館，授編修。（清史列

吳騫搓客生。（注六一）

桂馥冬卉生。（注六二）

翁方綱正三生。（清史列傳卷六八）

李塨剛主卒，年七十五。（李恕谷先生年譜，清史列傳卷六六。）

蔡世遠聞之卒，年五十二。（見注四六）

藍鼎元玉霖卒，年五十九。（見注四四）

傳卷七一）

春、全祖望試北闈不第，李紱見其行卷，曰：「此深寧東發後一人也！」（注一六五）

李紱撰劄股考，未有定論；至是子孝源公車至京，質之，遂爲之別記。（穆堂別稿卷九）

夏、全祖望與李紱論陸子學譜，凡四上書。時長安米貴，以行篋書二萬卷質之。（全謝山先生年譜）

冬、全祖望移寓李紱紫藤軒。（注一六六）

正月、李塨臨卒，賦一絕云：「情識劫年運足傷，北邙山下月生光。九京若遇賢師友，爲識滔滔可易方。」（李恕谷先生年譜）

三月、方苞奉果親王敎，約選兩漢及唐宋八家古文，刋授成均諸生。（望溪先生文集附年譜）

四月、方苞擢內閣學士、兼禮部侍郎，以足疾辭。（同上）

五月、尹會一陞補兩淮都轉鹽運使。（尹健餘先生年譜）

六月、方苞敎習庶吉士。（望溪先生文集附年譜）

八月、方苞充一統志館總裁，奉命校訂春秋日講。（同上）

九月、厲鶚在揚州，作沈椒園詩序。（厲樊榭先生年譜）

汪紱著書經銓義初稿成。（雙池先生年譜）

十二月、厲鶚撰一角編序。（厲樊榭先生年譜）

十二年甲寅（一七三四）	沈廷芳游河南總督高氏幕。（述學別錄、行狀。） 盧見曾調亳州知州。（清史列傳卷七一） 厲鶚西湖志成。（厲樊榭先生年譜） 魏廷珍遷兵部尙書。（清史列傳卷一五） 王懋竑有又書李樹蓭篆書後。（白田草堂存稿卷八） 孫嘉淦署河東鹽政，辭養廉、除積弊。（碑傳集卷二六，清史列傳卷一五。） 春、全祖望從徐澂齋處，獲見程雲莊遺書。（全謝山先生年譜） 冬、方觀承實授內閣中書。（碑傳集卷七二） 正月、厲鶚與王曾祥、丁敬、汪沆同游皋亭靜慧寺。（厲樊榭先生年譜） 王懋竑有書李樹蓭篆書後。（白田草堂存稿卷八） 尹會一受小學於東軒高斌。（尹健餘先生年譜） 李紱爲四報祠記。（穆堂初稿卷三〇） 三月、萬承蒼應唐赤子請，爲撰王陽明先生畫像記。（孺廬先生文錄卷一） 四月、全祖望與李紱、萬承蒼爲重四之集，有詩和者至百餘家。（全謝山先生年譜）	陸錫熊健男生。（碑傳集卷三五墓誌銘，清儒學案卷八〇。） 羅有高臺山生。（注六三） 陳萬策對初卒，年六十八。（清儒學案卷三七，清史列傳卷六七。）

六月、王懋竑撰希韓字說。（白田草堂存稿卷九）
八月、沈彤撰沈師閔韓文論述序。（果堂集卷五）
厲鶚游西湖四照亭，有記。（厲樊榭先生年譜）
十一月、汪紱著易經詮義初稿成。（雙池先生年譜）

金榜輔之生。（碑傳集卷五〇，清儒學案卷五八。）

十三年乙卯（一七三五）

尹會一建安定書院於揚州。（尹健餘先生年譜）
沈廷芳再至京師，補一統志館校錄。（述學別錄、行狀。）
盧見曾擢江南江寧府知府，調安徽潁州。（清史列傳卷七一）
孫嘉淦授吏部侍郎，晉都察院左都御史。（碑傳集卷二六）
方觀承回京補內閣中書。（清史列傳卷一七）
盧文弨年二十，始游桑調元之門，聞中庸大義。（盧抱經先生年譜）
程廷祚以安徽巡撫王鋐薦舉博學鴻詞應詔。（勉行堂文集卷六）
褚寅亮年二十一，籍郡校食餼，肄業紫陽書院。（碑傳集卷六〇）
杭世駿復有燕山之役，道經邗溝，訪閔蓮峰，並讀其詩，有閔蓮峰雙清閣詩序。（道古堂文集卷九）
春、厲鶚客吳興月河。（厲樊榭先生年譜）

李惇成裕生。（注六四）
錢塘學淵生。（注六五）
余廷燦卿雯生。（姜亮夫綜表）
朱文藻映屑生。（注六六）
段玉裁若膺生。（段懋堂先生年譜，清史列傳卷六八。）

正月、方苞與魏廷珍同充皇清文頴館副總裁。（望溪先生文集附年譜、清史列傳卷一五。）
二月、徐元夢充繙譯鄉試副考官。（清史列傳卷一四）
王懋竑撰朱憨亭詩序。（白田草堂存稿卷一四）
魏廷珍調禮部尚書。（清史列傳卷一五）
三月、梅瑴成遷光祿寺少卿。（同上卷一七）
閏四月、厲鶚集竹墩積照堂，同聯句者沈樹本、杭世駿、沈炳震、炳巽、炳謙。（厲樊榭先生年譜）
七月、厲鶚爲杭世駿作石經考異序。（同上）
八月、徐元夢補內閣學士。（清史列傳卷一四）
朱仕琇試福州，以不合格黜於貢院，因從二客游鼓山，有遊鼓山記。（梅崖居士文集卷六）
梅瑴成遷通政司參議；尋，丁母憂，服闋補原官。（清史列傳卷一七）
九月、李紱管戶部三庫事，又命給侍郎銜。（同上卷一五）
方苞作喪禮議。（望溪先生文集附年譜）
魏廷珍命赴泰陵守護。（清史列傳卷一五）
十月、徐元夢授刑部右侍郎，以年老疏辭，調禮部右侍郎。（同上卷一四）
李紱補戶部左侍郎，仍管三庫。（同上卷一五）

馮濂周溪卒，年七十四。（清儒學案卷二三）
湯準穉平卒，年六十五。（清史列傳卷六六）
李文炤元朗卒，年六十四。（清史列傳卷六七）
焦袁熹廣期卒，年七十六。（清儒學案卷一〇，清史列傳卷六七。）

十一月、王懋竑撰喬氏家訓序。（白田草堂存稿卷一四）

高宗乾隆元年丙辰（一七三六）

朱仕琇年二十二，著班馬異同辨。（梅崖居士文集、外集卷一〇。）

吳廷華以薦修三禮，在館凡十年。（清史列傳卷六八）

雷鋐授編修。（碑傳集卷三〇）

萬承蒼充廣西鄉試正考官。（清史列傳卷七一）

秦蕙田成進士，授編修，命在南書房行走。（清史列傳卷二〇）

惠士奇奉旨調京，以講讀用，欠修城銀兩得寬免。（漢學師承記卷二）

陳宏謀以吏部議降三級，授直隸天津河道。（碑傳集卷二七）

杭世駿召試博學鴻詞，授翰林院編修，校勘武英殿十三經、二十四史，纂修三禮義疏。（清史列傳卷七一）

李紱撰五六天地之中合賦，又應諸生請問，作黃鐘爲萬事根本論。（穆堂別稿卷一、卷一〇。）

盧見曾擢兩淮鹽運使。（清史列傳卷七一）

方觀承薦試博學鴻詞，不赴；尋，遷侍讀，行走軍機房，補兵部職方司郎中，出爲直隸清河道。（碑傳集卷七二）

范家相左南生。（注六七）

孫希旦紹周生。（清儒學案卷一〇七）

朱軾若瞻卒，年七十二。（碑傳集卷二二神道碑、墓誌銘。）

胡煦滄曉卒，年八十二。（香樹齋文集、續鈔卷五錢陳羣撰神道碑，清儒學案卷四七。）

楊名時賓實卒，年七十七。（見注四一。）

諸錦授編修，充三禮館纂修官。（清史列傳卷六八）

劉大魁以方苞薦舉，應博學鴻詞科，爲大學士張廷玉所黜；既而知爲大魁，深爲惋惜。（同上卷七一）

朱珪六歲，從先祖回京師，初寓梁家園。（知足齋全集附年譜）

梅瑴成擢順天府府丞。（清史列傳卷一七）

汪師韓直起居注。記注之有協修，自師韓始。入直數月，聞母病假歸。（同上卷七一）

萬經薦舉博學鴻詞科，辭不就。（同上卷六八）

程廷祚北上過淮，始與程晉芳相識，執手以學問相勉。應詔至京師，有要人慕其名，欲招致門下，屬密友達其意，廷祚拒之，卒不往，亦不竟試而歸（是歲、始著易通）。（注一六七）

張甄陶以詔舉博學鴻詞成罷，大學士朱軾、侍郎方苞、李紱薦，充三禮纂修官。甄陶辭而從苞問學，得於詞館讀書，取永樂大典二萬卷徧觀之，至廢寢食。（清史列傳卷七五）

蔡新成進士，改庶吉士。（同上卷二六）

王心敬舉孝廉方正，以老病不赴。（同上卷六六）

沈起元召入京，授江西驛鹽道。（同上卷七五）

祝淦爲舉人。（同上卷六六）
王澍被命起官，以疾不赴。（同上卷七一）
楊錫紱署廣西布政使。（同上卷一八）
姜兆錫以薦充三禮館纂修官。（同上卷六七）
齊召南召試博學鴻詞，致翰林院庶吉士；散館，授檢討。（同上卷七一）
沈廷芳由監生召試博學鴻詞，授翰林院庶吉士；散館，授編修；旋遷山東道監察御史。（同上）
春、方苞命再入南書房。（注一六八）
秋、厲鶚作授衣賦。（厲樊榭先生年譜）
冬、方苞上請定經制疏。（望溪先生文集附年譜）
汪紱還里，始作書與江永。（雙池先生年譜）
正月、杭世駿抵京。除夕，全祖望夢杭氏及厲鶚至，歡然道故，有詩紀其事。（見全謝山先生年譜）
汪紱著禮記章句成十卷，又成或問四卷。（雙池先生年譜）
二月、黃叔琳授山東按察使。（清史列傳卷一四）
朱軾復充會試正主考官，又充纂修三禮館總裁。（碑傳集卷二二）
全祖望成進士，邵基爲座主；入詞館，在館與李紱相約，共鈔永樂大典，每月各盡二十卷。（全謝山先生年譜）

楊名時自滇還京師，以禮部尚書入敎皇子，侍直南書房、兼國子監祭酒。（望溪先生文集卷一〇）

三月、尹會一署理兩淮鹽政。（注一六九）

方苞上請備荒政兼修地治疏。（望溪先生文集附年譜）

四月、孫嘉淦命同左都御史福敏査廢員案。（清史列傳卷一五）

五月、徐元夢同尚書楊名時敎習庶吉士。（同上卷一四）

六月、方苞命選明及本朝諸大家四書制義數百篇，頒布天下，以爲擧業準的。是月、充三禮義疏館副總裁，上擬定纂修條例疏。（望溪先生文集附年譜）

七月、孫嘉淦充江南鄉試正考官。（清史列傳卷一五）

徐元夢充三禮義疏副總裁官。（同上卷一四）

厲鶚應詞科，與趙功千偕行徵入都，報罷南歸。（注一七〇）

方苞刪定管子、荀子成，序之。（望溪先生文集附年譜）

八月、徐元夢以年老乞休；允從所請，特加以尚書職銜，照原任食俸，仍在史館、內廷等處行走。（清史列傳卷一四）

十月、尹會一加僉都御史銜；尋，授兩淮鹽政。（清史列傳卷一八）

	十一月、孫嘉淦遷刑部尚書。（同上卷一五，碑傳集卷二六。） 李紱補詹事。（清史列傳卷一五） 全祖望編次舊作爲三十二卷。（全謝山先生年譜） 十二月、李紱充三禮館副總裁。（清史列傳卷一五）	
二年丁巳（一七三七）	沈起元授河南按察使。（清史列傳卷七五） 梅瑴成充增修時憲算書館總裁官。（同上卷一七） 沈廷芳編修入直武殿，同修起居注，總理宗人府各學。（述學別錄、行狀。） 方觀承在軍機處行走。（清史列傳卷一七） 蔡新散館，授編修。（同上卷二六） 春、尹會一自淮南入覲。（注一七一） 夏、楊椿以原官致仕。（清史列傳卷七一） 冬、汪紱還里，再作書與江永。（雙池先生年譜） 二月、汪紱著孝經章句或問成，各一卷。（同上） 三月、孫嘉淦兼管國子監事。（清史列傳卷一五） 四月、尹會一過里門，至河南巡撫任。（尹健餘先生年譜） 全祖望過訪李紱於紫藤軒。（穆堂初稿卷一七下） 五月、孫嘉淦條奏太學事宜。（清史列傳卷一五）	孫志祖詒穀生。（注六八） 謝啓昆蘊山生。（姜亮夫綜表）

全祖望以兩尊人年高多病，亟欲歸。方苞欲薦入三禮局，辭之。時趙昱亦浮沈京華，意不自聊，每過相從，以唱酬遣日。（全謝山先生年譜）

李紱遣祭夏禹五等陵。（清史列傳卷一五）

六月、惠士奇補侍讀。（同上卷六八，漢學師承記卷二。）

方苞擢禮部右侍郎，仍以足疾辭；詔免隨班趨走，許數日一赴部平決大事。因上請矯除積習興起人材疏。（望溪先生文集附年譜）

七月、孫嘉淦充律例館總裁。（清史列傳卷一五）

八月、沈彤撰先府君孺人畫像記。（果堂集卷九）

九月、黃叔琳遷山東布政使。（清史列傳卷一四）

王懋竑有題四書或問小注前。（白田草堂存稿卷八）

孫嘉淦充順天鄉試正考官。（清史列傳卷一五）

十月、尹會一陳農桑四事，始實授河南巡撫。（尹健餘先生年譜）

李紱丁母憂。（清史列傳卷一五）

十二月、方苞復以老病請解侍郎任；詔許之，仍帶原銜食俸，教習庶吉士。（望溪先生文集附年譜）

孫嘉淦充經筵講官。（清史列傳卷一五）